YEONMI PARK
com Maryanne Vollers

Para poder viver
A jornada de uma garota norte-coreana para a liberdade

Tradução
Paulo Geiger

5ª reimpressão

COMPANHIA DAS LETRAS

Edição original em língua inglesa publicada por Penguin Books Ltd, Londres
Copyright do texto © 2015 by Yeonmi Park
A autora assegura seus direitos morais.
Todos os direitos reservados.

*Grafia atualizada segundo o Acordo Ortográfico da Língua Portuguesa de 1990,
que entrou em vigor no Brasil em 2009.*

Título original
In Order to Live: A North Korean Girl's Journey to Freedom

Foto de capa
© Stefan Ruiz/ Telegraph Media Group Limited 2015

Mapa
John Gilkes

Fotos
Cortesia de Yeonmi Park

Preparação
Osvaldo Tagliavini Filho

Revisão
Angela das Neves
Huendel Viana

Dados Internacionais de Catalogação na Publicação (CIP)
(Câmara Brasileira do Livro, SP, Brasil)

Park, Yeonmi
    Para poder viver : A jornada de uma garota norte-corea-
na para a liberdade / Yeonmi Park, com Maryanne Vollers ;
tradução Paulo Geiger. — 1ª ed. — São Paulo : Companhia
das Letras, 2016.

    Título original: In Order to Live : A North Korean Girl's
Journey to Freedom.
    ISBN 978-85-359-2688-0

    1. Coreia (Norte) – Condições econômicas 2. Coreia
(Norte) – Condições sociais 3. Coreia (Norte) – Política e governo 4. Park, Yeonmi, -1993 I. Vollers, Maryanne II. Título.

16-00582   CDD-920.72

Índice para catálogo sistemático:
1. Mulheres : Coreia do Norte : Memórias 920.72

Todos os direitos desta edição reservados à
EDITORA SCHWARCZ S.A.
Rua Bandeira Paulista, 702, cj. 32
04532-002 — São Paulo — SP
Telefone: (11) 3707-3500
www.companhiadasletras.com.br
www.blogdacompanhia.com.br
facebook.com/companhiadasletras
instagram.com/companhiadasletras
twitter.com/cialetras

*Para minha família e para qualquer um, em
qualquer lugar, que luta pela liberdade*

Nós nos contamos histórias para poder viver.
Joan Didion

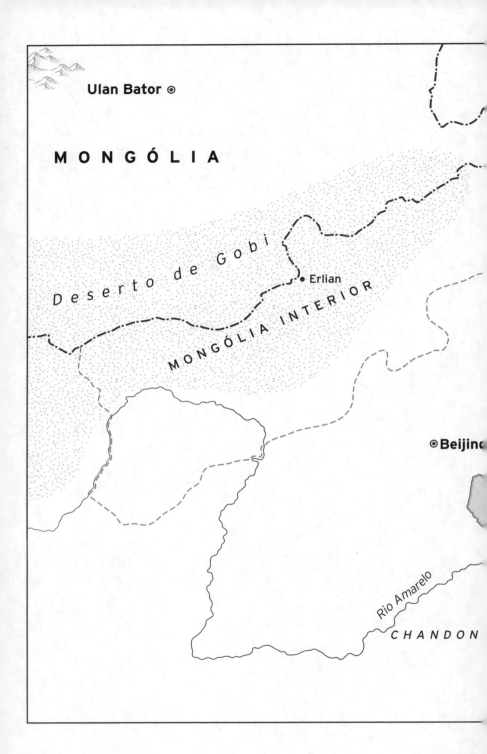

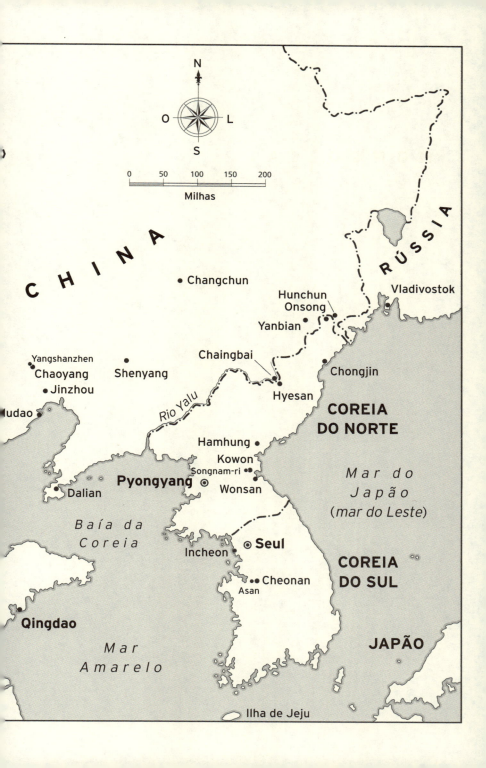

Sumário

Prólogo, 13

PARTE I: COREIA DO NORTE

1. Até os pássaros e os ratos podem te ouvir sussurrar, 21
2. Uma história perigosa, 33
3. Andorinhas e pegas, 43
4. Lágrimas de sangue, 52
5. O Querido Líder, 61
6. Cidade dos sonhos, 75
7. As noites mais escuras, 90
8. Uma canção para Chosun, 101
9. Geração *Jangmadang,* 113
10. As luzes da China, 127
11. Desaparecida, 137

PARTE II: CHINA

12. O outro lado da escuridão, 147
13. Um acordo com o demônio, 162

14. Um presente de aniversário, 175
15. Pó e ossos, 187
16. Sequestrada, 194
17. Como pão que caiu do céu, 207
18. Seguindo as estrelas, 214

PARTE III: COREIA DO SUL
19. Os pássaros da liberdade, 229
20. Sonhos e pesadelos, 243
21. Uma mente ávida, 254
22. Agora a caminho de conhecer você, 267
23. Uma graça extraordinária, 279
24. Chegando em casa, 291

Agradecimentos, 304

Prólogo

Na noite fria e escura de 31 de março de 2007, minha mãe e eu descemos a ribanceira íngreme e rochosa do rio Yalu congelado, que divide a Coreia do Norte e a China. Havia patrulhas acima e abaixo de nós e postos de guarda a menos de cem metros à nossa direita e à nossa esquerda, guarnecidos por soldados prontos para atirar em quem quer que tentasse cruzar a fronteira. Não tínhamos ideia do que iria acontecer em seguida, mas estávamos desesperadas para chegar à China, onde poderia haver uma possibilidade de sobreviver.

Eu tinha treze anos e pesava menos de trinta quilos. Apenas uma semana antes eu estava internada num hospital em minha cidade, Hyesan, na fronteira com a China, padecendo de uma grave infecção intestinal que os médicos tinham diagnosticado erroneamente como apendicite. Eu ainda sentia dores terríveis na incisão e estava tão fraca que mal conseguia andar.

O jovem contrabandista norte-coreano que nos guiava na travessia insistiu que fizéssemos isso naquela noite. Ele pagou a alguns guardas para que olhassem para o outro lado, mas não ia conseguir subornar todos os soldados na área, e assim tínhamos de ser extremamente cautelosos. Eu o seguia na escuridão, mas meu equilíbrio estava tão ruim que eu escorregava sentada pela ribanceira, fazendo despencar pequenas avalanches de pedra à minha frente. Ele se virou para mim e sussurrou com raiva que eu não fizesse tanto barulho. Mas era tarde demais. Vimos a silhueta de um soldado norte-coreano escalando o barranco a partir do leito do rio. Se era um dos guardas de fronteira subornados, não pareceu que nos reconhecia.

"Para trás!", gritou o soldado. "Saiam daqui!"

Nosso guia desceu ao encontro dele e podíamos ouvi-lo falar aos cochichos. Nosso guia voltou sozinho.

"Vamos", ele disse. "Rápido!"

Era início de primavera e o clima estava ficando mais quente, derretendo trechos do rio congelado. O ponto que atravessamos era íngreme e estreito, protegido do sol durante o dia e por isso sólido o bastante para suportar nosso peso — assim esperávamos. Nosso guia fez uma ligação pelo celular para alguém do outro lado, o lado chinês, e então sussurrou: "Corram!".

O guia começou a correr, mas meus pés não se moviam e eu me agarrei à minha mãe. Estava tão assustada que fiquei completamente paralisada. O guia voltou, agarrou minhas mãos e me arrastou pelo gelo. Quando chegamos a terra firme, começamos a correr e não paramos até estarmos fora da vista dos guardas de fronteira.

A margem do rio estava escura, mas as luzes de Chaingbai, na China, brilhavam bem à nossa frente. Eu me virei para dar uma rápida olhada no lugar onde tinha nascido. A rede de energia elétrica estava desligada, como era comum, e tudo que pude ver foi um horizonte negro, sem vida. Senti o coração bater forte no peito enquanto chegávamos a um pequeno barracão na beira de um campo plano e vazio.

Eu não estava sonhando com liberdade quando fugi da Coreia do Norte. Eu nem mesmo sabia o que significava ser livre. Tudo que sabia era que, se minha família ficasse para trás, provavelmente morreríamos — de inanição, de alguma doença, das condições desumanas de um campo de trabalho para prisioneiros. A fome tornara-se insuportável; eu queria arriscar minha vida pela promessa de uma tigela de arroz.

Mas em nossa jornada havia algo mais do que nossa própria sobrevivência. Minha mãe e eu estávamos procurando minha irmã mais velha, Eunmi, que tinha ido para a China alguns dias antes e, desde então, não havia notícias dela. Esperávamos que estivesse lá aguardando por nós quando cruzássemos o rio. Em vez disso, a única pessoa a nos cumprimentar foi um chinês calvo, de meia-idade, um norte-coreano étnico, como muitas pessoas que vivem nessa região fronteiriça. O homem disse algo à minha mãe e depois a levou para um lado, contornando a construção. De onde eu estava, pude ouvir minha mãe implorando: "*Anyo! Anyo!*" — Não! Não!

Soube então que algo estava terrivelmente errado. Tínhamos chegado a um lugar ruim, talvez ainda pior do que aquele que havíamos deixado.

Sou muito grata a duas coisas: ao fato de ter nascido na Coreia do Norte e ao de ter escapado da Coreia do Norte. Esses dois eventos me configuraram, e eu não os trocaria por uma vida comum e pacífica. Mas há muito mais na história de como me tornei o que sou hoje.

Como dezenas de milhares de outros norte-coreanos, fugi de minha pátria e me estabeleci na Coreia do Sul, onde ainda somos considerados cidadãos, como se uma fronteira hermeticamente fechada e quase setenta anos de conflito e tensão nunca nos tivessem dividido. As Coreias do Norte e do Sul têm o mesmo fundamento étnico e falamos a mesma língua — com a ressalva de que no Norte não há palavras para coisas como "shopping center", "liberdade" ou mesmo "amor", pelo menos no sentido como o resto do mundo as conhece. O único verdadeiro "amor" que podemos expressar é o do culto aos Kim, uma dinastia de ditadores que tem governado a Coreia do Norte ao longo de três gerações. O regime bloqueia toda informação vinda de fora, todos os vídeos e filmes, e embaralha sinais de rádio. Não existe World Wide Web, nem Wikipédia. Os únicos livros estão cheios de propaganda a nos contar que vivemos no maior país do mundo, mesmo que pelo menos metade dos norte-coreanos viva em extrema pobreza e muitos estejam cronicamente subnutridos. Meu país anterior nem mesmo se chama Coreia do Norte — se diz Chosun, a verdadeira Coreia, um perfeito paraíso socialista onde 25 milhões de pessoas vivem somente para servir ao Líder Supremo, Kim Jong-un. Muitos dos que escapamos chamamos a nós mesmos de "desertores" porque, ao nos recusarmos a aceitar nossa sina e a morrer pelo Líder, estamos desertando nosso dever. O regime nos chama de traidores. Se eu tentasse voltar, seria executada.

O bloqueio de informações funciona nos dois sentidos: o governo não apenas tenta impedir toda a mídia estrangeira de chegar a seu povo, como também evita que os de fora saibam a verdade sobre a Coreia do Norte. O regime é conhecido como o Reino Eremita, porque tenta se fazer incognoscível. Somente os que de lá escapam podem descrever o que de fato se passa por trás das fronteiras fechadas. Até pouco tempo, porém, nossas histórias raramente eram ouvidas.

Cheguei à Coreia do Sul na primavera de 2009, com quinze anos, sem dinheiro algum e com escolaridade equivalente a dois anos de escola primária. Cinco anos depois eu era segundanista numa das melhores universidades de Seul, especializada em administração policial, com uma crescente percepção da urgente necessidade de justiça no país em que tinha nascido.

Contei muitas vezes e em muitos fóruns a história de minha fuga da Coreia do Norte. Descrevi como traficantes de pessoas enganaram minha mãe e a mim nos fazendo seguir até a China, onde minha mãe me protegeu e se sacrificou a ser estuprada pelo atravessador que me tinha como alvo. Uma vez na China, continuamos a procurar minha irmã, sem sucesso. Meu pai atravessou a fronteira para se juntar a nós em nossa busca, mas morreu de um câncer não tratado alguns meses depois. Em 2009, minha mãe e eu fomos resgatadas por missionários cristãos, que nos levaram até a fronteira da Mongólia com a China. De lá caminhamos a pé pelo frígido deserto de Gobi numa interminável noite de inverno, seguindo as estrelas para chegar à liberdade.

Tudo isso é verdade, mas não é toda a história.

Até agora, apenas minha mãe sabia o que realmente aconteceu nos dois anos que se passaram entre a noite em que cruzamos o rio Yalu para a China e o dia em que chegamos à Coreia do Sul para começar uma vida nova. Não contei quase nada de minha história aos outros desertores e aos advogados de direitos humanos que encontrei na Coreia do Sul. Eu acreditava que, de algum modo, se me recusasse a reconhecer o indescritível passado, ele desapareceria. Convencera a mim mesma de que grande parte dele jamais tinha acontecido. Instruí a mim mesma que esquecesse o resto.

Mas quando comecei a escrever este livro, me dei conta de que, sem a verdade inteira, minha vida não teria nenhuma força, nenhum significado real. Com a ajuda de minha mãe, as lembranças de nossas vidas na Coreia do Norte e na China começaram a voltar para mim como cenas de um pesadelo esquecido. Algumas das imagens reapareceram com terrível clareza; outras eram nebulosas, ou embaralhadas como um maço de cartas espalhadas pelo chão. O processo de escrever tem sido o processo de rememorar, de tentar dar um sentido a essas lembranças.

Juntamente com a escrita, a leitura me ajudou a pôr uma ordem em meu mundo. Assim que cheguei à Coreia do Sul e pude ter acesso a traduções dos grandes livros do mundo, comecei a devorá-los. Mais tarde fui capaz de lê-los em inglês. E quando comecei a escrever meu próprio livro, deparei com a famosa frase de Joan Didion: "Nós nos contamos histórias para poder viver". Apesar de a escritora e eu termos vindo de culturas tão diferentes, sinto a verdade dessas palavras ecoando dentro de mim. Entendo que às vezes a única maneira de sobrevivermos a nossas próprias memórias é configurá-las em uma história que dê um sentido a fatos que parecem ser inexplicáveis.

Ao longo de minha jornada, vi os horrores que seres humanos podem infligir uns aos outros, mas também testemunhei atos de ternura e bondade e sacrifício nas piores circunstâncias imagináveis. Sei que é possível perder parte de sua humanidade para sobreviver. Mas também sei que a centelha da dignidade humana nunca se extingue por completo e que, se lhe forem dados o oxigênio da liberdade e o poder do amor, poderá voltar a crescer.

Esta é a história das escolhas que fiz para poder viver.

PARTE I
COREIA DO NORTE

1. Até os pássaros e os ratos podem te ouvir sussurrar

O rio Yalu serpenteia como a cauda de um dragão entre a China e a Coreia do Norte em seu curso até o mar Amarelo. Em Hyesan ele se abre num vale entre as montanhas Paektu, onde a cidade de 200 mil habitantes se espraia entre colinas ondulantes e um alto platô coberto de campos, faixas de árvores e sepulturas. O rio, normalmente raso e manso, fica congelado e sólido durante o inverno, que dura a maior parte do ano. É a região mais fria da Coreia do Norte, com temperaturas que às vezes atingem quarenta graus Celsius negativos. Só os mais rijos sobrevivem.

Para mim, Hyesan era meu lar.

Do outro lado do rio fica a cidade chinesa de Chaingbai, que tem uma grande população de coreanos étnicos. Famílias de ambos os lados da fronteira têm comerciado umas com as outras durante gerações. Quando eu era criança, costumava ficar na escuridão contemplando as luzes de Chaingbai do outro lado do rio, perguntando-me o que estaria acontecendo além dos limites de minha cidade. Era excitante ver os fogos de artifício coloridos explodindo no preto aveludado do céu durante os festivais do Ano-Novo chinês. Nós nunca tínhamos coisas parecidas no nosso lado da fronteira. Às vezes, quando eu caminhava rio abaixo para encher meus baldes com água e o vento úmido soprava na direção certa, eu podia sentir o aroma de comidas deliciosas, como macarrão no óleo e bolinhos sendo feitos nas cozinhas do outro lado. O mesmo vento trazia as vozes das crianças chinesas que brincavam na margem oposta.

"Ei, você! Está com fome aí?", gritavam os meninos em coreano.

"Não! Cale a boca, seu chinês gordo!", eu gritava de volta.

Não era verdade. De fato, eu estava com muita fome, mas não adiantava falar sobre isso.

Cheguei a este mundo cedo demais.

Minha mãe estava com apenas sete meses de gravidez quando entrou em trabalho de parto, e eu pesava menos de um quilo e meio quando nasci, em 4 de outubro de 1993. O médico no hospital de Hyesan disse à minha mãe que eu era tão pequena que não havia nada que pudessem fazer por mim. "Ela pode viver ou pode morrer", ele disse. "Não sabemos." Eu dependia de mim mesma para viver.

Não importava com quantos cobertores minha mãe me embrulhava, ela não conseguia me manter quente. Então esquentou uma pedra e a pôs no cobertor junto comigo, e foi assim que sobrevivi. Alguns dias depois, meus pais me levaram para casa e aguardaram.

Minha irmã, Eunmi, tinha nascido dois anos antes, e dessa vez meu pai, Park Jin Sik, esperava que fosse um filho. Na patriarcal Coreia do Norte, é a linhagem masculina que realmente importa. Contudo, ele logo se refez de seu desapontamento. Na maioria das vezes, é a mãe quem cria os laços mais fortes com um bebê, mas era meu pai quem vinha me acalmar quando eu chorava. Era nos braços dele que eu me sentia protegida e acalentada. Desde o início, tanto minha mãe quanto meu pai me encorajaram a ter orgulho de quem eu sou.

Quando eu era bem nova, morávamos numa casa de um andar no alto de uma colina, acima dos trilhos da ferrovia que se encurvavam como uma espinha enferrujada através da cidade.

Nossa casa era pequena e sempre batida pelo vento, e como tínhamos uma parede comum com os vizinhos, sempre podíamos ouvir o que se passava ao lado. Também podíamos ouvir ratos chiando e correndo pelo forro do teto à noite. Mas para mim era um paraíso porque lá estávamos juntos, como uma família.

Minhas primeiras memórias são da escuridão e do frio. Durante os meses de inverno, o local mais popular em nossa casa era a pequena lareira onde ardia a lenha, ou o carvão, ou o que quer que conseguíssemos encontrar. Cozinhávamos em cima daquele fogo, e havia canais por baixo do chão de cimento para levar a fumaça até uma chaminé, no outro lado da casa. Esse tradicional sistema de aquecimento deveria supostamente manter o recinto aquecido, mas não era páreo para as noites geladas. No fim do dia, minha mãe estendia um grosso cobertor junto ao fogo e todos mergulhávamos sob as cobertas — primeiro minha mãe, depois eu, em seguida minha irmã e por último meu pai, no lugar mais frio. Quando o sol se punha, não se podia enxergar absolutamente nada. Em nossa região da Coreia do Norte, era normal passarem-se semanas e até mesmo meses sem eletricidade, e velas eram um artigo muito caro. Assim, brincávamos de jogos no escuro. Às vezes, debaixo das cobertas, provocávamos uns aos outros.

"De quem é este pé?", dizia minha mãe, cutucando com seu dedão.

"É meu, é meu!", gritava Eunmi.

Nas noites e manhãs de inverno, e até mesmo no verão, para onde quer que olhássemos, podíamos ver fumaça saindo das chaminés de Hyesan. Nossa vizinhança era muito acolhedora e pequena, e conhecíamos cada pessoa que vivia ali. Se não estivesse saindo fumaça da casa de alguém, íamos lá bater à sua porta para verificar se estava tudo bem.

Os caminhos não pavimentados entre as casas eram estreitos demais para os carros, embora isso não fosse um grande problema, já que havia tão poucos carros. As pessoas em nosso bairro andavam a pé, ou de bicicleta ou de moto, para os poucos que podiam ter uma. Os caminhos ficavam escorregadios de lama depois de uma chuva, e esse era o melhor momento para as crianças da vizinhança brincarem de seu jogo de pega-pega favorito. Mas eu era menor e mais lenta que as outras de minha idade, e para mim sempre foi difícil acompanhar a brincadeira e me manter de pé.

Quando comecei a ir à escola, Eunmi às vezes tinha de brigar com as crianças mais velhas para me defender. Ela também não era muito grande, mas era esperta e ágil. Era minha protetora e companheira nas brincadeiras. Quando nevava, me carregava até o alto das colinas que cercavam nosso bairro, punha-me no colo e envolvia os braços em torno de mim. Eu segurava firme enquanto voltávamos deslizando sobre nossas nádegas, gritando e rindo. Eu era feliz por ser parte do mundo dela.

No verão, todas as crianças desciam para brincar no rio Yalu, mas nunca aprendi a nadar. Eu só ficava sentada na ribanceira enquanto os outros patinhavam na corrente. Às vezes minha irmã ou minha melhor amiga, Yong Ja, viam que eu estava sozinha e me traziam algumas pedrinhas bonitas que tinham achado no fundo do rio. E às vezes me seguravam nos braços e me carregavam um pouco na água, antes de me levarem de volta para a margem.

Yong Ja e eu tínhamos a mesma idade e vivíamos na mesma região da cidade. Eu gostava dela porque éramos boas em usar nossa imaginação para criar nossos próprios brinquedos. Podiam-se encontrar à venda no mercado algumas bonecas e outros brinquedos fabricados, mas em geral eram caros demais. Em vez disso, fazíamos tigelas e pequenos animais de barro, e às vezes até tanques em miniatura — brinquedos de caráter militar feitos em casa eram muito comuns na Coreia do Norte. Mas nós, meninas, tínhamos obsessão por bonecas de papel e passávamos horas recortando-as de papel grosso, fazendo para elas, das sobras, vestidos e echarpes.

Às vezes minha mãe fazia cata-ventos para nós, e nós os prendíamos na passarela de metal sobre a estrada, a qual chamávamos de Ponte da Nuvem. Anos depois, quando a vida ficou muito mais difícil e mais complicada, eu passava por essa ponte e pensava como ficávamos felizes ao olhar aqueles cata-ventos girando à menor brisa.

Quando eu era pequena, não ouvia os ruídos mecânicos de fundo, como agora na Coreia do Sul e nos Estados Unidos. Não havia caminhões revirando o lixo, buzinas soando ou telefones tocando em toda parte. Tudo que eu podia ouvir eram sons de pessoas: mulheres lavando a louça, mães chamando seus filhos, o tilintar de colheres e hashis na tigela de arroz quando as famílias sentavam-se para comer. Às vezes eu podia ouvir meus amigos levando bronca de seus pais. Não havia música ressoando ao fundo nem olhos grudados em smartphones. Mas havia intimidade e conexão humanas, algo difícil de encontrar no mundo moderno que vivo hoje.

Em nossa casa em Hyesan, os canos d'água quase sempre estavam vazios, e assim era comum minha mãe descer com nossas roupas até o rio para lavá-las ali. Quando as trazia de volta, espalhava-as sobre o chão quente para secar.

Como o fornecimento de eletricidade era muito raro em nossa vizinhança, sempre que as luzes se acendiam, as pessoas ficavam tão felizes que começavam a cantar, bater palmas e gritar. Acordávamos para comemorar até mesmo no meio da noite. Quando você tem tão pouco, a menor coisa pode fazê-lo feliz — e essa é uma das poucas características da vida na Coreia do Norte das quais eu realmente tenho saudade. Claro que as luzes nunca ficavam acesas por muito tempo. Quando se apagavam, apenas dizíamos: "Ah, tudo bem", e voltávamos a dormir.

Mesmo quando a eletricidade chegava, a potência era muito baixa, e assim muitas famílias tinham um amplificador de voltagem para poder utilizar seus aparelhos. Essas máquinas estavam sempre pegando fogo, e numa noite de março isso aconteceu em nossa casa, quando nossos pais estavam fora. Eu era apenas um bebê, e tudo de que me lembro é de acordar chorando enquanto alguém me carregava através da fumaça e das chamas. Não sei se foi minha irmã ou nosso vizinho que me salvou. Minha mãe chegou correndo quando alguém lhe contou do incêndio, mas minha irmã e eu já estávamos em segurança na casa do vizinho. Nossa casa foi destruída pelo fogo, mas logo meu pai a reconstruiu com as próprias mãos.

Depois disso, plantamos um jardim em nosso pequeno quintal cercado. Minha mãe e minha irmã não estavam interessadas em jardinagem, mas meu pai e eu gostávamos muito. Plantamos abobrinha, repolho, pepinos e girassóis. Meu pai também plantou ao longo da cerca belas flores de fúcsia, ou brinco-de-princesa, que chamávamos de "gotas de orelha". Eu adorava pendurar os longos e delicados botões em minhas orelhas, fingindo que eram brincos. Minha mãe perguntou a meu pai por que estava desperdiçando um espaço valioso plantando flores, mas ele a ignorou.

Na Coreia do Norte, as pessoas viviam perto da natureza e desenvolveram a habilidade de prever como estaria o tempo no dia seguinte. Não tínhamos internet, e geralmente não conseguíamos assistir às transmissões do governo na televisão por causa da falta de eletricidade. Assim, tínhamos de imaginá-las nós mesmos.

Durante as longas noites de verão, nossos vizinhos sentavam-se todos do lado de fora das casas, ao ar livre ao anoitecer. Não havia cadeiras; sentávamos no chão, olhando para o céu. Se víssemos lá em cima milhões de estrelas, alguém observaria: "Amanhã vai fazer sol". E todos murmurávamos em assentimento. Se houvesse apenas milhares de estrelas, algum outro poderia dizer: "Parece que amanhã o dia vai ser nublado". Esse era o nosso método local de previsão do tempo.

O melhor dia de todo mês era o Dia do Macarrão, quando minha mãe comprava a massa do macarrão fresca e úmida feita numa máquina na cidade. Queríamos que a massa durasse bastante tempo, e para isso a estendíamos no chão quente da cozinha para secar. Para minha irmã e para mim, era como um dia de feriado, porque surrupiávamos alguns macarrões e os comíamos enquanto ainda estavam macios e doces. Em meus primeiros anos, antes de nossa cidade ser atingida pela pior fase do período de fome que assolou a Coreia do Norte em meados da década de 1990, nossos amigos costumavam aparecer e nós dividíamos o macarrão com eles. Na Coreia do Norte, era de supor que você dividisse tudo. Mas depois, quando os tempos ficaram muito mais difíceis para minha família e para o país, minha mãe nos disse para mandar as crianças embora. Não podíamos nos permitir dividir nada.

Nos bons tempos, uma refeição familiar consistia em arroz, *kimchi*,* algum tipo de feijão e sopa de algas. Mas eram itens caros demais para comer em tempos magros. Às vezes deixávamos de fazer uma refeição, e frequentemente tudo que tínhamos era um ralo mingau de trigo ou cevada, feijões ou batatas escuras congeladas e moídas em forma de bolo recheado com repolho.

O país no qual cresci não era igual àquele que meus pais tinham conhecido quando criança, nas décadas de 1960 e 1970. Quando eles eram jovens, o Estado cuidava das necessidades básicas de todos: roupa, tratamento médico, alimentação. Quando terminou a Guerra Fria, os países comunistas que tinham amparado o regime da Coreia do Norte a abandonaram, e nossa economia controlada pelo Estado entrou em colapso. Os norte-coreanos subitamente ficaram sozinhos.

Eu era pequena demais para perceber como a situação estava ficando desesperadora no mundo adulto, enquanto minha família tentava se adaptar às mudanças maciças na Coreia do Norte durante a década de 1990. Depois que minha irmã e eu adormecíamos, às vezes meus pais ficavam acordados, passando mal de tanta preocupação, se perguntando o que poderiam fazer para nos resguardar de morrer de fome.

Tudo que eu conseguia ouvir, aprendi rapidamente a não repetir. Fui ensinada a nunca expressar minha opinião, nunca perguntar nada. Fui ensinada a simplesmente obedecer ao que o governo me dizia para fazer ou dizer ou pensar. Eu realmente acreditava que nosso Querido Líder, Kim Jong-il, era capaz de ler minha mente e me puniria se eu tivesse maus pensamentos. E se

---

* Comida típica coreana, vegetal temperado com alho, pimenta vermelha e gengibre. (N. T.)

não me estivesse ouvindo, havia espiões por toda parte, escutando pelas janelas e vigiando o pátio da escola. Pertencíamos todos ao *inminban*, ou "unidades populares" da vizinhança, e tínhamos ordens de informar se alguém dissesse a coisa errada. Vivíamos com medo, e quase todo mundo — inclusive minha mãe — já teve uma experiência pessoal que revelou os perigos de falar.

Eu tinha apenas nove meses quando Kim Il-sung morreu, em 8 de julho de 1994. Os norte-coreanos cultuavam o "Grande Líder" de 82 anos. Na época de sua morte, Kim Il-sung havia governado a Coreia do Norte com mão de ferro durante cinco décadas, e verdadeiros crentes — inclusive minha mãe — pensavam que Kim Il-sung era de fato imortal. Seu falecimento foi um tempo de luto apaixonado, e também de incertezas no país. O filho do Grande Líder, Kim Jong-il, já tinha sido escolhido para suceder o pai, mas o grande vazio que Kim Il-sung deixou fez com que todos ficassem tensos.

Minha mãe me amarrou a suas costas para se juntar às milhares de pessoas de luto que diariamente afluíam ao monumento em forma de praça dedicado a Kim Il-sung em Hyesan, para chorar e lamentar o Líder caído, durante o período de luto oficial. Deixavam oferendas de flores e copos de licor de arroz para demonstrar sua adoração e seu pesar.

Durante esse período, estava nos visitando um dos parentes de meu pai, do nordeste da China, onde viviam muitos norte-coreanos étnicos. Por ser um estrangeiro, não foi tão reverente assim para com o Grande Líder, e quando minha mãe voltou de uma de suas idas ao monumento, tio Yong Soo repetiu uma história que tinha acabado de ouvir. O governo de Pyongyang havia anunciado que Kim Il-sung morrera de um ataque do coração, mas Yong Soo relatou que um amigo chinês lhe dissera que tinha ouvido de um policial norte-coreano que isso não era verdade. A verdadeira causa da morte, disse ele, era *hwa-byung* — um diagnóstico comum em ambas as Coreias, a do Norte e a do Sul, que pode ser grosseiramente traduzido como "doença causada por estresse mental ou emocional". Yong Soo tinha ouvido que havia discordância entre Kim Il-sung e Kim Jong-il quanto aos planos do mais velho de entabular conversações com a Coreia do Sul...

"Pare!", disse minha mãe. "Não diga nem mais uma palavra!" Estava tão aborrecida com o fato de Yong Soo ousar espalhar rumores sobre o regime que teve de ser rude com seu hóspede a ponto de fazê-lo se calar.

No dia seguinte, ela e sua melhor amiga visitavam o monumento para depositar mais flores quando notaram que alguém tinha vandalizado as oferendas.

"Oh, há tanta gente má neste mundo!", disse a amiga.

"Você tem razão!", disse minha mãe. "Você não ia acreditar nos rumores malignos que nossos inimigos estão espalhando." E então contou à amiga sobre as mentiras que tinha ouvido.

No outro dia, ao atravessar a Ponte da Nuvem, notou um automóvel que parecia ser um carro oficial estacionado na pista abaixo de nossa casa, com um grande grupo de homens reunidos em torno dele. Imediatamente soube que algo terrível estava prestes a acontecer.

Os visitantes eram agentes à paisana da temida *bo-wi-bu*, ou Agência de Segurança Nacional, que mantinham os campos de prisioneiros políticos e investigavam ameaças ao regime. Todos sabiam que esses homens podiam te levar embora para nunca mais se ouvir falar de você. Pior, eles não eram locais; tinham sido enviados da sede central.

O agente principal abordou minha mãe na porta de casa e a levou à casa de nosso vizinho, que ele tinha tomado emprestado durante aquela tarde. Os dois se sentaram, e ele olhou para ela com olhos que pareciam de vidro negro.

"Sabe quem eu sou?", ele perguntou.

"Sim, eu sei", ela disse.

"Então, onde você ouviu isso?"

Ela contou que tinha ouvido esse rumor do tio chinês de seu marido, que tinha ouvido de um amigo.

"O que você pensa disso?", ele perguntou.

"É um rumor terrível, maléfico!", ela disse com muita sinceridade. "É uma mentira contada por nossos inimigos na tentativa de destruir a maior nação do mundo!"

"O que você acha que fez de errado?", ele disse, sem rodeios.

"Senhor, eu deveria ter ido à organização do partido para fazer um relato. Errei por ter contado apenas a um indivíduo."

"Não, está errada. Você nunca deveria ter deixado essas palavras saírem de sua boca."

Agora ela tinha certeza de que ia morrer. Continuou a falar, dizendo que sentia muito, implorando que lhe poupasse a vida por causa de suas duas crianças. Como dizemos na Coreia, ela implorou até parecer que suas mãos iam desaparecer.

Finalmente, ele disse numa voz dura que enregelou os ossos dela: "Você não pode mencionar isso nunca mais. Nem para seus amigos, seu marido ou suas crianças. Você entende o que iria acontecer a você?".

Ela entendia. Completamente.

Depois ele interrogou tio Yong Soo, que, nervoso, estava esperando com a família em nossa casa. Minha mãe acha que foi poupada de qualquer punição porque Yong Soo tinha confirmado ao agente quão irada ela ficou quando ele contou o boato.

Quando tudo passou, os agentes foram embora de carro. Meu tio voltou para a China. Quando meu pai perguntou à minha mãe o que a polícia secreta queria dela, ela disse que não era nada que pudesse contar, e nunca voltou a mencioná-lo. Meu pai foi para o túmulo sem saber quão perto tinham chegado do desastre.

Muitos anos mais tarde, após ela me contar sua história, finalmente entendi por que, quando me mandava para a escola, nunca dizia "Tenha um bom dia" ou mesmo "Tenha cuidado com estranhos". O que sempre dizia era: "Cuidado com a boca".

Na maioria dos países, a mãe estimula os filhos a perguntar sobre tudo, mas não na Coreia do Norte. Assim que tive idade suficiente para entender, minha mãe me advertiu que eu devia ser cuidadosa com o que dizia. "Lembre-se, Yeonmi-ya", falava suavemente, "mesmo quando você pensar que está sozinha, os pássaros e os ratos podem te ouvir sussurrar." Ela não tinha a intenção de me assustar, mas eu sentia uma escuridão profunda e o horror dentro de mim.

2. Uma história perigosa

Acho que meu pai teria ficado milionário se tivesse crescido na Coreia do Sul ou nos Estados Unidos. Mas nasceu na Coreia do Norte, onde as ligações familiares e a lealdade ao partido são tudo o que importa, e o trabalho árduo não lhe garante nada a não ser mais trabalho árduo e uma luta constante para sobreviver.

Park Jin Sik nasceu na cidade portuária e industrial de Hamhung, em 4 de março de 1962, numa família de militares com boas conexões políticas. Isso deveria lhe proporcionar uma grande vantagem na vida, porque na Coreia do Norte todas as oportunidades são determinadas por sua casta, ou *songbun*. Quando assumiu o poder após a Segunda Guerra Mundial, Kim Il-sung deu fim ao tradicional sistema feudal que dividia o país em proprietários de terra e camponeses, nobres e comuns, sacerdotes e doutos. Ele ordenou que se verificasse cada cidadão, para achar tudo que dizia respeito a suas famílias, passando por gerações. No sistema *songbun*, cada pessoa é classificada entre três grupos principais, com base em sua suposta lealdade ao regime.

O grupo mais elevado é o da classe considerada o "cerne", formada por honrados revolucionários — camponeses, veteranos ou parentes daqueles que lutaram ou morreram pelo Norte — e por aqueles que tinham demonstrado grande lealdade à família Kim e eram parte do aparato que a mantém no poder. O segundo grupo é o da classe "básica" ou "vacilante", formada por aqueles que viviam no Sul ou que tinham família lá, ex-comerciantes, intelectuais ou outras pessoas comuns nas quais não se pode confiar como sendo completamente leais à nova ordem. Finalmente, o grupo mais baixo de todos é o da classe "hostil", incluindo aí antigos proprietários de terra e seus descendentes, capitalistas, ex-soldados sul-coreanos, cristãos e seguidores de outras religiões, as famílias de prisioneiros políticos e quaisquer outros que sejam tidos como inimigos do Estado.

É extremamente difícil guindar-se a um *songbun* mais elevado, mas é muito fácil ser lançado aos níveis mais baixos sem ter feito nada que o pudesse culpar. E, como descobriram meu pai e sua família, uma vez perdido seu status *songbun*, perde-se tudo que se conseguiu junto com ele.

O pai do meu pai, Park Chang Gyu, cresceu na zona rural perto de Hyesan, quando a Coreia era uma colônia japonesa.

Durante mais de 4 mil anos existiu um só povo coreano, mas muitas Coreias diferentes. Diz a lenda que nossa história começou em 2333 a.C., com um reino chamado Chosun, que significa "Terra da Manhã". Apesar de ter um nome tão brando, minha pátria raramente foi pacífica. A península coreana ficava na encruzilhada de grandes impérios, e através dos séculos os reinos coreanos tiveram de repelir invasores da Manchúria até a Mongólia, e além. Depois, no início do século xx, o império japonês em expansão absorveu lentamente a Coreia por meio de ameaças e de tratados, finalmente anexando o país inteiro em 1910. Isso foi dois anos antes do nascimento do primeiro Líder da Coreia do Norte, Kim Il-sung, e onze anos antes de meu avô Park nascer.

Os japoneses foram governantes coloniais despóticos que tentaram destruir a cultura coreana e nos transformar em cidadãos se segunda classe em nosso próprio país. Eles declararam a língua coreana ilegal e tomaram nossas fazendas e nossas indústrias. Essa atitude desencadeou uma resistência nacionalista ao domínio japonês que foi enfrentada com uma repressão violenta. Como muitos coreanos, os pais de Kim Il-sung atravessaram com a família a fronteira do norte para a Manchúria, então parte do império chinês. Depois que os japoneses invadiram a Manchúria no início da década de 1930, nosso futuro Grande Líder se juntou a um grupo de guerrilheiros que lutava contra os ocupantes japoneses. Mas quando começou a Segunda Guerra Mundial, Kim Il-sung se juntou ao Exército soviético e (como vim a saber mais tarde) — contrariamente à propaganda norte-coreana de que ele derrotou os japoneses praticamente sozinho — passou a guerra numa base militar longe do campo de luta.

Quando eu estava crescendo, não falávamos muito sobre o que nossas famílias faziam durante aqueles tempos. Na Coreia do Norte, qualquer história pode ser perigosa. O que eu sabia do lado paterno de minha família veio das poucas histórias que meu pai contou à minha mãe.

No início da Segunda Guerra Mundial, o avô Park trabalhava para diretores japoneses no departamento financeiro do gabinete administrativo de Hyesan, ou prefeitura. Foi lá que conheceu sua futura esposa, Jung Hye Soon, que também trabalhava na prefeitura. Era uma órfã que havia sido criada pela tia e tivera uma vida muito difícil antes de conhecer meu avô. O namoro deles foi incomum: contrariamente a tantos casais coreanos cujo matrimônio é arranjado pelos pais, meus avós de fato se conheceram e se amaram antes do casamento.

Meu avô manteve seu emprego no funcionalismo civil durante a Segunda Guerra Mundial. Após a rendição dos japoneses em 15 de agosto de 1945, o Exército soviético penetrou na parte norte da Coreia, enquanto os militares americanos se encarregaram da parte sul — e isso armou a cena para a agonia que meu país tem sofrido há mais de setenta anos. Uma linha arbitrária foi traçada ao longo do paralelo 38, dividindo a península em duas regiões administrativas: Coreia do Norte e Coreia do Sul. Os Estados Unidos enviaram um exilado anticomunista chamado Syngman Rhee para Seul e o instalaram no poder como o primeiro presidente da República da Coreia. No Norte, Kim Il-sung, que a essa altura tinha se tornado um figurão soviético, foi instalado como líder da República Democrática Popular da Coreia, ou RDPC.

Os soviéticos rapidamente reuniram todos os homens que fossem elegíveis para o estabelecimento de uma força militar norte-coreana. Meu avô foi retirado de seu emprego na prefeitura e feito oficial do Exército Popular.

Em 1949, tanto os Estados Unidos quanto a União Soviética tinham retirado suas tropas e entregado a península a seus novos líderes-fantoche. Não deu certo. Kim Il-sung era um ditador stalinista e ultranacionalista que decidiu reunificar o país no verão de 1950, invadindo o Sul com tanques russos e milhares de tropas. Na Coreia do Norte nos ensinaram que os imperialistas ianques tinham começado a guerra e que nossos soldados estavam bravamente combatendo o maléfico invasor. Na verdade, os militares dos Estados Unidos tinham retornado à Coreia com o propósito expresso de *defender* o Sul — com o apoio de uma força oficial das Nações Unidas — e rapidamente rechaçaram o exército de Kim Il-sung até o rio Yalu, quase tomando todo o país. Só foram detidos quando soldados chineses atravessaram a fronteira e combateram os americanos, que recuaram até o paralelo 38. No final dessa guerra sem sentido, pelo menos 3 milhões de coreanos tinham sido mortos ou feridos, milhões eram refugiados e a maior parte do país estava em ruínas.

Em 1953, os dois lados concordaram em pôr fim à luta, mas nunca assinaram um tratado de paz. Até hoje estão oficialmente em guerra, e cada um dos dois governos, o do Norte e do Sul, acredita ser o único representante de todos os coreanos.

Vovô Park era um oficial que cuidava de questões financeiras e nunca disparou um só tiro durante a Guerra da Coreia. Depois do armistício ele continuou no exército, viajando com sua família de posto em posto. Estava baseado em Hamhung, a cerca de 290 quilômetros ao sul de Hyesan, onde nasceu meu pai — o quarto de cinco filhos e o mais jovem filho homem. Mais tarde, quando meu avô se retirou do serviço ativo, o governo o restabeleceu com sua família em Hyesan. A posição de meu avô como oficial e membro do governante Partido dos Trabalhadores da Coreia granjeou-lhe um bom status *songbun*, tendo sido agraciado com outro emprego, como gerente financeiro no comissariado que fornecia mercadorias às famílias dos militares. Ao menos por algum tempo, a família prosperou com o crescimento da economia da Coreia do Norte.

Durante as décadas de 1950 e 1960, a China e a União Soviética injetaram dinheiro na Coreia do Norte para ajudar sua reconstrução. O Norte tinha carvão e minerais em suas montanhas, e sempre fora a região mais rica e mais industrializada do país. Recuperou-se mais rápido do que o Sul, que ainda era predominantemente agrícola e demorou a se restabelecer depois da guerra. Mas isso começou a mudar nas décadas de 1970 e 1980, à medida que a Coreia do Sul se tornava um centro industrial e o sistema da Coreia do Norte, ao estilo soviético, começava a entrar em colapso sob seu próprio peso. A economia tinha um planejamento central e era toda controlada pelo Estado. Não havia propriedade privada — ao menos oficialmente — e todas as fazendas eram coletivizadas, embora as pessoas pudessem cultivar alguns vegetais para vender em mercados pequenos e controlados com rigor. O governo provia todos os empregos, pagava os salários de todos e distribuía em sistema de rações a maior parte dos alimentos e bens de consumo.

Na juventude dos meus pais, o sistema de distribuição ainda era subsidiado pela União Soviética e pela China, e assim pouca gente passava fome, mas ninguém, além da elite, realmente prosperava. Ao mesmo tempo, o suprimento não atendia à demanda para os tipos de itens que as pessoas queriam, como roupas importadas, artigos eletrônicos e alimentos especiais. Enquanto as classes mais favorecidas tinham acesso a muitos desses bens em lojas de departamento mantidas pelo governo, os preços geralmente eram elevados demais para que a maioria das pessoas pudesse adquiri-los. Todo cidadão comum que gostasse de bebidas alcoólicas ou cigarros estrangeiros, ou de bolsas fabricadas no Japão, teria de comprá-los no mercado negro. A rota usada em geral para trazer essas mercadorias provinha do norte, através da China.

Meu pai entrou para o exército por volta de 1980, quando tinha quase vinte anos. Como a maioria dos homens norte-coreanos das classes média e alta, foi recrutado para servir dez anos, embora tivesse contatos que lhe permitiriam reduzi-los a não mais que dois. Porém menos de um ano após ter se juntado ao exército, ele ficou muito doente, com um apêndice supurado.

Depois de quatro cirurgias para controlar as complicações da infecção, seu serviço militar estava definitivamente concluído. Para ele, isso poderia ter sido uma catástrofe, pois os homens norte-coreanos sem um histórico de serviço militar são geralmente excluídos dos melhores empregos. Mas quando regressou a Hyesan sem qualquer atividade em vista, seu pai sugeriu que estudasse finanças. Ele conseguiu se inscrever num programa de três anos na Faculdade de Economia de Hyesan. O resto da família também estava indo bem. Um irmão mais velho de meu pai, Park Jin, cursava a escola de medicina em Hyesan, e o mais velho deles, Park Dong Il, era professor de ensino médio em Hamhung. Sua irmã mais velha tinha se casado e mudado para Pyongyang, onde trabalhava como garçonete, e a mais nova frequentava a escola em Hyesan.

Mas em 1980 aconteceu um desastre, quando Dong Il foi acusado de estuprar uma de suas alunas e de tentar matar sua mulher. Eu nunca fiquei sabendo exatamente o que aconteceu, ou mesmo se as acusações eram verdadeiras, mas ele acabou sendo condenado a vinte anos de trabalhos forçados. Foi somente graças às conexões do vovô Park que ele escapou de ser executado. É comum que prisioneiros não políticos sejam libertados da prisão antes de morrerem, para livrar o governo do problema de precisar enviar seu corpo para casa. Assim, depois de cumprir doze anos, ele foi liberado por motivo de doença e voltou para Hyesan. Ninguém na família jamais se referiu ao seu passado. Lembro-me dele como um homem frágil e quieto, sempre gentil comigo. Ele morreu quando eu ainda era pequena.

Na Coreia do Norte, se o membro de uma família comete um crime grave, todos são considerados criminosos. Subitamente, a família de meu pai perdeu seu status social e político favorável.

Há mais de cinquenta subgrupos nas principais castas *songbun*, e uma vez adulto, seu status está sendo constantemente monitorado e ajustado pelas autoridades. Uma rede de informantes ocasionais na vizinhança e a vigilância oficial da polícia asseguram que nada que você ou sua família faça passe despercebido. Tudo que diz respeito a você é registrado e armazenado nos escritórios administrativos locais e em grandes organizações nacionais, e a informação é usada para determinar onde você pode morar, para que escola pode ir e onde pode trabalhar. Com um *songbun* elevado, você poderá ingressar no Partido dos Trabalhadores, o que lhe dará acesso ao poder político. Poderá ir a uma boa universidade e ter um bom emprego. Com um *songbun* inferior, pode acabar numa fazenda coletiva trabalhando em campos de arroz pelo resto da vida — e, em períodos de fome, morrendo de inanição.

Nem mesmo todas as conexões de vovô Park iriam salvar sua carreira depois que o filho mais velho foi condenado por tentativa de homicídio. Foi despedido do emprego no comissariado pouco após Dong Il ser mandado para a prisão, embora não tenha sido apresentado qualquer motivo oficial para sua demissão. Felizmente, seus filhos mais moços foram menos afetados pelo escândalo e conseguiram completar seus estudos. Meu tio Park Jin terminou a escola de medicina, tornando-se professor na Universidade de Medicina de Hyesan e, mais tarde, administrador da faculdade de medicina. Foi um aluno excelente, habilidoso no manejo da política, e conseguiu ser bem-sucedido apesar dos problemas da família. Meu pai graduou-se em planejamento econômico e, assim como o pai antes dele, foi admitido para trabalhar na secretaria de finanças na prefeitura de Hyesan. Depois de apenas um ano, porém, houve uma reestruturação nas secretarias administrativas e ele perdeu o emprego. Seu baixo *songbun* finalmente o alcançara.

Então meu pai se deu conta de que não teria um futuro, a menos que encontrasse um jeito de se juntar ao Partido dos

Trabalhadores. Decidiu tornar-se operário numa metalúrgica local onde poderia trabalhar duramente e provar sua lealdade ao regime. Conseguiu construir boas relações com as pessoas que detinham o poder nesse local de trabalho, inclusive com os representantes do partido. Em pouco tempo, foi aceito como membro.

Naquela época, meu pai começou também um negócio à parte para fazer algum dinheiro extra. Foi um ato ousado, porque todo negócio empreendido fora do controle do Estado era ilegal. Mas meu pai tinha um excepcional espírito natural empreendedor e ao que se poderia chamar de um saudável desprezo a regras. Também teve a sorte de viver na época certa e na região certa do país para fazer de seu negócio um grande sucesso. Pelo menos por algum tempo.

Hyesan já tinha uma tradição há muito estabelecida de comércio através da fronteira com a China, além de um pequeno mas muito animado mercado negro para qualquer coisa, desde peixe seco até produtos eletrônicos. Durante a década de 1980, as mulheres estavam autorizadas a vender alimentos e artesanatos em mercados provisórios, mas o comércio geral ainda era uma atividade subterrânea e especializada. Meu pai se juntou a uma reduzida porém crescente classe de operadores do mercado negro que encontrou meios de explorar brechas na economia controlada pelo Estado. Começou pequeno. Descobriu que conseguia comprar um pacote de cigarros de alta qualidade por setenta a cem wons no mercado negro em Hyesan e depois vender *cada* cigarro por sete a dez wons no interior norte-coreano. Naquela época, um quilo de arroz custava cerca de 25 wons, o que demonstra como os cigarros eram valiosos.

O governo impusera mais restrições a viagens na Coreia do Norte, e era necessário providenciar uma papelada para viajar para fora da cidade. Primeiro, meu pai precisava de uma permissão para deixar a fábrica na qual trabalhava. Ele combinava uma taxa com um médico para que ele lhe escrevesse um atestado de que estava doente, e depois dizia a seu supervisor que tinha de sair da cidade por alguns dias para o tratamento. O supervisor lhe fornecia os documentos. Então meu pai ia até a polícia e os subornava para que lhe dessem uma permissão de viagem.

Ele ia de trem a cidades pequenas onde não havia grandes mercados negros. Escondia os cigarros em suas malas, por todo o seu corpo e em cada um dos bolsos. Tinha de se manter em constante movimento para evitar ser revistado pela polícia, que estava sempre em busca de contrabando. Às vezes a polícia descobria e confiscava os cigarros, ou ameaçava espancá-lo com uma barra de metal se não lhes entregasse todo o seu dinheiro. Tinha de convencer a polícia de que seria do interesse de todos deixá-lo ter algum lucro, para que pudesse continuar a voltar e lhes dar cigarros como forma de suborno. Frequentemente eles concordavam. Meu pai era um vendedor nato.

Embora eu saiba que ele teria preferido uma vida mais segura e mais convencional como um alto funcionário do governo, esse nunca seria seu destino. Em qualquer outro lugar, a vocação de meu pai teria sido fazer negócios. Na Coreia do Norte, porém, era simplesmente um meio de sobreviver. E isso fez dele um fora da lei.

3. Andorinhas e pegas

O negócio de meu pai começou com cigarros e logo se ampliou, incluindo roupas feitas na China, produtos com alta demanda. No verão de 1989, viajou para Kowon, uma pequena cidade perto da costa leste da Coreia do Norte, para vender suas mercadorias, e ali fez uma pausa para visitar seu amigo Byeon Min Sik, outro jovem ambicioso que conhecera em Hyesan. Foi lá que meu pai conheceu a irmã mais nova de seu amigo, Keum Sook. Minha mãe.

Ela era quatro anos mais jovem que meu pai, e seu status *songbun* era tão baixo quanto o dele, também não por uma falta que tivesse cometido. Enquanto meu pai tinha de lutar com o fato de ter um irmão na prisão, ela era considerada inconfiável porque seu avô paterno tinha sido dono de terras quando a Coreia era colônia japonesa. O estigma foi passado às três gerações seguintes, e quando minha mãe nasceu, em 1966, já era considerada um membro da classe "hostil" e barrada dos privilégios da elite.

O pai de minha mãe, Byeon Ung Rook, era da província de Hamgyong do Norte, na região mais setentrional da Coreia. Sua família não era muito abastada, mas possuíam propriedades o suficiente para serem considerados donos de terras. Na época em que meu avô Byeon nasceu, em 1931, a família já tinha perdido seu dinheiro. Foi o mesmo ano em que o Japão decidiu expandir seu império invadindo e ocupando as três províncias chinesas que formavam a Manchúria, ao norte da fronteira coreana.

Centenas de milhares de coreanos étnicos já haviam se estabelecido na Manchúria, e a fronteira era notoriamente permeável. Quando o Japão ocupou ambas as regiões durante as décadas de 1930 e 1940, era até mais fácil viajar de um lado a outro.

Em 1933, quando meu avô Byeon tinha dois anos de idade, toda a família se mudou para Hunchun, China, bem em frente a Hamgyong, do outro lado do rio Tumen. Ao eclodir a Segunda Guerra Mundial, ele ainda era aluno na escola, mas acabou entrando em combate. Minha mãe nunca soube a qual exército ele pertenceu, porque meu avô nunca falava sobre isso.

Depois que a guerra acabou, ele permaneceu na China, mas visitava com frequência sua pátria norte-coreana. Quando tinha 22 anos, logo antes de começar a Guerra da Coreia, em 1950, ele fez uma visita a Onsong, uma cidade de fronteira onde seu pai tivera propriedades. Lá encontrou um grupo de homens que estavam a caminho da União Soviética para trabalhar como madeireiros. Juntou-se a eles para jantar e compraram várias rodadas de bebida. Finalmente deixou o grupo para voltar caminhando sozinho até a hospedaria, mas estava tão embriagado que se deitou nos trilhos de trem e adormeceu. Meu avô acordou no dia seguinte num hospital em Onsong, sem um braço e sem uma perna e sem ideia de como fora parar lá. Disseram-lhe que havia sido atropelado por um trem enquanto dormia, e que só sobreviveu porque um inspetor da ferrovia o encontrou e o levou a um médico.

Vovô Byeon ficou na Coreia do Norte para convalescer. O braço estava totalmente perdido, mas da perna sobrara o suficiente para receber uma prótese, e ele aprendeu a caminhar sem a ajuda de muletas. Quando se recuperou, a Guerra da Coreia estava terminando. Na realidade, esse grave ferimento pode ter lhe salvado a vida, porque ele certamente acabaria combatendo num conflito que ceifou mais de 3 milhões de vidas.

Os Estados Unidos despejaram mais bombas na Coreia do Norte do que durante toda a campanha do Pacífico na Segunda Guerra Mundial. Eles bombardearam cada cidade e cada aldeia, e continuaram com o bombardeio até não restarem mais construções importantes a destruir. Os danos foram inimagináveis, e ninguém sabe quantos civis foram mortos e mutilados.

Depois da guerra, o governo norte-coreano estabeleceu centros de atendimento para os incapacitados que não tinham famílias para cuidar deles. Uma dessas instalações, em Onsong, foi onde meu avô conheceu sua futura mulher, Hwang Ok Soon. Era uma órfã de uma comunidade rural situada no que agora é a Coreia do Sul, e seu pai tinha sido um combatente da resistência contra o Japão durante o tempo em que a Coreia era uma colônia japonesa. Quando ela tinha dez anos, ele foi preso, e nunca mais ouviram falar um do outro. Depois disso, vovó Hwang foi abandonada por sua família e acabou trabalhando como lavradora em Tumen, China — que então era parte do Império Japonês.

Retornou a seu país natal depois que os japoneses se renderam e a Coreia conquistou sua independência. Infelizmente, ela estava morando no norte comunista quando a Coreia foi dividida. Em 1952, trabalhava numa fábrica de munições na cidade portuária de Chongjin, no mar do Leste, quando sua perna foi ferida num bombardeio e teve de ser amputada.

Foi enviada a uma instituição de tratamento para se recuperar e aprender a usar uma perna de madeira. Ainda era jovem e solteira, mas não era provável que uma pessoa sem qualquer incapacitação física se casasse com alguém que tivesse alguma deficiência. Assim, sua melhor expectativa era encontrar um marido em condições similares. Meu avô Byeon aparentemente pensava da mesma maneira, e visitava essas casas de recuperação nas províncias no norte em busca de uma noiva. Na versão da história contada por minha avó, ela o viu caminhando pelos corredores e teve pena dele. "Este homem está em má condição", ela pensou. "Se eu não casar com ele, nunca vai encontrar uma esposa."

Casaram-se logo após o fim da guerra, e ela viajou com ele 240 quilômetros para o norte, cruzando a fronteira da China para chegar a sua casa, em Hunchun. Em 1956, minha avó estava grávida de seu primeiro filho, a irmã mais velha de minha mãe. Estava também infeliz e com saudade de casa. Mesmo tendo passado um tempo na China, nunca aprendeu a falar chinês. E sentia um desejo tremendo de frutos do mar, especialmente do polvo como é preparado em Chongjin. Por fim, não conseguiu aguentar mais e deixou o marido para trás, enquanto ia em busca de polvo para comer. Era capaz de se comportar como uma mulher temperamental e com muita força de vontade. Quando decidia fazer algo, não havia como dissuadi-la. Meu avô não teve outra escolha, a não ser ir atrás dela.

Chongjin havia sido um dia uma pequena aldeia de pescadores, mas os japoneses tinham-na transformado num porto industrial e o governo norte-coreano a estava reconstruindo como um importante centro fabril e militar. Meus avós estavam de acordo quanto a não ser um lugar adequado para se criar uma família. Ambos eram seguidores leais de Kim Il-sung e se preocupavam com as tendências capitalistas nas regiões de fronteira. Não queriam que seus filhos fossem atraídos para o contrabando e outras atividades criminosas.

Viajaram de trem para o sul em busca de um lugar para se instalar, bem dentro da zona rural. Foi assim que a família de minha mãe foi morar em Kowon, uma pequena cidade perto de um grande delta de rio agrícola, tendo ao fundo montanhas onduladas. Havia campos de arroz e pomares, e nenhuma das influências corruptoras das agitadas cidades de fronteira. Deveria ter sido um recomeço, mas eles chegaram em Kowon na época em que Kim Il-sung começou a expurgar da Coreia do Norte os traidores da classe. Todos os cidadãos tiveram de ser investigados para determinar o grau de sua lealdade e registrar seu *songbun*. Infelizmente, meu avô era muito honesto e verdadeiro, e contou aos investigadores que seu pai havia sido proprietário de terras em Onsong. Daquele momento em diante, ele foi amaldiçoado com um mau *songbun*, e não teria qualquer possibilidade de ingressar no partido e progredir na vida. Foi-lhe designado um trabalho numa fábrica de botões.

A irmã mais velha de minha mãe nasceu em Kowon em 1957, e a ela se seguiram mais três filhos — dois meninos e depois minha mãe, a mais jovem, que nasceu em 16 de julho de 1966. Todos foram educados para serem seguidores leais do regime, como seus pais.

Minha mãe foi uma aluna excelente, além de talentosa cantora e musicista, tocando acordeão e violão. Nos vídeos de propaganda da Coreia do Norte veem-se frequentemente belas mulheres vestidas com o tradicional *hanbok* — as jaquetas coloridas e as saias de cintura alta que as fazem parecer flores flutuantes — que cantam canções tão elevadas e lamentosas que a audiência irrompe em lágrimas. Isso minha mãe fazia muito bem.

Quando ela era jovem, queria se apresentar profissionalmente, mas seus professores lhe disseram que tinha de estudar e ir para a universidade. Seu pai também a desencorajou a seguir uma carreira de artista. Em vez disso, ela se concentrava nos estudos e decorava poesias que louvavam o Grande Líder e seu filho, Kim Jong-il, o herdeiro por ele escolhido.

Não era comum que uma mulher norte-coreana com seu status tivesse uma educação superior. Mas minha mãe era tão boa aluna que foi aceita numa faculdade em uma cidade vizinha, Hamhung. Se tivesse escolha, teria preferido se tornar médica. Mas só a estudantes pertencentes às melhores famílias permite-se uma indicação do que querem estudar. A administração da escola decidiu que ela deveria se graduar em química inorgânica, e foi o que ela fez. Quando se graduou, funcionários do partido a enviaram de volta a Kowon para trabalhar numa fábrica de produtos químicos de lá. Foi-lhe designado um emprego de baixo nível, preparando ingredientes para fragrâncias a serem usadas em sabonetes e pastas de dentes. Alguns meses depois, permitiram-lhe passar para um emprego melhor em outra fábrica que fazia roupas destinadas à exportação para a União Soviética.

Apesar de o que outros poderiam chamar de desapontamentos, ela nunca questionou a autoridade do regime para controlar sua vida. Ao contrário de norte-coreanos que cresceram ao longo das fronteiras, minha mãe não foi exposta ao mundo externo ou a ideias estrangeiras. Ela só sabia aquilo que o regime lhe havia ensinado, e continuou a ser uma revolucionária orgulhosa e pura. E como tinha um coração de poeta, sentia uma enorme ligação emocional com a propaganda oficial. Acreditava sinceramente que a Coreia do Norte era o centro do universo e que Kim Il-sung e Kim Jong-il tinham poderes sobrenaturais. Acreditava que Kim Il-sung fazia o sol se levantar e que quando Kim Jong-il tinha nascido numa cabana em nosso sagrado monte Paektu (ele na verdade nasceu na Rússia), sua vinda foi marcada por um duplo arco-íris e uma brilhante e nova estrela no céu. Ela tinha sofrido tanta lavagem cerebral que quando Kim Il-sung morreu ela começou a entrar em pânico. Era como se o próprio Deus tivesse morrido. "Como pode a Terra continuar girando em seu eixo?", ela se perguntava. As leis da física que tinha estudado na faculdade eram superadas pela propaganda que lhe foi instilada durante toda a sua vida. Muitos anos se passariam até que ela se desse conta de que Kim Il-sung e Kim Jong-il eram apenas homens que tinham aprendido com Josef Stálin, com seu modelo soviético de governar, como fazer com que as pessoas os cultuassem como se fossem deuses.

Minha mãe ainda morava com os pais e trabalhava na fábrica de roupas quando conheceu meu pai no verão de 1989. Meu pai tinha adquirido o hábito de se hospedar com o irmão dela, Min Sik, enquanto fazia seus negócios de mercado negro em Kowon. Como Min Sik também vivia com seus pais, minha mãe e meu pai se viam com bastante frequência, mas não se falavam, exceto para trocar os cumprimentos de praxe.

Não havia o conceito de "namoro" na Coreia do Norte naquela época. Nossa cultura tinha sido sempre conservadora no que tange às relações entre homens e mulheres. Quem nasce e cresce no Ocidente pode pensar que um romance acontece naturalmente, mas não é assim. Aprende-se a ser romântico nos livros ou nos filmes, ou por observação. Mas na época de meus pais não havia um modelo do qual aprender. Não tinham nem mesmo uma linguagem para falar de seus sentimentos. Era preciso adivinhar o que seu amado sentia a partir de seu olhar, ou do tom de sua voz quando falava com você. O mais que podiam fazer era se darem as mãos em segredo.

Não sei o que meu pai pensou quando conheceu minha mãe, mas deve ter sido uma linda visão. Ela era esbelta, com membros fortes, maças do rosto salientes, feições bonitas e pálidas. Tinha também uma mente ágil e uma vontade poderosa, que devem tê-lo fascinado.

Ela não se impressionou tanto assim com ele. Para ela, ele tinha aparência comum e não era muito alto. Mas o irmão dela, Min Sik, dissera-lhe que seu amigo era bastante capaz de cuidar de uma esposa. Há um ditado sobre homens como meu pai: "Ele poderia sobreviver até mesmo em rocha nua", significando que era bastante engenhoso e resiliente, quaisquer que fossem as circunstâncias.

Segundo a tradição, o casamento foi arranjado entre as famílias.

Meu avô Park acompanhou meu pai numa viagem de negócios a Kowon. Tinham resolvido que seria mais seguro dividir o risco entre os dois, para que nenhum deles estivesse levando consigo cigarros em demasia ou dinheiro demais, caso fossem revistados. Quando chegaram em segurança, ficaram na casa de Min Sik e de sua família.

Vovô Park rapidamente prestou atenção em minha mãe e viu como ela trocava olhares significativos com seu filho. Ele sentou-se com a mãe de minha mãe para discutir um possível casamento. Meus pais foram considerados por suas famílias compatíveis um com o outro; ambos tinham um *songbun* desfavorável. Como costumamos dizer, você tem de combinar andorinha com andorinha, pega com pega. Neste caso, noivo e noiva eram pegas. Quando se fechou o acordo, Jin Sik e Keum Sook foram avisados de que estavam noivos. Fim da história.

A celebração do casamento não foi nada especial. Minha mãe usava seu tradicional *hanbok*, e meu pai chegou na casa dos pais dela, onde havia uma grande mesa de comida posta para os familiares e amigos mais próximos. Depois, minha mãe pegou o trem até Hyesan para uma reunião semelhante na casa de meu pai. Não houve cerimônia. Meus pais só levaram suas carteiras de identidade para a delegacia de polícia para registrar o casamento, e isso foi tudo.

Há outro provérbio coreano que diz: "A linha segue a agulha". Geralmente o homem é a agulha e a mulher é a linha, de modo que a mulher vai morar na casa do marido. Mas não adota o seu sobrenome. Para muitas mulheres, é a única manifestação de independência que resta em suas vidas.

4. Lágrimas de sangue

Meus pais prosperaram nos primeiros anos de casamento. Mudaram-se para uma pequena casa junto à estação ferroviária que os militares tinham dado a meu avô depois de sua baixa. Estava muito danificada, mas meu pai começou a consertá-la para sua família, que crescia. Minha mãe logo ficou grávida de minha irmã, Eunmi, e ela nasceu em janeiro de 1991.

Meu pai deixou a metalúrgica para achar outros trabalhos que lhe dessem maior liberdade para se ausentar do serviço durante alguns dias, a fim de conduzir seus negócios. Além dos cigarros, ele comprava açúcar, arroz e outros produtos nos mercados informais de Hyesan, e depois viajava pelo país para vendê-los com lucro. Quando negociava em Wonsan, um porto no mar do Leste, comprava amóditas secos — espécie de pequenos peixes parecidos com enguias —, que os coreanos gostam de saborear como acompanhamento. Ele conseguia vendê-los com bom lucro em nossa província afastada do mar, e eles se tornaram seu produto de melhor venda.

Como minha mãe tinha passado a maior parte de sua vida no centro do país, longe de toda influência exterior, não sabia nada sobre o mercado negro. Ela nem mesmo entendia o conceito do negócio. Tudo isso mudou na década de 1990, quando a fome e um colapso econômico transformaram o país inteiro numa nação de negociantes em nome da sobrevivência. Antes disso, porém, o capitalismo era algo sujo para os norte-coreanos, e dinheiro era um assunto desagradável demais para que a maioria das pessoas o mencionasse numa conversa educada.

Ela agora estava casada com um homem de negócios que ganhava a vida manejando dinheiro. Levou algum tempo para se acostumar a isso. Mas como muitos norte-coreanos leais, ela conseguia separar sua ideologia de suas ações e não ver que havia nisso um grande conflito. Tornou-se ela mesma uma hábil negociante. No início pode lhe ter parecido algo não natural, mas acabou reconhecendo que meu pai era mais consciente e competente do que outras pessoas, e deixou-se guiar por ele. Pouco depois de se casarem, ela começou a ajudá-lo a comprar e vender seus produtos nos mercados legais e ilegais de Hyesan.

Embora meus pais estivessem em situação melhor do que a maioria de seus vizinhos, nunca pertenceram à chamada elite. Aquele tipo de riqueza provinha apenas de conexões de alto nível no governo. Contudo, eles se deram bem o suficiente para fazer uma viagem de férias a Pyongyang, capital da Coreia do Norte e cheia de monumentos, quando Eunmi ainda era pequena. Lá minha mãe pôde vestir algumas das roupas da moda que tinham sido contrabandeadas da China. Ela gostava de bolsas de grife (mesmo que fossem imitações chinesas), blusas japonesas e bons cosméticos. Anos depois, após nossa fuga, eu brincava com ela dizendo que era a Paris Hilton da Coreia do Norte. Mas ela nunca foi extravagante; apenas tinha um grande senso de estilo.

Apesar de sua boa sorte, minha mãe nunca parou de trabalhar, e nada era difícil demais para ela. Rachava lenha para a casa já em gravidez avançada de Eunmi. Os médicos disseram que foi por isso que entrou em trabalho de parto adiantado e teve seu primeiro filho no oitavo mês. Nós achamos que eu fui ainda mais prematura porque, no sétimo mês, minha mãe estava carregando carvão por uma ponte sobre a ferrovia em Hyesan.

O transporte de carvão era parte de um empreendimento clandestino conduzido por meu avô Park. Após perder seu emprego no comissariado, meu avô encontrou trabalho como guarda de segurança numa instalação militar em Hyesan. No prédio havia um monte de carvão numa área de armazenamento, e ele deixava meus pais furtarem de lá. Eles tinham de se esgueirar à noite e carregar o carvão nas costas, atravessando a cidade às escuras. Era trabalho duro, e tinham de se movimentar rapidamente, porque se fossem pegos pelo policial errado — ou seja, um que não tivessem subornado — poderiam acabar presos. Uma noite, em cima daquela ponte, minha mãe sentiu fortes dores no abdome, e no dia seguinte deu à luz um bebê do tamanho de uma franguinha: eu.

Nos padrões da Coreia do Norte, meu avô Park e meus pais eram criminosos. Meu pai comprava e vendia mercadorias para obter lucro. Em outros países ele simplesmente seria chamado de homem de negócios. Ele subornava funcionários — cujos salários não eram suficientes para alimentar suas famílias — para poder viajar livremente em seu próprio país. E se é verdade que meu avô e meus pais roubavam do governo, o governo roubava tudo de seu povo, inclusive sua liberdade.

Como se pode ver, o negócio da minha família estava simplesmente à frente de seu tempo. Quando eu nasci, em 1993, a corrupção, o suborno, o roubo e até mesmo o capitalismo de mercado estavam se tornando um modo de vida na Coreia do Norte, à medida que a economia centralizada caía aos pedaços. A única coisa que continuou a mesma quando a crise passou foi o brutal e totalitário domínio do poder político por parte do regime.

Durante minha infância, meus pais sabiam que a cada mês que passava ficava mais e mais difícil sobreviver na Coreia do Norte, mas não sabiam por quê. A mídia estrangeira era totalmente banida no país, e os jornais só davam boas notícias sobre o regime — ou punham a culpa de todas as nossas dificuldades em malignas tramas de nossos inimigos. A verdade era que, fora de nossas fronteiras hermeticamente fechadas, as superpotências comunistas que tinham criado a Coreia do Norte estavam interrompendo a linha de sua história. O grande declínio começou em 1990, quando a União Soviética estava se desmembrando e Moscou acabou com suas "tarifas amigáveis" nas exportações para a Coreia do Norte. Sem subsídio para combustível e outras commodities, a economia teve de frear, guinchando. Não tinha como o governo manter em funcionamento as fábricas domésticas de fertilizantes, nem havia combustível para os caminhões transportarem fertilizantes importados até as fazendas. O rendimento das colheitas caiu bruscamente. Ao mesmo tempo, a Rússia cortou quase que completamente a ajuda em alimentação. A China ajudou durante alguns anos, mas também estava passando por grandes mudanças e incrementando seus laços econômicos com países capitalistas — como a Coreia do Sul e os Estados Unidos —, e assim também cortou alguns de seus subsídios e começou a exigir moeda forte por suas exportações. A Coreia do Norte já estava inadimplente em seus empréstimos de bancos, e por isso não conseguiu tomar emprestado um centavo sequer.

Quando Kim Il-sung morreu, em 1994, a fome já tomava conta das províncias setentrionais. As rações do governo tinham sido reduzidas abruptamente, e às vezes nem chegavam a todos.

Ao invés de mudar sua política e reformar seus programas, a Coreia do Norte reagiu ignorando a crise. Em vez de abrir o país a uma ajuda total e a um investimento internacional, o regime disse ao povo que fizesse apenas duas refeições por dia, para preservar nossos recursos alimentícios. Em sua mensagem de Ano-Novo de 1995, o novo Querido Líder, Kim Jong-il, convocou o povo coreano a trabalhar mais duro. Embora 1994 nos tivesse trazido "lágrimas de sangue", ele escreveu, devíamos saudar 1995 "energicamente, com um só pensamento e com um só propósito": o de fazer nossa pátria mais próspera.

Infelizmente, nossos problemas não podiam ser resolvidos com lágrimas e com suor, e a economia entrou em colapso total após chuvas torrenciais terem causado inundações terríveis e aniquilado a maior parte da colheita de arroz. Kim Jong-il denominou nossa luta nacional contra a fome de "O Árduo Março", ressuscitando a expressão usada para descrever as dificuldades que a geração de seu pai tinha enfrentado na luta contra os imperialistas japoneses. Enquanto isso, 1 milhão de norte-coreanos morriam de inanição ou doença durante os piores anos da fome.

O colapso econômico rompeu todos os níveis da sociedade norte-coreana. Se uma vez o regime tinha nos provido de tudo que nos era necessário, agora ele dizia que cabia a nós mesmos nos salvarmos. Quando finalmente começou a chegar ajuda em alimentos do estrangeiro em socorro às vítimas da fome, o governo desviou a maior parte para os militares, cujas necessidades estavam sempre em primeiro lugar. A comida que chegava às autoridades locais para ser distribuída rapidamente acabava sendo vendida no mercado negro. De repente, quase todo mundo na Coreia do Norte teve de aprender a negociar, ou se arriscar a passar fome até morrer. E o regime percebeu que não tinha alternativa a não ser tolerar esses mercados não oficiais. De fato, Kim

Jong-il permitiu posteriormente que se construíssem mercados permanentes, gerenciados pelo Estado.

A nova realidade significava um desastre para meu pai. Agora que todos estavam comprando e vendendo nos mercados, chamados *jangmadangs*, havia concorrência demais para ele conseguir ganhar a vida. Enquanto isso, as penalidades para as atividades no mercado negro ficaram mais rigorosas. Por mais bravamente que meus pais tentassem se adaptar, estavam tendo dificuldades para vender suas mercadorias e se afundando cada vez mais em dívidas. Meu pai tentou diferentes tipos de negócio. Minha mãe e suas amigas tinham uma antiga máquina de costura a pedal, que usavam para costurar e unir retalhos de roupas velhas para fazer as roupas das crianças. Minha mãe vestia a mim e à minha irmã com essas roupas; suas amigas vendiam o resto no mercado.

Algumas pessoas tinham parentes na China e podiam solicitar permissão para visitá-los. Meu tio Park Jin fez isso pelo menos uma vez, mas meu pai não o fez porque as autoridades eram severas com isso e poderiam prestar mais atenção em seus negócios. Os que conseguiam ir quase sempre atravessavam a fronteira na volta com coisas para vender em barracas improvisadas nas extremidades do *jangmadang*. Eles nos contavam sobre as coisas incríveis que se podiam encontrar no lixo na China, até mesmo roupas em perfeito estado. Nada se desperdiçava na Coreia do Norte, e não podíamos nos imaginar jogando fora qualquer coisa que pudesse ser usada novamente, mesmo garrafas de plástico vazias, sacolas e latas. Para nós, eram como ouro.

Quando se é uma criança pequena, tudo que se conhece é o que está diante dos olhos. Toda a sua vida são seus pais, seus familiares, sua vizinhança. Para mim parecia normal que houvesse tempos em que tínhamos comida para comer, e outros tempos em que só havia uma refeição por dia e ficávamos com fome.

Enquanto trabalhavam para nos livrar da catástrofe, meus pais frequentemente tinham de deixar minha irmã e eu sozinhas. Se não conseguisse encontrar alguém para cuidar de nós, minha mãe tinha de fixar uma barra de metal bloqueando a porta, para nos manter seguras dentro de casa. Às vezes ficava fora por tanto tempo que o sol se punha e a casa ficava às escuras. Minha irmã, que tinha medo do escuro, começava a chorar. Eu dizia: "Irmã, não chore. *Umma* vai chegar logo". Mas pouco depois eu perdia a calma e chorávamos juntas. Quando ouvíamos a voz dela na porta, corríamos até lá, soluçando, aliviadas. Para minha mãe era muito difícil chegar em casa e nos encontrar assim. Mas se tivesse alguma comida, tudo era esquecido.

No mundo livre, as crianças sonham com o que querem ser quando crescerem e como poderão utilizar seus talentos. Quando eu tinha quatro ou cinco anos, minha única ambição como adulta seria comprar tanto pão quanto quisesse e comê-lo todo. Quando se está o tempo todo com fome, só se pensa em comida. Eu não conseguia entender por que minha mãe voltava para casa com algum dinheiro e tinha de guardá-lo para mais tarde. Em vez de pão, comíamos apenas um pouco de mingau de batatas. Minha irmã e eu combinamos que se alguma vez ficássemos adultas, usaríamos nosso dinheiro para comer pão até ficarmos satisfeitas. Até ficávamos discutindo sobre quanto seríamos capazes de comer. Ela me dizia que conseguiria comer um balde cheio de pão. Eu dizia que poderia comer dez. Se ela dizia dez, eu dizia cem! Eu achava que poderia comer uma montanha de pão e nunca estaria completamente satisfeita.

A pior época era o inverno. Não havia água corrente e o rio ficava congelado. Havia uma bomba na cidade onde se podia obter água fresca, mas tinha-se de ficar na fila durante horas para encher seu balde. Um dia, quando eu tinha uns cinco anos, minha mãe teve de sair para fazer algum negócio, então me levou às seis horas da manhã, quando ainda estava escuro, para ficar no lugar dela na fila. Fiquei o dia inteiro do lado de fora, num frio enregelante, e quando ela voltou já estava escuro de novo. Ainda me lembro de como minhas mãos estavam frias; ainda posso ver o balde e a longa fila de pessoas à minha frente. Ela me pediu desculpas por ter feito isso, mas eu não a culpo de nada; era isso que tinha de fazer. Para minha mãe, ainda é uma história dolorosa, que continua a viver muito, muito fundo dentro dela. Ela carrega até hoje a culpa de não ter sido capaz de aproveitar mais minha infância; estava sempre ocupada demais, preocupando-se em conseguir comida suficiente para nós.

Apesar dos ideais anticapitalistas da Coreia do Norte, havia muitas pessoas que emprestavam dinheiro e que ficaram ricas com os juros mensais que cobravam. Meus pais tinham de tomar dinheiro emprestado com algumas delas para manter seu negócio funcionando, mas depois que os preços do mercado negro despencaram e muitas de suas mercadorias foram confiscadas ou roubadas, não puderam pagar suas dívidas. Toda noite, as pessoas que queriam cobrar essas dívidas vinham em casa, quando estávamos comendo nossa refeição. Elas gritavam e faziam ameaças. Finalmente, meu pai decidiu que não podia mais aguentar aquilo. Ele conhecia um outro modo de ganhar dinheiro, mas era muito perigoso. Tinha um contato em Pyongyang que poderia conseguir para ele alguns metais valiosos — como ouro, prata, cobre, níquel e cobalto — que ele poderia vender aos chineses com lucro.

Minha mãe foi contra isso. Quando ele vendia as enguias e os cigarros, o pior que poderia acontecer era que tivesse de gastar todo o seu lucro em subornos, ou passar um curto período num campo de reeducação. "Isso dá para arriscar", ela lhe disse. "Mas contrabandear metais roubados pode lhe custar a vida." Ela ficou ainda mais assustada quando soube que ele tencionava trazer os contrabandos para Hyesan. Todo trem de passageiros na Coreia do Norte tinha um vagão especial de carga atrelado ao final da composição, chamado Trem de Carga n. 9. Esses trens n. 9 eram para uso exclusivo de Kim Jong-il, para lhe trazer comidas especiais, frutas e materiais valiosos de diferentes partes da Coreia do Norte e para distribuir presentes e itens de necessidade aos quadros e funcionários do partido por todo o país. Tudo que era enviado no vagão especial vinha selado em caixotes de madeira que nem a polícia poderia abrir para inspecionar. Ninguém podia sequer entrar no vagão sem ser revistado. Meu pai conhecia alguém que trabalhava no trem, e esse homem concordou em ajudar a contrabandear os metais de Pyongyang para Hyesan em um desses compartimentos de segurança.

Minha mãe relutou por muito tempo, mas depois finalmente concordou com o plano. Era a única maneira de sobreviver.

5. O Querido Líder

Entre 1998 e 2002, meu pai passava a maior parte do tempo em Pyongyang conduzindo o negócio do contrabando. Normalmente ele ficava lá nove meses no ano, voltando só para visitas curtas e pouco frequentes, quando vinha de trem para Hyesan com seu carregamento de metais. Minha mãe aprendeu muito rápido a tocar o negócio em Hyesan, tirando os pacotes do trem e entregando-os aos contrabandistas que os vendiam na fronteira com a China.

Quando meu pai passava por um revés em seus negócios, voltávamos a ficar pobres e famintos, mas na maior parte do tempo as coisas estavam melhorando para nós. Quando estava na cidade, meu pai recebia os funcionários locais em nossa casa para deixá-los felizes, inclusive os chefões do partido a quem pagava para que ignorassem suas ausências do posto de trabalho "oficial". Minha mãe preparava grandes refeições de arroz e *kimchi*, uma carne grelhada chamada *bulgogi* e outros pratos especiais, enquanto meu pai enchia os copos até a borda com vodca de arroz e bebidas importadas. Meu pai era um fascinante contador de histórias, com grande senso de humor. Eu adormecia ouvindo o som de sua voz e as gargalhadas dos homens à mesa. Eu ficava feliz quando havia comida e quando podíamos ter sapatos e uniformes de escola novos.

Eu era a menor das crianças na primeira série da escola, e definitivamente não era a mais inteligente. Sei disso porque na Coreia do Norte os alunos são alinhados por altura e sentam na classe de acordo com suas notas nos testes. Eu tive dificuldade para aprender a ler e escrever e precisei de uma ajuda especial. Odiava estar lá atrás na sala de aula, e às vezes simplesmente me recusava a ir para a escola.

Eu tinha uma personalidade obstinada, talvez porque tivesse de trabalhar muito duro por tudo que conseguia. Estava determinada a aprender a ler, então lutava para dar algum sentido a todos aqueles caracteres nadando na página.

Quando meu pai estava em casa, às vezes me punha no colo e lia para mim livros infantis. Eu gostava de histórias, mas os únicos livros disponíveis na Coreia do Norte eram publicados pelo governo e continham temas políticos. Em vez de assustadores contos de fadas, tínhamos histórias que se passavam num lugar imundo e desagradável chamado Coreia do Sul, onde crianças sem-teto andavam descalças pelas ruas pedindo esmola. Nunca me ocorreu, até chegar em Seul, que esses livros estavam na verdade descrevendo a vida na Coreia do Norte. Mas não conseguíamos ver nada além da propaganda.

Quando eu finalmente aprendi a ler sozinha, não conseguia arranjar livros que me satisfizessem o bastante. De novo, a maioria deles era sobre nossos líderes e como eles trabalhavam tão duro e sacrificavam tanto em prol do povo. Um de meus favoritos era uma biografia de Kim Il-sung. Descrevia como ele havia sofrido quando era jovem, lutando contra os imperialistas japoneses, e como sobreviveu alimentando-se de sapos e dormindo na neve.

Na classe, todas as matérias que estudávamos — matemática, ciências, leitura, música — vinham junto com uma dose de propaganda. O filho de Kim Il-sung, nosso Querido Líder Kim Jong-il, demonstrava uma incrível lealdade a seu pai, e isso era um exemplo para as crianças na escola. Líamos na classe, num livro didático, que Kim Il-sung ficava tão ocupado liderando nossa nação que tinha de ler documentos enquanto viajava em seu carro. Mas isso era difícil porque a irregularidade da estrada fazia os papéis sacudirem. Mas quando era bem jovem, Kim Jong-il fez cobrir as estradas com areia para tornar a viagem suave e confortável para seu pai.

Nosso Querido Líder tinha poderes místicos. Sua biografia dizia que podia controlar o clima com o pensamento, e que escrevera 1500 livros durante seus três anos na Universidade Kim Il-sung. Mesmo quando ainda era criança, ele fora um tático notável, e quando participava de jogos militares, seu time sempre ganhava, porque toda vez ele vinha com suas novas e brilhantes estratégias. Essa história inspirou meus colegas de turma em Hyesan a também participar de jogos militares. Mas ninguém, nunca, queria estar no time dos imperialistas americanos, porque sempre teriam de perder a batalha.

Na escola, costumávamos cantar uma canção sobre Kim Jong-il e como ele dava duro para dar instrução a nossos trabalhadores em cada local de trabalho, viajando pelo país, dormindo no carro e comendo pequenas refeições de bolinhos de arroz. "Por favor, por favor, Querido Líder, tenha um bom descanso por nós!", cantávamos em lágrimas. "Estamos todos chorando por você."

O culto aos Kim era reforçado em documentários, filmes e apresentações transmitidos pela única estação de televisão, operado pelo Estado. Em toda ocasião em que os retratos dos líderes sorridentes apareciam na tela, soava ao fundo uma música excitante e sentimental. Isso me fazia ficar muito emocionada, todas as vezes. Os norte-coreanos são educados para venerar nossos pais e nossos anciãos; é parte da cultura que herdamos do confucionismo. E assim, em nossa mente coletiva, Kim Il-sung era nosso amado avô, e Kim Jong-il era nosso pai.

Uma vez eu até sonhei com Kim Jong-il. Ele estava sorrindo e me abraçando e me dando guloseimas. Acordei muito feliz, e por muito tempo a lembrança daquele sonho foi a maior alegria em minha vida.

Jang Jin-sung, um famoso desertor norte-coreano, antes um poeta premiado que trabalhava no departamento de propaganda da Coreia do Norte, chama esse fenômeno de "ditadura emocional". Na Coreia do Norte, não basta ao governo controlar aonde você vai, o que está estudando, onde trabalha e o que diz. Eles precisam controlar você em suas emoções, fazendo de você um escravo do Estado ao destruir sua individualidade e sua capacidade de reagir a situações com base em sua própria experiência do mundo.

A ditadura, tanto a emocional quanto a física, é fortalecida em todos os aspectos de sua vida. De fato, a doutrinação começa assim que você aprende a falar e é levado nas costas de sua mãe aos encontros de *inminban*, aos quais todos na Coreia do Norte têm de comparecer pelo menos uma vez por semana. Você aprende que seus amigos são seus "camaradas", e é assim que as pessoas se dirigem umas às outras. Todos aprendem a pensar com uma só mentalidade.

Assim que entra na escola, você é adestrado nos Dez Princípios do regime, que são como os Dez Mandamentos da Bíblia. (Número 1: "Temos de nos dedicar completamente ao esforço de unir toda a sociedade na ideologia revolucionária de nosso Grande Líder camarada Kim Il-sung". Número 2: "Respeite o Grande Líder, o respeitado camarada Kim Il-sung, com a máxima lealdade". [...] Número 10: "Devemos repassar as grandes realizações da revolução do Grande Líder camarada Kim Il-sung de geração em geração, para que a herdem e completem até o fim".) Você aprende o princípio de *juche*, nossa autodeterminação nacional. E você é ensinado a odiar os inimigos do Estado com ardente paixão.

Nossas salas de aula e nossos livros escolares eram cobertos de imagens de grotescos soldados americanos de olhos azuis e grandes narizes executando civis ou sendo vencidos pelas lanças e baionetas de valentes crianças coreanas. Às vezes, durante o recreio da escola, nós formávamos uma fila para, cada um por sua vez, bater ou apunhalar bonecos vestidos como soldados americanos. Eu tinha muito medo de que os demônios americanos nos atacassem novamente e me torturassem até a morte da pior maneira possível.

Na segunda série estudávamos matemática simples, mas não do modo que se ensina em outros países. Na Coreia do Norte, até mesmo a aritmética é um instrumento de propaganda. Um problema típico seria assim: "Se você matar um bastardo americano e seu camarada matar dois, quantos bastardos americanos mortos você terá?".

Nunca podíamos dizer somente "americano" — isso seria respeitoso demais. Tinha de ser "bastardo americano", "demônio ianque" ou "ianque narigudo". Se não dissesse desse jeito, seria criticado por ser amável demais com nossos inimigos.

Da mesma forma, toda menção aos Kim tinha de ser precedida de um título ou uma descrição afetuosa para demonstrar nosso amor e respeito infinitos por nossos líderes. Uma vez, quando minha mãe estava preparando comida na cozinha e eu segurava na mão um jornal, li durante muito tempo até perceber que só tinha terminado de ler o título de nosso Líder: "Nosso grande camarada Kim Jong-il, secretário-geral do Partido dos Trabalhadores da Coreia, presidente da Comissão de Defesa Nacional da RDPC e comandante supremo do Exército do Povo Coreano, disse hoje...".

Não creio que meu pai tivesse passado por uma lavagem cerebral da forma como todos nós passamos. Minha mãe me disse que ele tinha mais consciência do que o regime estava fazendo a seu povo. Eu o ouvi resmungar quanto a isso somente uma vez, e na época não entendi o que ele estava dizendo. Estávamos ouvindo o noticiário da televisão, com a usual cena filmada de Kim Jong-il inspecionando tropas em algum lugar. Os locutores repetiam sem parar o quanto o Querido Líder estava sofrendo com o frio para oferecer sua benevolente orientação aos leais soldados, quando meu pai exclamou: "Esse filho da puta! Desligue a TV".

Minha mãe sussurrou furiosamente: "Cuidado com o que você diz na frente das crianças! Não se trata apenas do que você pensa. Você está pondo todos nós em perigo".

Eu não tinha ideia do que meu pai estava dizendo sobre Kim Jong-il. Nunca poderia imaginar uma demonstração de desrespeito ao regime de nossos líderes. Seria algo inimaginável.

Meu pai não era o único que começava a pensar de outra maneira.

Na verdade, o capitalismo já estava bem vivo e apenas a alguns quarteirões de distância, no agitado *jangmadang*. Apenas alguns anos antes, o mercado consistia em umas poucas avós vendendo legumes cultivados em casa e petiscos. Agora, um teto de metal corrugado cobria fileiras e fileiras de quiosques onde se vendiam desde bolos de arroz feitos em casa até tênis chineses. Se você soubesse onde procurar, poderia encontrar também coisas como relógios digitais e aparelhos de DVD com vendedores que operavam na zona cinzenta entre o comércio legal e o ilegal na nova Coreia do Norte.

Os contrabandistas que compravam os produtos no mercado negro, indo e vindo da China, moravam em casas baixas atrás do mercado, ao longo da margem do rio. Eu tive de conhecer essa vizinhança muito bem. Quando estava na cidade com um carregamento vindo de Pyongyang, meu pai às vezes escondia o metal em minha pequena sacola de livros, e então me carregava nos ombros de nossa casa até uma das cabanas dos contrabandistas. De lá, alguns homens levavam o pacote para compradores chineses do outro lado do rio. Às vezes os contrabandistas vadeavam ou cruzavam caminhando o rio Yalu, ou encontravam seus pares chineses no meio do caminho. Faziam isso à noite, sinalizando uns para os outros com lanternas. Havia tantos deles fazendo negócios que cada um precisava ter um código especial — um, dois ou três piscares de lanterna — para que não se confundissem uns com os outros.

Os soldados que vigiavam a fronteira agora eram parte da operação e estavam sempre ali para pegar sua parte. Claro que, mesmo com as autoridades olhando para o outro lado, ainda havia muitas coisas que era proibido comprar ou vender. E quebrar as regras poderia ser fatal.

Na Coreia do Norte, execuções públicas eram usadas para nos ensinar lições de lealdade ao regime e quais as consequências da desobediência. Em Hyesan, quando eu era pequena, um jovem foi executado logo atrás do mercado por ter matado e comido uma vaca. Era crime comer carne bovina sem permissão. As vacas eram propriedade do Estado e muito valiosas para serem comidas, pois eram usadas para arar campos e puxar carroças. Assim, quem abatesse uma vaca estaria roubando propriedade do governo.

O jovem havia cometido outros pequenos crimes, mas matar a vaca foi a transgressão principal. Ele sofria de tuberculose e não tinha nada para comer, mas para a polícia isso não fazia nenhuma diferença. Anunciaram sua execução à cidade inteira, e depois o trouxeram para o mercado e o amarraram pelo peito, joelhos e tornozelos a uma pesada peça de madeira. Três homens com fuzis postaram-se à sua frente e começaram a atirar. Os executores tentavam cortar as cordas com as balas, e isso demorou muito tempo. Finalmente conseguiram, e o homem morto caiu frouxamente no chão. Minha mãe olhava a cena, chocada, enquanto eles rolavam o corpo e o enfiavam num saco para levá-lo embora na traseira de um caminhão. Seu sangue gelou, e por um momento ela não conseguiu mover as pernas. Não podia acreditar que em seu próprio país uma vida humana tivesse menos valor que a de um animal. Mesmo um cão seria tratado com mais respeito.

Havia uma lista infindável de crimes na Coreia do Norte. O governo estava obcecado em impedir que ideias corruptas penetrassem nossas fronteiras, e assim toda mídia estrangeira era absolutamente proibida. Embora muitas famílias possuíssem televisores, rádios e videocassetes, só era permitido ouvir ou assistir a programas novos produzidos pelo Estado e filmes de propaganda, que eram incrivelmente tediosos. Havia uma enorme demanda por filmes estrangeiros e programas de televisão da Coreia do Sul, mesmo você nunca sabendo quando a polícia iria invadir sua casa em busca de mídia contrabandeada. Primeiro eles cortavam a eletricidade (se é que havia energia, para começar), para que a fita de vídeo ou o DVD ficasse preso na máquina quando eles entrassem na casa. Mas as pessoas aprenderam a contornar isso tendo dois aparelhos de vídeo e trocando rapidamente um pelo outro se ouvissem chegar a equipe da polícia. Se você fosse pego contrabandeando ou distribuindo vídeos ilegais, a punição poderia ser severa. Algumas pessoas tinham sido até executadas por pelotões de fuzilamento — só para servirem de exemplo para o resto de nós.

Os rádios e as televisões vinham selados e permanentemente sintonizados nos canais aprovados pelo governo. Se você adulterasse isso, poderia ser preso e enviado a um campo de trabalho para reeducação, mas muita gente fazia isso assim mesmo. Nas regiões de fronteira, os que tinham sintonizadores conseguiam às vezes captar transmissões da televisão chinesa. Eu estava interessada principalmente nos comerciais de alimentos. Havia anúncios de coisas exóticas, como leite e biscoitos. Eu nunca bebi leite na Coreia do Norte! Nem sabia que vinha de uma vaca, antes de ter fugido de lá. Meus amigos e eu ficávamos olhando para essas coisas incríveis e compreendíamos que os chineses tinham mais, mas nunca nos ocorreu realmente que nossas vidas pudessem ser diferentes em alguma coisa.

Muitas vezes me perguntam por que pessoas corriam o risco de ir para a prisão assistindo a comerciais chineses ou novelas sul-coreanas ou lutas de um ano atrás. Acho que é porque as pessoas são tão oprimidas na Coreia do Norte, e a vida diária é tão soturna e cinzenta, que ficam desesperadas por qualquer tipo de escape. Quando você assiste a um filme, a imaginação pode levar você longe dali por duas horas inteiras. Você retorna reanimado, suas lides temporariamente esquecidas.

Meu tio Park Jin tinha um aparelho de videocassete, e quando eu era bem nova eu ia até a casa dele para assistir a fitas com filmes de Hollywood. Minha tia cobria as janelas e nos dizia para não contarmos nada sobre aquilo. Eu gostava de *Cinderela*, *Branca de Neve* e dos filmes de James Bond. Mas quando tinha sete ou oito anos, o filme que mudou minha vida foi *Titanic*. Fiquei impressionada por ser uma história que havia passado cem anos atrás. Aquelas pessoas que tinham vivido em 1912 dispunham de uma tecnologia melhor que a da maioria dos norte-coreanos! Mas, acima de tudo, eu não podia acreditar que alguém pudesse fazer um filme de uma história de amor tão vergonhosa. Na Coreia do

Norte, os cineastas teriam sido executados. Não eram permitidas histórias reais sobre seres humanos, nada a não ser propaganda sobre o Líder. Mas em *Titanic* os personagens falavam sobre amor e humanidade. Eu fiquei impressionada com Leonardo DiCaprio e Kate Winslet querendo morrer por amor — não só pelo regime, como nós. A ideia de que pessoas pudessem escolher os próprios destinos me fascinou. Esse filme de Hollywood pirateado me fez sentir o primeiro e pequeno sabor da liberdade.

Mas enquanto a mídia de fora me oferecia um relance de um mundo mais vasto e muito diferente daquele que eu ocupava, nunca imaginei que pudesse viver como os personagens desses filmes. Não conseguia ver os personagens na tela e pensar que fossem reais, ou permitir-me invejar suas vidas. A propaganda com que nos alimentavam tinha me vacinado contra quaisquer lições que eu pudesse aplicar em minha própria vida. Também me fez ficar entorpecida para o sofrimento que grassava a toda minha volta, à medida que a fome cobrava seu terrível preço.

Os norte-coreanos tinham duas histórias correndo em suas cabeças o tempo todo, como dois trens em trilhos paralelos. Uma é aquilo que ensinam você a acreditar; a outra é aquilo que você vê com os próprios olhos. Só depois que escapei da Coreia do Sul e li uma tradução de *1984*, de George Orwell, é que achei uma palavra para essa condição peculiar: *doublethink*. É a capacidade de ter ao mesmo tempo duas ideias contraditórias na mente — e de algum modo não enlouquecer.

É com esse "doublethink" que se pode gritar slogans contra o capitalismo pela manhã, e depois passar pelo mercado à tarde para comprar cosméticos importados da Coreia do Sul.

É como se pode acreditar que a Coreia do Norte é um paraíso socialista, o melhor país do mundo com o mais feliz dos povos, que nada tem a invejar, enquanto se devoram filmes e programas de tv que mostram pessoas comuns em nações inimigas usufruindo de um nível de prosperidade que nem em sonhos você pode imaginar.

É como se pode ficar em Hyesan assistindo a vídeos de propaganda que mostram fábricas produtivas, supermercados abarrotados de comida e pessoas bem vestidas em parques de diversão e, ao mesmo tempo, acreditar que você vive no mesmo planeta em que vivem os líderes de seu governo.

É como se pode recitar o lema "Crianças são rei" na escola e, em seguida, no caminho de volta para casa, passar pelo orfanato onde crianças com a barriga intumescida olham para você com olhos famintos.

No fundo, bem no fundo de mim, talvez eu soubesse que algo estava errado. Mas nós, norte-coreanos, podemos ser especialistas em mentir, até para nós mesmos. Os bebês enregelados que mães famintas abandonavam nos becos não encaixavam em minha visão de mundo, e assim eu não conseguia processar o que via. Era normal ver crianças em montes de lixo, corpos flutuando no rio; era normal continuar andando e não fazer nada quando um estranho clamava por ajuda.

Há imagens que nunca poderei esquecer. Num fim de tarde, minha irmã e eu encontramos o corpo de um jovem estendido junto a uma lagoa. Era um lugar aonde as pessoas iam buscar água, e ele deve ter se arrastado até lá para beber. Estava nu, os olhos fixos e a boca aberta numa expressão de terrível sofrimento. Eu tinha visto muitos cadáveres antes, mas este era o mais horrível e assustador de todos, porque suas vísceras saíam de uma parte do corpo que parecia ter sido rasgada por algo — talvez cães. Fiquei muito constrangida por ele, ali estendido e despido de suas roupas e de sua dignidade. Não aguentei olhar para ele, por isso agarrei minha irmã pela mão e corremos para casa.

Minha mãe tentava ajudar pessoas quando podia. Pessoas errantes, sem lar, batiam às vezes em nossa porta para pedir comida. Lembro-me de uma mulher jovem que trouxe sua filha à nossa casa. "Estou com tanto frio, com tanta fome", ela disse. "Mas se você me der comida, vou deixar para minha filha comer." Minha mãe compreendia esse sentimento porque ela também tinha filhos pequenos. Ela as convidou para entrar e deu-lhes pratos de comida. Eu as observei bem de perto, porque a filha tinha mais ou menos a minha idade. Eram muito polidas e comeram educadamente, mesmo estando mortas de fome. Frequentemente me pergunto se sobreviveram e se ainda estão na Coreia do Norte.

Havia tantas pessoas desesperadas nas ruas gritando por ajuda que você tinha de endurecer o coração, ou a dor seria demasiada. Depois de algum tempo, você não tem mais como se importar. E é com isso que o inferno se parece.

Quase todo mundo que eu conhecia perdeu familiares para a fome. Os mais novos e os mais velhos morriam primeiro. Depois os homens, que tinham menos reservas que as mulheres. Pessoas em inanição vão definhando até não conseguirem mais combater as doenças, ou as substâncias químicas no sangue tornam-se tão desequilibradas que seus corações esquecem de pulsar.

Minha própria família também sofreu, enquanto nossa fortuna subia e descia como uma rolha no oceano. Em 1999, meu pai tentou utilizar caminhões em vez de trens para contrabandear para fora de Pyongyang, mas era muito dispendioso pagar motoristas e comprar gasolina, havia muitos postos de controle e muitos subornos a serem pagos, e ele acabou perdendo todo o seu dinheiro. Minha mãe levou minha irmã e eu para vivermos com seus familiares por alguns meses, enquanto meu pai voltava para seus negócios nos trens e recompunha suas perdas.

Quando chegamos a Kowon, vimos que a família de minha mãe também estava lutando para sobreviver. Vovô Byeon tinha morrido alguns anos antes, e minha avó estava morando com seu filho mais velho, Min Sik, na casa da família. Seu filho mais moço, Jong Sik, que fora preso anos antes por ter roubado do Estado, também estava de visita. No campo de trabalho ele acabou pegando tuberculose, que era muito comum na Coreia do Norte. Agora que havia tão pouca comida disponível, ele estava o tempo todo doente, definhando.

Minha avó tinha abrigado muitas crianças da vizinhança, e para ter certeza de que estavam todos alimentados, só comia uma pequena porção de alimento por dia. Ela temia estar sendo um fardo, embora consumisse tão pouco e seus ossos fossem leves como os de um passarinho.

Eu amava minha pequena avó Hwang com sua perna de madeira. Ela nunca se aborrecia comigo, mesmo quando eu chorava e a amolava pedindo que me carregasse nas costas como se fosse um cavalo. Sempre sorria para mim e era uma maravilhosa contadora de histórias. Eu me sentava com ela durante horas enquanto me contava de sua infância no Sul. Descrevia uma bela ilha da costa meridional chamada Jeju, onde mulheres mergulhadoras conseguiam prender a respiração por muito tempo e nadar como um peixe enquanto recolhiam alimento no fundo do mar. Eu ficava muito curiosa quando ela me descrevia o vasto oceano azul e os golfinhos brincalhões que lá habitavam. Eu nunca tinha visto o oceano ou ouvido falar de uma coisa chamada golfinho. Uma vez eu lhe perguntei: "Vovó, qual é a maior coisa do mundo?". Ela me disse que era a baleia, que inalava ar por um orifício nas costas e fazia sair por ele um jato, como uma fonte. Eu nunca tinha visto figuras de baleias, mas elas me soavam como uma coisa da qual eu ia gostar.

A maior parte de suas histórias eram do tempo de Chosun, quando não havia Coreia do Norte e do Sul, e sim um só país, um só povo. Disse-me que tínhamos a mesma cultura que o Sul e que partilhávamos as mesmas tradições. Também me contou um pouco sobre a época em que visitara Seul, embora até a pronúncia desse nome fosse proibida na Coreia do Norte. Nunca se mencionava um lugar tão ruim. Eu só sabia de sua existência através da propaganda, de artigos no jornal que descreviam manifestações anti-imperialistas de suas massas oprimidas. Mas de algum modo minha avó plantou bem fundo em mim uma curiosidade quanto a esse lugar que ela amava. Ela me disse: "Venha um dia à minha sepultura e diga-me que o Norte e o Sul estão de novo unidos".

Foi um momento triste para visitar Kowon. Devido à fome, muita gente estava morrendo. Minha avó tomava muitos remédios, um pouco de ópio para as dores da velhice e outras pílulas para ajudá-la a dormir e a esquecer o sofrimento que a cercava. Certa manhã, antes de eu sair para brincar, eu a vi tomar muitos remédios, mais do que era comum.

"Vovó, por que está tomando tantos remédios?", perguntei.

Ela estava bem calma e sorriu para mim. "Vovó quer apenas dormir um bom sono", disse. "Ela está precisando de um bom descanso."

No final da tarde, ouvi um som terrível vindo da casa. Era meu tio Jong Sik gritando o nome de minha avó. Corremos para dentro e ele a sacudia na cama, chorando: "Acorda! Acorda! Me responde!".

Mas estava lá deitada, em paz, e por mais alto que meu tio gritasse, ela não podia mais ouvi-lo.

Alguns meses depois, meu tio também estaria morto. Às vezes ainda ouço sua voz, gritando por sua mãe, implorando que acordasse. É uma das coisas que eu gostaria de esquecer, mas sei que nunca vou conseguir.

6. Cidade dos sonhos

Em 2000, quando completei sete anos de idade, os negócios de meu pai prosperavam. Tínhamos voltado para Hyesan após o funeral de minha avó e, não muito tempo depois, minha família estava rica — ao menos pelos nossos padrões. Comíamos arroz três vezes por dia e carne duas ou três vezes por mês. Tínhamos dinheiro para emergências médicas, sapatos novos e coisas como xampu e pasta de dentes, que iam além do alcance de norte-coreanos comuns. Ainda não tínhamos telefone, automóvel ou motocicleta, mas nossa vida parecia ser muito luxuosa aos olhos de nossos amigos e vizinhos.

Meu pai voltava de suas viagens de negócios carregado de presentes para nós. Para mim e minha irmã ele trazia roupas novas e livros. Minha mãe ganhava perfume e pó de arroz. Mas sua mais excitante aquisição no mercado negro foi um video game Nintendo dos anos 1980.

Meu jogo favorito era o *Super Mario Bros*. Sempre que havia fornecimento de eletricidade, eu ficava horas movendo os pequenos personagens pela tela ao som de uma música animada e alegre que ainda me faz sorrir quando a ouço. Meus pais gostavam de jogos de tênis e conseguiam ser bem competitivos. Era engraçado vê-los se comportar como crianças com os controles nas mãos, gritando insultos, de brincadeira, um para o outro. Também eram obcecados por vídeos de luta profissional, aos quais assistiam juntos depois que minha irmã e eu íamos dormir. Podíamos ouvir os dois gritando: "Bata nele com mais força!". O vídeo favorito de minha mãe era com uma enorme lutadora loura que derrotava todos os seus adversários. Mas eu não gostava de assistir a esses vídeos por causa da violência. Já tínhamos bastante disso nas ruas e em casa.

O matrimônio de meus pais era complicado e apaixonado. Eles se respeitavam mutuamente e eram grandes parceiros. Cada um fazia o outro rir. Quando meu pai estava sóbrio, ele tratava minha mãe como se fosse ouro. Mas quando bebia, a história era outra.

A sociedade norte-coreana é rude e violenta por natureza, e assim são as relações entre homens e mulheres. Espera-se da mulher que obedeça a seu pai e a seu marido; os homens estão sempre em primeiro lugar, para tudo. Quando eu estava crescendo, as mulheres não podiam sentar à mesma mesa que os homens. Nas casas de muitos vizinhos e colegas de turma havia tigelas e colheres especiais para seus pais. Era comum um marido bater em sua mulher. Tínhamos uma vizinha cujo marido era tão brutal que ela tomava cuidado para não deixar um hashi estalar no outro quando comia, por medo que ele lhe batesse por estar fazendo barulho.

Por comparação, meu pai era um homem esclarecido. Ele admitia minha mãe, minha irmã e eu em sua mesa; ele nos respeitava. Só bebia ocasionalmente, e raramente batia em minha mãe. Mas às vezes o fazia. Não estou desculpando essas atitudes, mas explicando como era a cultura — na Coreia do Norte, ensinava-se aos homens que eles eram superiores, assim como eram ensinados a obedecer a nosso Líder.

A diferença em nossa casa era que minha mãe não aceitava isso. Ao contrário de muitas mulheres que gritavam e se desculpavam, minha mãe batia de volta. Ela tinha um caráter forte, mais forte que o de meu pai, e ele não era páreo para ela. Quando suas brigas saíam de controle, eu descia correndo a rua chamando vizinhos para apartá-los. Às vezes eu tinha medo de que eles se matassem.

Durante as piores brigas, minha mãe às vezes ameaçava com o divórcio, mas eles logo se reconciliavam. Só quando outra mulher entrou na vida de meu pai é que minha mãe quase foi embora para sempre.

Quando meu pai começou com seus negócios em Pyongyang, ele precisava de um lugar para ficar e de um assistente que o ajudasse no trabalho. Sua irmã mais velha morava na cidade, e ela o apresentou a uma mulher solteira, com vinte e poucos anos, chamada Wan Sun. Ela estava disponível para ser sua assistente, e ainda por cima vivia com sua família em um grande apartamento com um quarto extra, que ele poderia alugar. Era lá que ele ficava durante nove meses por ano.

Como depois se viu, o relacionamento entre eles foi mais do que simplesmente de trabalho, embora meu pai sempre tentasse negá-lo. E não era incomum na Coreia do Norte que um homem rico ou poderoso tivesse uma amante. Pouco tempo depois, Wan Sun se apaixonou e quis casar com ele. Mas primeiro ela tinha de se livrar de minha mãe. Parecia o enredo de uma novela sul-coreana muito ruim — e quase deu certo.

Em agosto de 2001, minha mãe decidiu ir até Pyongyang por alguns meses, enquanto meu pai passava algum tempo conosco em Hyesan. Naturalmente, ela ficou no apartamento de Wan Sun enquanto vendia alguns produtos no mercado negro e comprava alguns metais para vender em Hyesan. O que ela não sabia é que Wan Sun estava ligando para meu pai e lhe dizendo que sua mulher estava se encontrando com outros homens. Infelizmente, ele acreditou nessas mentiras, e na próxima vez em que se falaram por telefone ele a acusou de o estar traindo. Ela não conseguiu entender por que ele estava dizendo tais coisas. Ficou tão aborrecida e com raiva que lhe disse querer o divórcio.

Dessa vez, ela realmente queria. Ao invés de retornar a Hyesan, pegou o primeiro trem para Kowon a fim de visitar seu irmão Min Sik e pensar em seu próximo passo.

Como minha mãe não voltou para casa, meu pai percebeu seu erro e ficou muito infeliz. Ele até começou a beber diariamente, o que, em seu caso, não era comum. Então, uma tarde, cerca de duas semanas depois que minha mãe tinha zarpado para Kowon, eu atendi a uma batida na porta e deparei com uma mulher jovem e desconhecida ali de pé, vestida com elegantes roupas da cidade. Foi a primeira vez que vi Wan Sun. Assim que descobriu que minha mãe tinha pedido o divórcio, ela pegou o primeiro trem para Hyesan. Eu não fazia ideia do que estava acontecendo, mas tudo parecia muito estranho.

Mais tarde, naquele mesmo dia, ficou ainda mais estranho quando minha amiga Yong Ja enfiou a cabeça pela porta e me pediu que fosse até sua casa para brincar. Quando entrei lá, minha mãe estava esperando por mim. Fiquei tão feliz ao vê-la novamente que corri para seus braços.

"Yeonmi-ya! Senti tanto a sua falta!", ela disse.

Eu ainda não sabia o motivo de ela ter ido embora e depois voltado sem avisar, mas ela me contou mais tarde o que acontecera. Seu irmão tinha concordado em recebê-la se ela se divorciasse de meu pai — mas apenas se ela não levasse com ela suas filhas. Ela não ia conseguir nos abandonar, e durante o tempo em que esteve separada de meu pai, começou a se lembrar de coisas boas sobre ele. Assim, tinha voltado para sua família, para consertar a situação.

"Como está seu pai, Yeonmi?", ela perguntou.

"Neste momento ele está em casa com uma senhora de Pyongyang", eu disse.

"Fique aqui e não volte para casa até eu mandar buscá-la", ela disse.

Quando chegou em casa, encontrou Wan Sun sentada numa esteira sobre o chão, falando com meu pai. Não sei se foi meu pai ou sua namorada que ficou mais surpreso ao ver minha mãe ali na porta. Minha mãe correu para dentro e deu um chute no traseiro de Wan Sun, gritando: "Saia de minha casa!". Wan Sun se levantou e deu-lhe um tapa, e meu pai teve de segurar minha mãe para impedi-la de fazer Wan Sun em pedaços. Meu pai disse a Wan Sun que era melhor que ela fosse embora, e minha mãe bateu a porta atrás dela.

Era início de novembro, e essa garota magrinha de Pyongyang não estava preparada para aquele clima gelado. Estava usando um casaco leve e fino e sapatos inadequados para o frio. Wan Sun ficou do lado de fora de nossa casa como um fantasma trêmulo, choramingando a meu pai que a deixasse entrar novamente.

Enquanto isso, meu pai implorava à minha mãe que mudasse de ideia e não se divorciasse. Ele ainda jurou que não estava havendo nada entre ele e sua assistente. Minha mãe não sabia em que acreditar. Mas sabia que sua família era mais importante do que aquela mulher, e assim decidiu ficar. Wan Sun foi embora no próximo trem, de volta para Pyongyang.

* * *

Se você perguntasse a qualquer pessoa na zona rural norte-coreana qual é o seu sonho, a maioria ia responder: "Ver Pyongyang uma vez na vida".

Eu tinha oito anos de idade quando esse sonho se tornou realidade para mim.

Somente os cidadãos mais privilegiados tinham permissão para viver e trabalhar na capital da nação. Era necessário ter permissão especial até mesmo para visitá-la. Mas para os norte-coreanos comuns, Pyongyang é tão familiar quanto nossos quintais, devido às centenas e centenas de livros ilustrados e filmes de propaganda que a celebram como a perfeita expressão de nosso paraíso socialista. Para nós, é um santuário místico com imponentes monumentos de uma pompa emocionante — como a praça Vermelha, Jerusalém e a Disneylândia, tudo numa só cidade.

Meu pai não tinha estado em casa por um longo tempo, assim ele convidou cada uma de suas filhas para visitá-lo durante um mês, no verão. Eu fui primeiro. A ideia de ver meu pai e a cidade de meus sonhos ao mesmo tempo era tão excitante que não consegui dormir durante uma semana antes de ele chegar para me pegar. Foi especialmente excitante porque 2002 foi o primeiro verão em que a Coreia do Norte encenou o agora famoso Festival Arirang, uma celebração massiva das proezas militares e culturais do regime. Eu não podia acreditar que ia efetivamente ver tudo isso com meus próprios olhos. Contei a todos os meus vizinhos e colegas de turma sobre a minha viagem. Alguns pais me pediram que não me gabasse na frente de seus filhos, pois já estavam pedindo para visitar Pyongyang também.

Preparei minhas melhores roupas para essa viagem especial, inclusive minha camiseta de princesa e meus sapatos de boneca. Meu pai e eu partimos no trem matinal para Pyongyang. Apesar de a distância ser de apenas uns 362 quilômetros, a viagem levou dias, porque os cortes no fornecimento de energia elétrica atrasavam os trens. Meu pai e eu tínhamos levado comida conosco e viajamos num vagão-dormitório, mas a maioria das pessoas tinha de dormir em assentos duros. Quando o trem finalmente entrou na estação de Pyongyang, Wan Sun veio nos receber. Eu ainda não entendia qual tinha sido o problema quando ela esteve em Hyesan, alguns meses antes, e na verdade eu quase não me lembrava dela. Mas minha percepção infantil dizia que alguma coisa estava errada com esse arranjo, quando a vi segurar o braço de meu pai. Esse sentimento passou rapidamente, no entanto, à medida que eu me deixava levar pelas encantadoras vistas e pelos sons de Pyongyang.

Tudo me deixava maravilhada. Fiz minha primeira viagem num ônibus público naquele dia, e fiquei pasma de como as pessoas também viajavam num trem subterrâneo e em carros particulares. Eu nunca tinha visto um táxi antes, e meu pai teve de me ajudar a pronunciar a palavra que o designava e me explicar o que significava. Ainda mais doido foi um novo tipo de bebida que meu pai comprou para mim. Tinha uma cor muito clara e vinha numa garrafa, mas quando bebi não tive uma boa sensação na boca — na verdade até doeu, como um choque elétrico.

"*Abuji*, não gosto disso", eu disse a meu pai, os olhos piscando de lágrimas.

"Ora, vamos", ele disse suavemente. "Não se comporte como uma menina do interior! Se beber mais, vai acabar gostando." Mas aquela bebida gasosa me assustou tanto que nunca mais quis experimentar outra.

Pyongyang me parecia um país de fadas. Todos pareciam muito limpos e bem vestidos. Por ordem de Kim Jong-il, todas as mulheres tinham de usar saias. Em Hyesan, muitas mulheres ignoravam o código oficial de vestuário e usavam calças compridas, mais práticas, mas não nessa cidade elegante. Para mim, seus moradores pareciam mais refinados, com sotaque mais delicado e modos de falar mais polidos que a rude linguagem gutural que usávamos no distante norte.

Em contraste com os decadentes prédios de apartamentos, os becos empoeirados e os fuliginosos pátios ferroviários de Hyesan, Pyongyang parecia ser tão nova e reluzente, com enormes prédios e bulevares largos e imaculados. Quase não se via alguém pedindo esmola, a não ser as crianças de rua que chamamos de *kotjebi*, que assediam os mercados e as estações de trem em toda parte da Coreia do Norte. A diferença em Pyongyang era que sempre que os *kotjebi* pediam comida ou dinheiro, os policiais vinham e os afugentavam.

Aonde quer que fôssemos, meu pai me pedia que segurasse sua mão com firmeza. Tinha medo de que eu me perdesse, porque estava sempre olhando para cima, para a gigantesca cidade à minha volta. Quando me levou de ônibus à noite para ver as luzes do centro de Pyongyang, quase enlouqueci. A única coisa que estava sempre iluminada à noite em Hyesan era o monumento a Kim Il-sung, mas aqui todos os prédios importantes brilhavam como tochas. Havia muitos letreiros de propaganda, alguns deles escritos em néon, dizendo "Pyongyang, Coração da Coreia". Era bem impressionante, e até os letreiros de restaurantes eram de néon.

Visitamos todos os pontos turísticos sobre os quais eu tinha lido ou que tinha visto na televisão: meu pai me mostrou o famoso hotel Ryugyong, uma pirâmide de 105 andares no centro da cidade, projetado para ser o hotel mais alto do mundo, mas nunca terminado. (Ainda não está terminado.) Posamos para um retrato em frente às graciosas fontes em "A Colina do Sol", onde depositei flores ao pé da gigantesca estátua de bronze de Kim Il-sung. O Grande Líder sorria para seu povo, 25 metros acima da enorme praça. Vestia um sobretudo comprido, com um braço erguido como que revelando o destino da nação. Meu pai, sempre brincalhão, observou para Wan Sun: "O quanto seria legal despir esse grande casaco e vendê-lo na China?". Então acrescentou: "Ou ao menos um de seus sapatos".

Meu pai dizia as coisas mais surpreendentes. Hoje percebo que ele era como Winston Smith em *1984*, um homem que em segredo enxergava através da propaganda do Grande Irmão e sabia como as coisas realmente funcionavam no país. Mas eu ainda estava a alguns anos de compreender que os Kim não eram deuses. Eu tinha um sentimento cálido e santo por estar em Pyongyang, onde o Grande Líder uma vez caminhara e onde seu filho, Kim Jong-il, agora vivia. Só saber que ele respirava o mesmo ar fazia eu me sentir orgulhosa e especial — que era exatamente como se supunha que eu deveria me sentir.

Um dia fizemos um passeio de barco de duas horas, descendo o rio Taedong, para visitar o lugar em que nascera Kim Il-sung, em Mangyongdae, mas mudamos de ideia e, em vez disso, fomos a um bom restaurante chinês nas proximidades. Eu nunca tinha estado num restaurante onde as pessoas sentam em cadeiras. Em Hyesan, de vez em quando comíamos no mercado, e havia uns poucos lugares que funcionavam como restaurante em casas de pessoas, mas sempre sentava-se no chão. Sentar numa cadeira dura me pareceu muito estranho — e sempre vou preferir sentar no chão, se tiver escolha. Mas realmente gostei de pedir todo tipo de comida a uma garçonete e de tê-la à minha frente. Pela primeira vez eu comi um pão macio e delicado, e não preto e duro. Finalmente pude saborear aquele macarrão no óleo cujo aroma eu sentia quando cozinhavam do outro lado do rio, na China, mas não estava acostumada com o sabor. Não disse nada, mas quase quis ter algum *kimchi* em vez disso. Porém comi finas fatias de carne de porco e outros deliciosos pratos chineses que eram como o céu na Terra. Depois disso, sempre que eu tinha fome, comia essa refeição mil vezes em minha imaginação. Meu único arrependimento foi não ter pedido mais comida.

O apartamento de Wan Sun ficava no 11º andar de um alto prédio no distrito de Songyo, na zona leste de Pyongyang. Naquele prédio fiz a primeira viagem de elevador em minha vida. Tinha visto essas coisas em filmes e em novelas sul-coreanas, mas a experiência real foi mais assustadora do que excitante. A energia elétrica no prédio funcionava, mas eles mantinham as luzes do saguão e do elevador apagadas para economizar. Por isso segurei com força a mão de meu pai enquanto tateávamos nosso caminho pelo saguão e subíamos para o apartamento.

Lá dentro havia montes de janelas e de luzes, e dava para ver tudo. Havia três quartos de dormir, um banheiro, uma cozinha e uma grande sala de jantar. O pai e a madrasta de Wan Sun dormiam num quarto; Wan Sun ficava com suas duas irmãs mais novas em outro dormitório; eu dormia com meu pai no terceiro. Pelo menos foi assim durante minha visita. Logo que chegamos ao apartamento, meu pai estendeu-se na cama, após a longa viagem de trem. Wan Sun sentou-se a seu lado e se encostou nele. Isso fez com que eu me sentisse desconfortável, pois era o que eu sempre via minha mãe e meu pai fazerem. Então me enfiei entre os dois e me aconcheguei a meu pai.

Toda manhã acordávamos ao som do hino nacional retumbando no rádio fornecido pelo governo. Toda residência na Coreia do Norte é obrigada a ter um, e nunca se pode desligá-lo. Estava sintonizado em uma única estação, e era assim que o governo controlava você dentro de sua própria casa. Pela manhã ele transmitia uma porção de canções entusiásticas com títulos como "Forte e próspera nação", que nos lembrava como éramos felizes de poder celebrar nossa orgulhosa vida socialista. Eu fiquei surpresa com o fato de o rádio ficar ligado por tanto tempo em Pyongyang. Em casa, geralmente a energia elétrica estava desligada, e assim tínhamos de acordar por nós mesmos.

Às sete horas da manhã, sempre havia uma senhora batendo à porta do apartamento em Pyongyang, gritando: "Acordem! É hora da limpeza!". Era a líder do *inminban*, ou "unidade popular", que incluía todos os apartamentos em nossa parte do edifício. Na Coreia do Norte, todos são requeridos a acordar cedo e passar uma hora varrendo e esfregando os corredores ou cuidando da área fora de suas casas. O trabalho comunitário é um meio de mantermos nosso espírito revolucionário e de trabalharmos juntos como um só povo. O regime quer que sejamos como as células de um único organismo, onde uma unidade não pode existir sem as outras. Temos de fazer tudo ao mesmo tempo, sempre. Assim, ao meio-dia, quando o rádio emite um "biiiip", todos param de almoçar. Não há como sair disso.

Após as pessoas de Pyongyang terminarem a limpeza da manhã, elas fazem fila para pegar os ônibus e ir para o trabalho. Nas províncias do norte, não eram muitas as pessoas que ainda iam trabalhar, porque nada restara para fazer. As fábricas e minas tinham parado de operar e não havia nada para fabricar. Mesmo que os homens fossem para seus escritórios ou linhas de montagem, eles só iam para beber, jogar cartas e jogos de azar. Mas Pyongyang era diferente. Todos pareciam estar atarefados. Uma vez, a irmã mais nova de Wan Sun me levou para visitar a fábrica em que trabalhava, um lugar onde faziam plástico para pneus de automóveis. Foi a única fábrica que eu vi na Coreia do Norte que efetivamente funcionava.

Tive outras aventuras excitantes durante meu mês em Pyongyang. Tínhamos ingressos para várias apresentações do grande Festival Arirang no gigantesco estádio Primeiro de Maio. Fiquei assombrada com as espetaculares apresentações dramáticas, musicais e de ginástica. A mais impressionante foi a dos 30 mil a 50 mil alunos de escola que tinham treinado durante muitos meses para ficarem sentados em degraus atrás do palco, segurando quadrados coloridos, como um mural vivo, criando cenas e motes enormes e sempre em movimento que glorificavam o regime. Só muito mais tarde compreendi o quão abusivo era fazer essas crianças se apresentarem durante horas e horas sem o menor intervalo para comer ou ir ao banheiro. Ensinavam-nos que era uma honra sofrer por nossos líderes, que tanto tinham sofrido por nós. Se tivesse oportunidade, eu teria me juntado a eles orgulhosamente.

Também visitei um jardim zoológico pela primeira vez na vida e vi macacos, tigres, ursos e elefantes. Era como entrar em um de meus livros ilustrados. O animal mais excitante que vi foi um pavão. Nunca tinha pensado que essas aves eram reais, mas apenas desenhos que alguém tinha feito. Mas quando o pavão macho abriu as magníficas penas de sua cauda, eu quase gritei. Não podia imaginar que existisse uma coisa tão bonita no mesmo mundo em que eu vivia.

Enquanto as semanas se passavam, Wan Sun mudou de comportamento e foi gentil comigo, e assim eu realmente passei a gostar dela depois de um tempo. E meu pai era muito bom com ela. Quando se conheceram, ela sofria de tuberculose, que era comum até mesmo entre as pessoas da elite. Ele tratou de assegurar que ela se alimentasse bem e tivesse os remédios certos. Estava quase curada quando a conheci. Olhando retrospectivamente, penso que ele devia sentir alguma coisa por ela, mas como muitas outras coisas em minha vida, preferi não enxergar o que estava bem à minha frente.

Uma vez acordei no meio da noite e ouvi pessoas discutindo. Em vez de estar dormindo na cama a meu lado, meu pai estava no outro quarto com Wan Sun, que estava chorando e implorando a ele.

"Por que você não se divorcia?", a ouvi dizer. "Posso cuidar de Yeonmi, ela é pequena. E Eunmi pode ficar com a mãe dela."

Meu pai sussurrava furiosamente: "Não diga isso! Você vai acordá-la!".

Mais tarde, meu pai me fez prometer não contar nada à minha mãe sobre isso quando eu voltasse para Hyesan.

Perto do fim de minha estada, meu pai ficou muito doente, com dores de estômago, e decidiu se internar no hospital da Cruz Vermelha em Pyongyang para exames. Não conseguiram descobrir qual era o problema, e então ele foi para o hospital mais moderno da capital, onde as elites vão se tratar. Nem os melhores médicos do país conseguiram lhe dizer por que estava doente, e assim ele desistiu de tentar descobrir e decidiu me levar para casa.

Viajamos de trem para Hyesan, junto com seu mais recente carregamento de metal. À medida que passávamos pelas estações, as montanhas iam ficando mais íngremes e a paisagem mais rude e mais pobre. As luzes brilhantes e as ruas limpas de Pyongyang se dissolviam num sonho quando eu olhava pela janela e via camponeses magros raspando a sujeira com suas enxadas para pegar toda semente e todo grão que conseguissem encontrar.

Sempre que o trem parava, as crianças de rua (*kotjebi*) trepavam na lateral e batiam em minha janela para pedir esmola. Eu podia vê-las esbarrar umas nas outras para apanhar qualquer comida estragada que as pessoas jogavam fora, até mesmo grãos bolorentos de arroz. Meu pai estava preocupado com que ficassem doentes comendo comida estragada e me disse que não devíamos lhes dar nosso lixo. Eu vi que algumas dessas crianças tinham a minha idade, e algumas eram até mais jovens. Mas não posso dizer que tenha sentido compaixão ou piedade, apenas simples curiosidade em como conseguiam sobreviver comendo toda aquela comida podre. Quando começamos a deixar a estação, algumas ainda estavam penduradas, agarrando-se firmemente ao chassi, empregando toda a sua energia para não cair do trem em movimento e olhando para mim sem expressar curiosidade ou mesmo raiva. O que vi nelas foi uma pura determinação de viver, um instinto animal de sobrevivência mesmo quando parecia não haver esperança.

Antes de chegarmos a Hyesan, o trem parou de repente entre as estações. Pessoas estavam dizendo que um dos meninos de rua tinha se arrastado para o teto do trem e morrido ao tocar na fiação elétrica. Houve um atraso para que retirassem o corpo, e algumas pessoas pareciam estar aborrecidas com esse fato. Fora isso, o incidente não parecia ter incomodado ninguém.

Minha mãe foi nos buscar na estação, enquanto meu pai foi pagar ao policial que guardava o vagão de carga n. 9 e depois apanhou seu pacote. Eu estava muito feliz por estar em casa, e de ver a casa de nossa família e meu jardim de girassóis. Estava com muita saudade de minha mãe e não podia esperar para lhe contar tudo que acontecera em Pyongyang.

"Você viu a torre Juche, Yeonmi-ya?", perguntou minha mãe enquanto fazia para mim um bolo de arroz. "E todos os monumentos?"

"Sim, *Umma*! Fomos a toda parte com Wan Sun."

"É mesmo?", disse minha mãe com uma voz muito fria.

"Sim", eu disse. "E fomos ao jardim zoológico também!"

Mas eu não disse mais nada.

Eunmi foi para Pyongyang com meu pai, e depois voltou para casa com ele, no fim do verão. Enquanto estava em Hyesan, meu pai falou com Wan Sun pelo telefone e ouviu algumas notícias preocupantes. Acontece que ela estava fazendo alguns negócios extras ajudando um outro contrabandista em Pyongyang, e esse contrabandista tinha dado informações sobre ela. A polícia a tinha levado para ser interrogada, mas ela fugiu durante um intervalo em seu interrogatório. Agora estava foragida.

Antes de meu pai voltar para Pyongyang, minha mãe o advertiu para que ficasse longe de Wan Sun de agora em diante. Ela lhe disse que aquela garota era só problema.

Mas ele não a ouviu.

7. As noites mais escuras

Meu pai retornou a Pyongyang no final de outubro de 2002, e pouco tempo depois tinha outro carregamento de metal pronto para ir para a China. Só faltava um saco de aniagem e alguma corda para preparar o pacote que iria de trem para Hyesan. Esses itens eram difíceis de encontrar, mesmo em Pyongyang, mas meu pai conhecia alguém na cidade que geralmente tinha um bom suprimento.

Ignorando o conselho de minha mãe e seu próprio bom senso, ele contatou Wan Sun ao chegar em Pyongyang. Aparentemente ela ainda o estava ajudando em seu negócio, pois foi comprar a corda e o saco enquanto ele esperava num mercado próximo. O que eles não sabiam era que detetives do gabinete do promotor — que tinha seus próprios investigadores — estavam vigiando a casa, provavelmente por terem recebido a informação de que Wan Sun e possivelmente meu pai estavam chegando.

Meu pai esperou durante uma hora, e como Wan Sun não voltou, ele foi procurá-la. Os detetives tinham preparado uma armadilha para ele na casa, mas não o prenderam de imediato. Em vez disso, seguiram-no, esperando que os levasse a seu esconderijo de metais ilegais. Mas quando viram que estava prestes a subir num ônibus e desaparecer, eles o agarraram.

"Você é Park Jin Sik?", perguntou um deles.

"Sim", disse meu pai. E com isso cada um deles agarrou um de seus braços e o prenderam.

Mais tarde, quando minha mãe tentou juntar tudo que aconteceu, ela soube que a polícia havia prendido uma contrabandista de cobre em Pyongyang que tinha conhecimento das operações de meu pai. Durante seu interrogatório, ela contou à polícia que podia dar o nome de duas outras pessoas que compravam metais roubados, um "peixe grande" de Hyesan chamado Park Jin Sik e uma jovem garota de Pyongyang que trabalhava com ele.

Wan Sun foi presa ao mesmo tempo que meu pai, condenada a seis meses de trabalho num campo de "treinamento". Soubemos que ela se casou com um ex-oficial do exército depois de cumprir sua sentença e teve com ele um filho. Fiquei feliz de saber que ela conseguiu deixar para trás suas atribulações. Como todos os outros, só estava tentando sobreviver.

Infelizmente, meu pai pagaria um preço muito mais alto por seus crimes contra o Estado.

Em novembro de 2002, minha mãe voltou de uma ida aos correios chorando e tremendo. Não entendi por quê, até ouvi-la falar com a avó de minha amiga Yong Ja. Minha mãe lhe contou que tinha tentado ligar para meu pai em Pyongyang e não conseguiu encontrá-lo. Foi quando descobriu que ele havia sido preso por contrabando.

Minha mãe tinha esperança de que fosse um engano, ou mesmo um pesadelo. Mas sabia que devia agir rapidamente. Precisava viajar até a capital para descobrir onde meu pai estava preso e ver se poderia pagar o bastante para tirá-lo da cadeia.

Na manhã em que minha mãe partiu para Pyongyang, ela sentou-se comigo e com minha irmã para explicar o que tinha acontecido e o que iria acontecer em seguida. Avisou-nos que as pessoas agora nos tratariam de modo diferente.

"Elas podem dizer coisas ruins sobre nossa família", disse. "Mas, por favor, não deixem isso aborrecer vocês demais. Seu pai logo voltará para casa e vai nos proteger." Disse que não tínhamos nada do que nos envergonhar, e assim devíamos continuar a rir como sempre e agir como se nada de errado tivesse acontecido.

Ela ajoelhou-se diante de Eunmi e disse: "Você é a filha mais velha, e portanto o pilar desta família quando estou ausente". Então virou-se para mim e disse: "Yeonmi, você tem de ajudar Eunmi".

Deixou para nós um saco de arroz e um pouco de óleo de cozinha. Disse que durante algum tempo não haveria dinheiro entrando, e que não poderíamos comer como antes. Agora tínhamos de economizar, e não desperdiçar um grão sequer.

Nós a levamos até a estação, e quando estava prestes a embarcar no trem ela nos deu cerca de duzentos wons, o suficiente para um pouco de feijão ou milho, caso o arroz acabasse. "Voltarei assim que puder, e vou trazer mais comida", disse. Depois se despediu de nós com um abraço. Ficamos olhando durante muito tempo quando o trem foi embora. Eu tinha apenas oito anos, mas sentia como se minha infância estivesse partindo com ela.

No caminho de volta para casa, Eunmi e eu vimos alguém vendendo comida na rua. Ficamos muito tempo olhando os doces e os petiscos importados da China. Minha mãe nunca nos deixava comprar essas guloseimas porque eram muito caras, mas nós queríamos muito experimentar. Sem pensar, gastamos todo o dinheiro que minha mãe tinha nos dado com um saquinho de biscoitos recheados chineses e um copinho de sementes de girassol.

Passaria mais de um mês até vermos nossa mãe novamente. O inverno tinha chegado e os dias escureciam muito rapidamente. O ar estava tão frio que a porta de nossa casa congelava quando ficava algum tempo fechada. E para nós era muito difícil descobrir como acender um fogo para aquecer a casa e cozinhar a comida. Minha mãe tinha nos deixado alguma lenha, mas não éramos muito boas em rachá-la em pedaços pequenos. O machado era muito pesado para mim e eu não tinha luvas. Durante muito tempo fiquei catando farpas em minha mão.

Uma vez, no início da noite, eu estava encarregada de fazer o fogo na cozinha, mas usei lenha úmida e começou a sair muita fumaça. Minha irmã e eu estávamos nos esforçando para respirar, mas não podíamos abrir a porta ou as janelas porque estavam solidamente congeladas. Gritamos e batemos na parede para os vizinhos ouvirem, mas ninguém nos ouviu. Eu finalmente peguei o machado e quebrei o gelo para abrir a porta.

Foi um milagre termos sobrevivido naquele mês terrível. A comida que minha mãe tinha deixado para nós acabou rapidamente, e no fim de dezembro estávamos quase morrendo de fome. Às vezes as mães de nossos amigos nos davam de comer, mas elas também estavam lutando. A fome supostamente havia terminado na Coreia do Norte no final da década de 1990, mas a vida ainda era muito difícil, até mesmo anos depois. A irmã mais moça de meu pai, que morava em Hyesan, não tinha nada para nos dar, e meu tio Park Jin estava furioso porque meu pai havia trazido mais atribulação e desgraça para a família ao ser preso. Isso foi muito doloroso, porque meus pais sempre tinham sido generosos com ele e com sua família. Agora sentíamos que não podíamos lhes pedir ajuda.

Nossa vizinha Kim Jong Ae era uma mulher amável, que tentava ficar de olho em nós. Era membro do partido e trabalhava para o Departamento de Mobilização Militar, e assim se comportava melhor do que a maioria das pessoas que conhecíamos. Nunca vou esquecer o dia gelado em que minha irmã e eu estávamos do lado de fora brincando na neve com nossos amigos — foi nas férias de inverno da escola — e quando voltamos para nossa casa às cinco horas da tarde já estava escuro. Não tínhamos luz na casa, nem comida. Estávamos sentadas na cozinha, nos preparando para outra noite fria e de fome, quando Jong Ae apareceu na porta com uma fumegante tigela de arroz. Ainda posso fechar os olhos e sentir o incrível aroma daquele arroz, provavelmente o melhor cheiro que já senti em minha vida. Nunca tive uma refeição mais deliciosa e nunca fui tão grata por um simples gesto de bondade.

Minha amiga Yong Ja e sua avó também nos ajudaram. Yong Ja às vezes dormia em nossa casa para que minha irmã e eu não tivéssemos tanto medo do escuro. É doloroso escrever essas palavras porque não gosto de me lembrar de como me sentia nesse período de desespero. Desde então odeio o escuro. Mesmo agora, quando estou contrariada e passando por um momento difícil, acendo todas as luzes e faço com que o aposento fique o mais iluminado possível. Se a noite nunca mais voltasse, eu ficaria feliz.

Para encher essas horas de solidão, minha irmã e eu cantávamos as mesmas canções que minha mãe nos cantarolava quando éramos bebês. Queríamos poder ouvir sua voz a nos dizer que estava voltando, mas não havia telefone ou um número para que pudéssemos procurá-la.

Quando minha mãe bateu à porta sem ter avisado antes, num dia de janeiro, não podíamos acreditar. Apenas lançamos nossos braços em volta dela e não soltamos. Nós três chorávamos e chorávamos, felizes por ainda estarmos vivas. Ela nos trouxe um pouco de arroz e milho e feijões secos, e estávamos com tanta fome que foi difícil resistir à tentação de cozinhar para nós um grande banquete. Mas sabíamos que tinha de sobrar comida, pois nossa mãe disse que não poderia ficar por muito tempo. Tinha de voltar a Pyongyang para ganhar algum dinheiro e tentar ajudar meu pai.

A história que ela nos contou era aterrorizante: assim que chegou, descobriu que ele estava preso num centro de detenção e de interrogatório chamado *ku ryujang*. De início não a deixaram ver meu pai, mas finalmente ela conseguiu subornar um dos guardas para entrar. Meu pai estava em condições estarrecedoras. Ele contou a ela que a polícia o havia torturado batendo no mesmo lugar de sua perna até inchar tanto que ele mal conseguia se mover. Não conseguia sequer chegar ao banheiro. Depois os guardas o amarraram numa posição ajoelhada com um bastão de madeira atrás dos joelhos, o que lhe causou dores ainda mais excruciantes. Queriam saber quanto tinha vendido aos contrabandistas e quem mais estava envolvido na operação. Mas ele contou-lhes muito pouco.

Depois ele foi transferido para o Campo 11, o campo Chungsan de "reeducação", a noroeste de Pyongyang. Esse tipo de instalação é principalmente para criminosos sem importância e mulheres que tenham sido capturadas ao fugir da Coreia do Norte. Mas esses presídios podem ser tão brutais quanto aqueles destinados para crimes mais graves e até mesmo os campos de prisão política nos *gulags* norte-coreanos. Nos campos de "reeducação", os internos são forçados a trabalhar duramente todo dia, nos campos ou em trabalhos de manufatura, com tão pouca comida que têm de lutar por sobras e às vezes comer ratos para sobreviver. Depois têm de passar noites decorando discursos dos líderes ou participando de infindáveis sessões de autocrítica. Embora tenham cometido "crimes contra o povo", esses prisioneiros são tidos como recuperáveis, e assim podem ser devolvidos à sociedade uma vez tendo se arrependido e terminado um curso intensivo de reatualização com os ensinamentos de Kim Il-sung.

Às vezes os prisioneiros eram julgados, às vezes não. Mas minha mãe achou que era um bom sinal meu pai ter sido enviado para uma dessas chamadas instalações mais amenas. Isso lhe deu a esperança de que logo poderíamos estar juntos novamente. Eunmi e eu ficamos aliviadas por ter nossa mãe em casa. Naquela noite nos aconchegamos junto ao fogo e eu dormi sem medo pela primeira vez em semanas. No dia seguinte, no entanto, acordamos com detetives batendo à porta. Tinham vindo prender minha mãe por ela ter questionado os crimes imputados a meu pai. Mas quando os funcionários da polícia viram que ela tinha crianças pequenas em casa, tiveram piedade de nós. Perguntaram se ela tinha parentes que pudessem ficar conosco enquanto ela era interrogada, e ela lhes falou do irmão de meu pai, tio Jin. A polícia pediu ao chefe dos *inminban* que o achasse e o trouxesse à nossa casa. Quando ele chegou, ordenaram-lhe que tomasse conta de nós enquanto nossa mãe era interrogada, e então a levaram embora.

Nos dias seguintes, ela teve de ficar no gabinete dos promotores em Hyesan, noite e dia, escrevendo declarações sobre ela mesma e meu pai e sobre tudo que tinham feito de errado. Depois um detetive lia as páginas e fazia mais perguntas. À noite eles simplesmente fechavam a porta do escritório e iam embora. Pela manhã vinham de volta para recomeçar o interrogatório.

Finalmente, ela foi liberada. A polícia confiou nela o bastante para permitir que viajasse, mas disseram-lhe que teria de voltar para a continuação de seu interrogatório mais tarde.

Eunmi e eu ficamos muito gratas por ela não ter sido enviada para a prisão, como nosso pai. Mas quando veio nos ver na casa de tio Jin, imploramos que nos deixasse ficar em nossa casa enquanto ela voltava para Pyongyang para tentar ajudar meu pai. Meu tio e minha tia não foram gentis conosco; eles nos deram ordens como se fôssemos criadas, e fizeram com que nos sentíssemos tão mal recebidas que não sabíamos o que poderia acontecer quando ela fosse embora. Dissemos à nossa mãe que estaríamos melhor ficando sozinhas em nossa própria casa. Além disso, estávamos aprendendo a cuidar de nós mesmas. Ela concordou com relutância.

Eu ainda choro quando lembro do momento em que minha mãe voltou a nos deixar. Ela vestia uma jaqueta bege, e eu chorava enquanto me agarrava a ela, não a deixando ir. A vida sem ela era muito difícil. Eu queria viver como as outras crianças, com alguém para me esperar quando eu voltava para casa, para me dizer que era hora do jantar ou que era hora de acordar. Eu sentia muito a sua falta. Primeiro ela tentou fingir que não era nada de mais estar indo embora novamente, mas depois também começou a chorar junto comigo.

"Por favor, seja uma boa menina, Yeonmi-ya", ela disse. "Você só tem de dormir quarenta noites, e estarei em casa."

Para mim aquilo parecia ser um longo tempo, e foi. Durante os sete meses seguintes, minha mãe ficou indo e vindo frequentemente. Muitas vezes ela ia por várias semanas seguidas. Fazia negócios comprando e vendendo relógios, roupas e televisores usados — tudo coisas para as quais o governo não ligaria muito se a pegassem. Mas levava muito tempo para movimentar todos os seus produtos. Ela só conseguiu ver meu pai mais uma vez, e nenhum dos dois tinha como saber quanto tempo ele seria mantido na prisão. Às vezes, quando ela voltava para Hyesan, não tinha comida nem petiscos para nos trazer. Quando éramos menores, minha irmã e eu teríamos reclamado, mas não mais. Tudo o que nos importava era que ela estivesse bem, e que ficássemos juntas pelo menos por um tempo.

Enquanto isso, minha irmã e eu tivemos de sair da escola. A educação é supostamente gratuita na Coreia do Norte, mas os estudantes têm de pagar por seu material e por uniformes, e a escola espera que se tragam dádivas de comida e outros itens para os professores. Não tínhamos mais dinheiro para essas coisas, e assim ninguém estava ligando se íamos ou não para a aula. Além disso, Eunmi e eu tínhamos de passar todo o nosso tempo tratando apenas de permanecer vivas.

Para lavar nossas roupas e pratos, tínhamos de caminhar até o rio e quebrar o gelo. Todo dia, ou quase todo dia, uma de nós tinha de ficar na fila para pegar água para cozinhar e beber. A comida que nossa mãe deixava conosco nunca durava muito, e assim estávamos muito famintas e magras.

Como minha mãe havia previsto, as crianças da cidade começaram a zombar de nós porque éramos uma família de criminosos. Todos estavam dizendo que meu pai destruíra nosso futuro brilhante e nos deixara numa situação desesperadora. Nós erguíamos os queixos e nos afastávamos dessas pessoas. Mas sabíamos que estavam falando a verdade. Quando meu pai se tornou um prisioneiro e foi expulso do Partido dos Trabalhadores, nosso destino ficou irreversível. Havia pouca esperança de que um dia voltássemos a ser novamente uma família feliz.

Depois daquele longo e escuro inverno de fome em 2002 e 2003, tive uma dolorosa erupção em meu rosto, que se abria e sangrava quando eu saía para o sol. Eu estava meio tonta na maior parte do tempo e tinha dores de estômago. Muitas outras crianças sofriam das mesmas coisas, e mais tarde descobri que todos tínhamos pelagra, que é causada por carência de niacina (ou ácido nicotínico) e de outros minerais. Uma dieta de fome, consistindo somente de cereal e nenhuma carne, tende a ocasionar a doença, que pode matar em poucos anos, a menos que se passe a ter uma nutrição melhor.

Depois que fugi da Coreia do Sul, fiquei surpresa de ouvir que as flores e os brotos verdes da primavera simbolizam a vida e a renovação em outras partes do mundo. Na Coreia do Norte, a primavera é a estação da morte. É o período do ano em que nossos estoques de comida chegam ao fim, e as fazendas não produzem nada para comer porque novas safras acabaram de ser plantadas. É na primavera que mais pessoas morrem de inanição. Minha irmã e eu frequentemente ouvíamos os adultos que tinham visto cadáveres na rua emitirem sons de cacarejo e dizerem: "É muito ruim eles não terem aguentado até o verão".

Agora, quando viajo para lugares como Estados Unidos e Inglaterra em abril e maio, tenho o luxo de curtir a natureza e absorver a beleza das flores primaveris. Mas também me lembro do tempo em que eu amaldiçoava as colinas verde-claras e desejava que aquelas flores fossem feitas de pão ou de balas.

A única coisa boa da primavera era que não precisávamos de tanta madeira para queimar, e assim podíamos caminhar até as colinas fora da cidade, onde enchíamos a barriga com insetos e plantas silvestres para que a fome não mordesse com tanta força. Algumas das plantas até tinham um gosto bom, como flores de cravos silvestres. A favorita de Eunmi era uma que chamávamos de "planta do gato", que tinha folhas macias e verdes. Também mastigávamos certas raízes sem engolir, só para sentir que estávamos pondo algo na boca. Mas uma vez mastigamos uma raiz que fez nossas línguas incharem tanto que não conseguimos falar durante pelo menos uma hora. Depois disso, tivemos mais cuidado.

Muitas crianças gostam de perseguir libélulas; quando eu as pegava, eu as comia.

Os meninos de nossa vizinhança tinham um isqueiro de plástico e me ensinaram como assar uma cabeça de libélula na chama. Isso produzia um aroma incrível, como de carne assada, e o gosto era delicioso. Mais tarde, no verão, assávamos cigarras, que são consideradas um petisco de gourmet. Minha irmã e eu às vezes passávamos o dia inteiro no campo, tentando comer o máximo que pudéssemos antes de voltar para nossa casa silenciosa e escura.

Em fins de agosto de 2003, minha mãe voltou para Hyesan e nos disse para empacotar algumas coisas mais necessárias. Seu interrogatório tinha terminado, e ela não podia nos deixar sozinhas mais um inverno. Ela vendeu nossa casa para que tivéssemos dinheiro para mudar, voltando para a cidade de origem dela, Kowon. Mas comprar e vender propriedade na Coreia do Norte era uma coisa complicada, porque tudo pertencia ao Estado. Como era ilegal, a venda de nossa casa nunca foi registrada e não houve escrituras ou outros documentos para assinar. Minha mãe e o comprador só fizeram um acordo verbal e confiaram em que ninguém daria parte deles.

Estávamos deixando o único lar que eu havia conhecido.

8. Uma canção para Chosun

Minha mãe nos deixou com seu irmão, o velho amigo de meu pai, Min Sik, que morava com sua mulher e dois filhos na casa da família, que agora lhe pertencia. Min Sik tinha um emprego de motorista em um serviço de coletivos que proviam transporte para as fábricas locais. Mas ninguém na Coreia do Norte conseguia viver apenas de seu salário. Em 2002, o salário médio de um trabalhador era de uns 2400 wons por mês, equivalente a cerca de dois dólares na taxa de câmbio não oficial. Isso não comprava nem cinco quilos de grão barato, e os preços continuavam a subir. Meu tio não tinha como alimentar mais duas crianças.

Mas minha mãe tinha o dinheiro da venda da casa, que ela usou para alugar um quiosque no mercado para a mulher de Min Sik poder ajudar no sustento da família. O governo estava agora regulamentando os *jangmadangs* e cobrando por espaços nos mercados cobertos — e aceitando propinas pelos melhores pontos. A mulher de meu tio começou um negócio de venda de peixe e bolos de arroz, mas não era muito lucrativo. Minha mãe deu o dinheiro que restava para o irmão dela, mas ele se esgotou rapidamente.

Pouco depois de chegarmos, a irmã mais velha de minha mãe, Min Hee, foi a Kowon para visitar o irmão. Ela se sentiu mal ao ver como estávamos lutando com dificuldades, e quando voltou para sua aldeia de Songnam-ri, bem no interior da zona rural, me levou junto. Seu marido era um funcionário aposentado do governo e seus filhos estavam crescidos, então ela decidiu que eu não seria um peso muito grande.

A casa de minha tia era construída em estilo tradicional, com um telhado de palha e traves de madeira. Na frente havia um pátio de argila, em curva, com uma chaminé redonda de tijolos e uma grelha para cozinhar ao ar livre. Tia Min Hee e seu marido eram gentis comigo, mas eu me sentia só sem minha irmã e minha mãe e chorava frequentemente. Levou um tempo até que eu me adaptasse à vida no campo.

Raramente chegava energia elétrica na aldeia, e assim ninguém contava com isso. Eles viviam como tinham vivido antes que a tecnologia sequer existisse. À noite nos deslocávamos à luz do luar ou só das estrelas. Muitas mulheres vestiam saias tradicionais como vestimenta do dia a dia. As montanhas estavam em toda a volta, com fontes tão limpas e puras que se podia mergulhar a mão na água e beber. O mais elegante meio de transporte disponível era um carro de boi.

Não eram muitas as casas que dispunham de relógio em Songnam-ri, de modo que acordávamos sempre que o galo cantava. Na maioria das vezes os galos eram bem precisos, mas às vezes não, e assim muita gente ficava com o horário desregulado quando os galos deixavam de cantar na hora certa. Minha tia tinha muitas galinhas, e era minha tarefa ver as galinhas botarem seus ovos e assegurar que outras galinhas não os comessem, ou que ninguém viesse roubá-los.

Eu tinha também outros trabalhos, como lavar a louça e trazer madeira da floresta, mas isso em nada me incomodava. Além do mais, não estava mais enfraquecida pela fome. Na verdade, eu tinha ficado faminta por tanto tempo que não conseguia parar de comer. Eu era como um filhote de passarinho: sempre que abria os olhos, minha boca se abria ao mesmo tempo; quando fechava os olhos, a boca se fechava também. Minha tia preparava para mim uma comida boa e simples, com pratos feitos de milho, batata e pimentões que ela cultivava em sua horta. Também cultivava batata-doce para vender no mercado, mas guardávamos as folhas para nós mesmos comermos. Eram muito nutritivas. Os porcos comiam o que restava em nossos pratos. A casa tinha também um vinhedo ao redor, e eu senti o gosto da uva pela primeira vez. Foi como sentir o céu.

Eu me recuperei muito rapidamente e ganhei de volta o peso que havia perdido. Até comecei a crescer. Não sou muito alta agora, mas creio que se tivesse tido o bastante para comer durante toda a minha vida e não tivesse carregado tantos baldes d'água sobre minha cabeça, teria ficado muito mais alta!

A filha adulta de minha tia era médica; tinha estudado numa faculdade de medicina em Hamhung. Quando eu morava com minha tia, minha prima estava praticando obstetrícia e ginecologia no hospital de Songnam-ri. Estava noiva de um policial local, num casamento arranjado. Eu gostava dele porque trazia para casa vídeos que a polícia tinha confiscado em batidas.

Mesmo supondo-se que minha prima estava tratando de pessoas no hospital, o governo não fornecia medicamentos a ela ou a qualquer dos médicos. Nas cidades, os pacientes podem às vezes comprar seus próprios remédios no mercado negro, mas nas áreas rurais nem sempre isso é possível. Em Songnam-ri, o *jangmadang* mais próximo ficava a mais de oito quilômetros de distância e não havia uma estrada diretamente para lá. As pessoas

tinham de atravessar uma montanha e cruzar um rio e um riacho
— nem mesmo o carro de boi poderia fazer o caminho todo. Isso
deixava muita gente sem socorro em situações de emergência. O
governo incentivava todo mundo a ter seus próprios recursos, até
mesmo os médicos, como parte da política *juche* de autossufi-
ciência, e assim os médicos faziam seus próprios medicamentos
tradicionais para tê-los à mão. Minha prima muitas vezes me levava com ela para as montanhas em busca de plantas, cascas de
árvores e nozes, para usá-las em diversos tratamentos. Eu a seguia
como um cachorrinho feliz, aprendendo o que era útil, o que era
comestível, o que era venenoso.

Os médicos em Songnam-ri tinham de ser agricultores também. Eles cultivavam plantas medicinais e seu próprio algodão,
para terem suprimento de curativos e ataduras. Mas sempre havia escassez de tudo. Nem mesmo nos hospitais de grandes cidades havia essa coisa de materiais "à disposição". Ataduras eram
lavadas e reutilizadas. As enfermeiras iam de quarto em quarto
usando a mesma seringa em cada paciente. Elas sabem que isso é
perigoso, mas não têm alternativa. Quando eu vim para a Coreia
do Sul, ficava pasma quando os médicos jogavam fora o instru-
mental que tinham acabado de usar comigo.

Mesmo quando eu estava vivendo lá, não conseguia evitar
um estranho sentimento de nostalgia pelo estilo de vida mais
simples em Songnam-ri. Não sei como explicar isso de outra
maneira, mas todas essas experiências novas pareciam ser profundamente familiares. Lá em cima nas montanhas, cercada pela
natureza, eu me sentia mais próxima do meu *eu* real do que jamais senti em qualquer outro período. De algum modo, era como
estar vivendo na antiga Chosun, o remoto reino coreano do qual
ouvira de minha pequenina avó em Kowon. Creio que ela tinha o

mesmo anseio por um lugar que nenhuma de nós havia conheci-do, que só existia em velhas canções e em sonhos.

O ano que passei no campo me deu um lugar seguro para descansar e sarar. Mas não era meu destino ficar lá para sempre. Um dia, no início de 2004, minha mãe foi me visitar, trazendo notícias terríveis. Meu pai fora condenado num julgamento se-creto e sentenciado a trabalhos forçados num campo de prisio-neiros destinado a quem comete crimes graves. Pensávamos que tinha sido condenado a dezessete anos, mas depois descobriu-se que eram dez anos. Não importava, porque dificilmente alguém sobrevivia muito tempo nesses campos. Eram lugares onde você não é mais considerado um ser humano. Os prisioneiros nesses campos não podem olhar diretamente para os guardas, porque um animal não pode olhar para o rosto de um ser humano. Nor-malmente não se permite que recebam visita de seus familiares; não podem nem mesmo escrever cartas. Passam seus dias fazendo trabalhos estafantes, comendo apenas um mingau ralo, de modo que sempre estão fracos e famintos. À noite os prisioneiros são amontoados em celas pequenas e forçados a dormir como peixe em lata, a cabeça encostada nos pés. Só os mais fortes vivem o suficiente para cumprir toda a sua sentença.

Um frio passou por minhas veias quando me dei conta de que poderia nunca mais ver meu pai novamente. E mesmo se ele sobrevivesse, quando saísse eu já seria uma mulher adulta. Será que nos reconheceríamos um ao outro?

Minha mãe queria que ficássemos juntos novamente, e assim me levou de volta a Kowon e persuadiu seu irmão a deixar que nós três ficássemos com ele. Ela ganharia o suficiente para nos sustentar.

Minha mãe, Eunmi e eu nos mudamos para um pequeno quarto, anexo à casa principal. Tinha uma cama muito pequena com um estrado de arame. Pusemos algumas tábuas em cima dela, mas ficou muito dura, e ainda sacudia bastante. Então a tiramos e dormíamos juntas no chão. Do lado de fora havia uma pequena cozinha ao ar livre, sob um pequeno telhado, através do qual a água pingava nas panelas quando chovia. Depois meu tio e alguns amigos construíram para nós uma parede, para que pudéssemos manter o fogo aceso. Moramos lá durante os dois anos seguintes.

Kowon era uma cidade muito menor que Hyesan, e as pessoas eram muito mais amigáveis. Parecia também haver menos ladrões. Hyesan estava sofrendo um alto nível de criminalidade desde que a economia entrou em colapso, e tínhamos de esconder nossos bens por trás de portas trancadas. Secávamos nossas roupas dentro de casa, pois tudo que deixávamos do lado de fora era levado. Havia pessoas que levavam qualquer coisa, até cães. Na Coreia do Norte, as pessoas têm cães por dois motivos: por um lado, para manter a casa segura, por outro, para servir de alimento. Como em muitos lugares da Ásia, onde eu cresci a carne de cachorro é uma iguaria, embora eu gostasse demais de cães para querer comê-los. Nossos cães tinham de ficar acorrentados do lado de fora durante o dia e trancados dentro de casa durante à noite, senão alguém os roubaria para vender, ou para cozinhá-los para o jantar.

Kowon era um pouco mais segura, mas as pessoas lá também eram desesperadamente pobres. A principal diferença em Kowon era que todos ainda partilhavam coisas uns com os outros, do jeito que era nos velhos tempos. Em Hyesan, fazíamos bolos de arroz e comíamos escondidos, ou dividíamos apenas com os vizinhos mais chegados. Mas em Kowon, se você tivesse bolos de arroz, todos os vizinhos apareciam e comiam até que não sobrasse nada para você. E você não tinha escolha.

Minha tia em Kowon era muito leal ao regime e era a líder de seu *inminban*. As reuniões do *inminban* realizavam-se uma vez por semana, e eram um meio de o Estado manter-se informado das atividades de cada um e anunciar novas diretivas. Aos sábados, reuníamo-nos todos para sessões de propaganda e de autocrítica. Essas sessões eram organizadas por estudantes e por unidades de trabalhadores. Assim, os estudantes as relatavam em suas turmas e os trabalhadores em seus empregos.

Começávamos copiando citações de Kim Il-sung ou de Kim Jong-il da mesma maneira que pessoas em outras partes do mundo copiavam versículos da Bíblia ou passagens do Alcorão. Depois escrevíamos tudo que tínhamos feito na semana anterior. Então chegava a hora de se levantar diante do grupo e fazer uma autocrítica. Numa sessão típica, eu poderia começar assim: "Esta semana eu fui relapsa demais e não fiquei agradecida o bastante pelo eterno e incondicional amor de meu benevolente Querido Líder". Poderia acrescentar que não tinha trabalhado com diligência suficiente para cumprir a missão que o partido nos ordenava que realizássemos, ou para estudar com bastante afinco, ou que não tinha amado suficientemente meus camaradas. Esta última palavra era muito importante, porque éramos todos camaradas na jornada da luta contra os "bastardos americanos", ou os "insanos lobos do Ocidente". E concluiria: "Desde então, nosso Querido Líder me perdoou em sua benevolente e graciosa liderança. Eu lhe agradeço e serei melhor na próxima semana".

Após terminarmos nossas confissões públicas, era hora de criticar os outros. Eu sempre me apresentava como voluntária. Era boa nisso de verdade. Geralmente eu escolhia algum ou alguma colega de turma, que teria de se levantar e ouvir com atenção enquanto eu listava suas transgressões: não tinha feito o que nosso Líder nos ensinou a fazer, ou não tinha participado na missão do grupo. Quando eu terminava, minha vítima tinha de me agradecer e garantir a todos que ele ou ela iria corrigir seu comportamento. Depois era minha vez de ser criticada. Eu odiava, é claro, mas nunca deixava que isso transparecesse em meu rosto. As reuniões de autocrítica em Hyesan podiam ser intensas, mas as de Kowon eram brutais. Nessa parte muito isolada e muito patriótica do país, as pessoas realmente se consideravam revolucionárias. Sua devoção ao regime fora comprometida por uma exposição muito grande ao mundo além-fronteiras. E as autoridades pareciam estar determinadas a manter as coisas assim por quanto tempo pudessem.

Eu estava com quase dez anos e minha mãe me matriculou na escola local, mesmo tendo pulado os dois últimos anos do ensino fundamental. Eu achei os trabalhos em classe desnorteantes. E as escolas em Kowon eram muito mais rígidas do que as que eu tinha frequentado em Hyesan. Aqui não se permitia que as crianças fizessem nada sozinhas. Pela manhã, depois que terminávamos nosso trabalho coletivo limpando ruas ou polindo monumentos, os alunos deviam se alinhar e marchar para a aula. Balançávamos os braços sincronicamente, cantando canções alegres que diziam: "Como é esplêndido nosso país socialista! Nós somos a nova geração!". Em geral fazíamos a mesma coisa ao voltar para casa após um dia de estudo.

Na Coreia do Norte, alunos fazem mais do que estudar. São parte de uma força de trabalho não remunerada que salva o país de um colapso total. Eu precisava levar sempre uma muda de roupa de trabalho em minha pasta, que usaria à tarde, quando íamos marchando fazer trabalhos braçais. Na primavera ajudávamos as fazendas coletivas a plantar e semear. Nosso trabalho era carregar pedras para limpar os campos, trazer o milho e transportar água. Em junho e julho capinávamos, e no outono éramos enviados para recolher arroz ou milho ou feijões que os colhedores ou as colheitadeiras deixavam passar. Nossos dedos pequenos eram bons para isso. Eu odiava esse trabalho. Mas nos diziam que não podíamos desperdiçar um único grão quando havia tanta gente faminta.

A única vez que eu ficava feliz trabalhando no campo era quando achava um buraco de camundongo, porque eles faziam o mesmo tipo de trabalho. Se você cavasse até chegar às tocas, encontraria quase um quilo de milho ou feijão que eles estavam armazenando para depois. Se tivéssemos sorte, pegaríamos o camundongo também. Porém, todo grão que coletávamos no campo pertencia à escola, não a nós. No fim do dia, os professores reuniam tudo que tínhamos encontrado. Eles não queriam que levássemos nem um grão para nós mesmos, e assim nos punham em linha e diziam: "Mostrem-nos seus bolsos!". Aprendemos a vestir nossas roupas de trabalho por cima dos uniformes escolares, e assim podíamos esconder alguns grãos na camada de baixo, levar para casa e comê-los.

Um dos grandes problemas na Coreia do Norte era a escassez de fertilizantes. Quando a economia entrou em colapso na década de 1990, a União Soviética parou de nos enviar fertilizantes e nossas fábricas pararam de produzi-los. O que era doado por outros países não chegava às fazendas porque o sistema de transporte também tinha entrado em colapso. Isso levou ao fracasso da cultura de grãos, o que fez a fome ficar ainda pior. Assim, o governo lançou uma campanha para preencher a lacuna de fertilizantes com um recurso local e renovável: dejetos humanos e animais. Todo trabalhador e todo estudante tinha uma cota a preencher. Dá para imaginar o tipo de problema que isso causava para as famílias. Todo membro de uma casa tinha um compromisso diário, e assim, quando acordávamos de manhã, era como uma guerra. Meus tios eram os mais competitivos.

"Lembre-se de não fazer cocô na escola!", minha tia me dizia em Kowon todos os dias. "Espere para fazer aqui!"

Sempre que minha tia de Songnam-ri viajava e precisava fazer cocô em outro lugar, ela reclamava muito de não ter com ela um saco plástico para guardar o que fizera. "Na próxima vez eu vou me lembrar!", dizia. Felizmente, ela nunca fez isso de fato. O grande esforço de recolher dejetos chegou ao ápice em janeiro, a fim de que tudo estivesse pronto para a estação do cultivo. Os banheiros na Coreia do Norte em geral ficavam longe da casa, e precisávamos cuidar para que os vizinhos não nos roubassem à noite. Tinha quem trancasse suas casinhas para manter à distância os ladrões de cocô. Na escola, os professores nos enviavam à rua para achar cocô e trazê-lo para a classe. E assim, se víamos um cão fazendo cocô na rua, era como encontrar ouro. Meu tio em Kowon tinha um grande cão que fazia um cocô enorme — e todos na família brigavam por ele. Não é uma coisa que se vê todos os dias no Ocidente.

Minha mãe fazia todo tipo de trabalho em Kowon. Fazia massagens faciais e tatuagens de sobrancelha nas mulheres. Comprava e vendia videocassetes e televisões no mercado negro. E isso ainda não era o suficiente para nos alimentar com arroz. Mais uma vez, minha irmã e eu íamos para o campo procurar plantas e insetos para encher nossas barrigas. Eu gostava das flores doces e brancas da árvore da falsa-acácia que crescia de maneira selvagem nas montanhas. Mas a melhor coisa eram os gafanhotos. Minha aptidão motora melhorou quando fiquei mais velha, e era muito boa em pegá-los. Quando minha mãe os fritava, ficavam deliciosos.

A maioria desses alimentos selvagens, no entanto, não era boa para seres humanos. Só serviam para encher a barriga. Quando caminhava pelos morros, eu colhia um monte de folhas diferentes — algumas para mim e algumas para os coelhos que tínhamos na cidade. Éramos bons amigos e fazíamos nossas refeições juntos. Mesmo agora, quando saio para caminhar, posso dizer que tipo de planta é a favorita dos coelhos. Mas ainda não gosto muito de salada, porque me faz lembrar daqueles tempos difíceis.

Quando morei em Kowon, eu criava os coelhos desde pequeninos e lhes dava nomes como Olho Vermelho, Pretinho, Douradinho. Mas não podiam ser de estimação, pois quando chegava a hora, nós os esfolávamos e comíamos. Na maior parte do tempo, era a única carne que tínhamos. Sua pele era muito valiosa também. Na Coreia do Norte, todas as escolas precisavam recolher pele de coelho para o uniforme de inverno dos soldados. Cada estudante trazia cinco peles por semestre. Os militares exigiam um alto padrão, porém é difícil curtir o couro de seu próprio coelho, e assim a escola muitas vezes rejeitava as ruins. A única maneira de ter certeza de que iria preencher sua cota era comprar peles bem curtidas no *jangmadang*. É claro que os administradores da escola não repassavam todas as peles de coelho aos militares — guardavam algumas para si mesmos para fazerem um pouco de dinheiro. Sei disso porque minha mãe comprava e vendia pele de coelho. Na verdade, às vezes ela comprava da escola peles que ela mesma tinha acabado de vender a clientes que precisavam preencher suas cotas.

Esse sistema insano era bom para minha mãe, mas difícil para qualquer outra pessoa.

Quando eu tinha uns onze anos de idade, comecei a seguir os passos dos meus pais. Minha mãe me deu algum dinheiro para eu começar meu próprio negócio. Usei o empréstimo para comprar um pouco de vodca de arroz e subornar o guarda de um pomar de caquizeiros de propriedade do Estado. Ele deixava que eu e minha irmã nos esgueirássemos para dentro e colhêssemos a fruta. Enchíamos um grande balde de metal e carregávamos os caquis por muitos quilômetros até Kowon, onde eu os vendia no *jangmadang*.

"Os caquis mais deliciosos!", eu gritava para clientes que passavam por lá. "Comprem aqui!" No final do dia eu tinha dinheiro para pagar minha mãe, comprar alguns doces e conseguir outra garrafa para subornar o guarda do pomar. Até minha mãe dar um fim ao nosso pequeno empreendimento, minha irmã colhia frutas comigo: estávamos gastando nossos sapatos depressa demais caminhando até o pomar, e ela não tinha como comprar sapatos novos para nós.

Aprendi mais uma coisa importante desse meu curto período como vendedora no mercado: uma vez tendo começado a negociar por si mesmo, você começa a pensar por si mesmo. Antes de o sistema público de distribuição entrar em colapso, somente o governo decidia quem iria sobreviver e quem iria morrer de fome. Os mercados saíram do controle do governo. Minhas pequenas transações me fizeram perceber que eu tinha algum controle sobre meu próprio destino. Isso me deu outro gostinho de liberdade.

9. Geração *Jangmadang*

No outono de 2005, minha mãe teve de se esconder: a polícia em Kowon estava atrás dela.

Na Coreia do Norte você não pode escolher onde quer viver. O governo precisa te dar permissão para mudar para um distrito diferente do que foi designado, e as autoridades não facilitam isso. Os únicos motivos considerados bons são uma transferência no trabalho, casamento ou divórcio. Mesmo ela tendo nascido e sido criada na casa que agora era de propriedade de seu irmão Min Sik, a residência oficial de minha mãe ainda era em Hyesan. Mudar de residência ilegalmente não tinha importância no caso de crianças, mas para adultos, como minha mãe, era um grande problema.

Ela tinha conseguido ficar longe de problemas por um longo período porque meu tio era membro do partido e sua mulher era a líder de seu *inminban*, e por isso tinham boas ligações com as autoridades locais. De vez em quando a polícia visitava a casa e pedia à minha mãe que passasse na delegacia, o que era forte indício de que queriam ser subornados para ignorar sua situação. Mas ela estava sempre muito ocupada e não prestou atenção suficiente nos sinais. A polícia esperou pacientemente por muito tempo, mas por fim decidiu enviá-la para um campo de reeducação como punição. Quando descobriu que a polícia estava à sua procura, minha mãe correu para ficar com amigos. E por isso ela não estava em casa quando, numa tarde ensolarada, meu pai apareceu na casa de meu tio.

Eu estava sozinha em nosso pequeno quarto enquanto Eunmi estava na escola quando ouvi o cachorro latindo alto. Escutei o som da voz de um homem conversando com meu tio. Meu coração começou a bater forte, porque a voz me pareceu familiar, mas eu não podia acreditar que fosse meu pai. Ele estava na prisão havia quase três anos, e eu nunca esperei que fosse vê-lo de novo. Então ouvi meu tio chamando: "Yeonmi-ya! Yeonmi-ya! Seu pai está aqui!".

Cheguei correndo na casa principal, e lá estava um estranho sentado com meu tio.

"*Abuji?*", sussurrei. "Papai?"

Eu não tinha me permitido falar essa palavra durante muito tempo, e senti que era estranha em minha língua. Olhei melhor e vi que realmente era meu pai, mas estava extremamente magro, e tinham raspado todo seu cabelo na prisão. Eu sempre pensei que ele era o homem mais alto do mundo, meu herói que poderia fazer qualquer coisa. Mas agora ele me parecia tão pequeno. Pior, sua voz estava tão temerosa e baixa que quase não a reconheci. Fiquei diante dele enquanto tocava em meu rosto e em meu cabelo, como uma pessoa cega lendo um livro, dizendo: "Esta é realmente Yeonmi? Esta é realmente Yeonmi?".

Ele não chorou, apenas olhava para mim. Eu não era mais um bebê. Agora era uma menina de doze anos, quase uma adolescente. "É realmente você, minha filha?"

Eu queria pular em seus braços e abraçá-lo, mas estava morando sob o teto de meu tio, e tive medo de mostrar a ele o quanto estava feliz em ver meu pai. Meu tio, que fora um dia muito amigo de meu pai, agora o odiava, e dizia frequentemente coisas terríveis sobre ele. Meu tio o culpava por ser irresponsável e por ter sido preso, deixando outras pessoas com o fardo de sua mulher e suas filhas. Eu ficava muito triste que pessoas que respeitavam tanto meu pai quando ele era rico e poderoso agora o tratassem tão mal. Após um momento, não pude mais me conter e joguei os braços em torno dele, o agarrei com força, com medo de um dia precisar deixá-lo ir embora novamente.

Depois que meu pai foi preso, eu tinha parado de me comportar como criança. Agora que ele estava de volta, eu queria aproveitar todo momento que podia ficar em seu colo, como quando eu era um bebê. E queria fazer as mesmas coisas que fazíamos quando eu era pequena. Eu costumava me sentar em seu joelho e ele me balançava, como se fosse um cavalo. Eu queria fazer isso de novo, e até pedi para fazer um voo de avião em cima dos pés dele. Meu pobre pai até que tentou, mas me baixou rapidamente dizendo: "Ufa! Minha cachorrinha ficou mesmo grande!". Era um de meus apelidos de quando eu era pequena. Ouvi-lo dizer isso de novo me fez chorar.

Quando Eunmi voltou da escola, mandamos dizer à minha mãe que meu pai estava fora da prisão. Ele nos disse que tinha ficado muito doente e que subornou o diretor para que o deixasse sair provisoriamente.

Quando ajudamos meu pai a mudar de roupa, ficamos chocadas com seu estado. Podiam-se ver os ossos debaixo da carne, e sua pele estava saindo aos pedaços por causa da subnutrição. Minha mãe me disse para correr e comprar um pouco de água de tofu para lhe dar um banho e ajudar a curar suas feridas. Ele estava tão faminto que queria comer tudo que pudesse, mas seu organismo não poderia assimilar depois de ter passado fome durante tanto tempo. Então minha mãe teve de controlá-lo e se assegurar de que só comesse um pouco de arroz de cada vez, senão ficaria doente.

Quando ele ficou bem o suficiente para falar, contou-nos o que tinha acontecido.

O diretor sabia que meu pai estava na prisão devido a um grande crime financeiro, e meu pai o convenceu de que tinha escondido algum dinheiro com uma mulher em Hyesan. Se o diretor o deixasse sair em licença de saúde, meu pai prometeu que lhe daria 1 milhão de wons norte-coreanos. Era um suborno imenso, dinheiro suficiente para comprar uma boa casa. O diretor era ganancioso o bastante para acreditar nele, mas meu pai nunca tivera a intenção de lhe pagar, mesmo se tivesse o dinheiro. Meu pai imaginou que, uma vez fora da prisão por razões médicas, eles não conseguiriam levá-lo de volta de repente sem expor sua própria corrupção. Eles poderiam, depois de um tempo, dizer que meu pai tinha se recuperado o suficiente para voltar para a prisão. Mas ele se preocuparia com isso em outro momento.

Meu pai convenceu o diretor a permitir-lhe visitar sua família em Kowon antes de viajar para Hyesan. Lá ele seria entregue a seu irmão, Park Jin, que o ajudaria a se tratar da dor cada vez mais intensa que sentia no estômago. O diretor enviou um médico da prisão para que o acompanhasse, supostamente para escoltá-lo até Hyesan. Seu verdadeiro propósito, é claro, seria o de recolher o dinheiro. Mas não iria conseguir, porque não havia dinheiro.

Meu pai ficou em Kowon por alguns dias e depois foi para Hyesan. Uma vez estabelecido lá, mandaria nos buscar.

Minha mãe, enquanto isso, decidiu apresentar-se à polícia, e foi sentenciada a um mês de reeducação em um lugar chamado "corpo de treinamento de trabalhadores", que era uma espécie de campo móvel de trabalho escravo. Os prisioneiros dormiam juntos num recinto infestado de piolhos e, durante o dia, eram enviados para construir pontes e trabalhar em outros projetos de construção pesada. Havia apenas algumas mulheres na unidade de minha mãe, mas os guardas faziam com que trabalhassem tão duro quanto os homens. Se alguém fosse muito lento, o grupo inteiro seria obrigado a correr em torno do campo a noite inteira, sem dormir, como castigo. Para impedir que isso acontecesse, os prisioneiros batiam em quem não estivesse trabalhando rápido o bastante. Os guardas não precisavam fazer nada. E o ritmo era tão extenuante que alguns prisioneiros ficavam à beira da morte após algumas semanas no campo. Quando minha mãe começou a cumprir sua sentença, o outono já estava acabando, e ela sofreu com o frio, usando um casaco fino e sem luvas.

Às vezes esses lugares de construção ficavam muito longe, mas quando minha mãe estava perto de Kowon, minha irmã e eu íamos visitá-la no campo. Na primeira vez em que fomos, acordamos às cinco horas da manhã a fim de cozinhar para ela. Sabíamos que os prisioneiros nunca recebiam comida suficiente. Eu cozinhei uma abóbora pequena e misturei com arroz e milho, depois fatiei alguns rabanetes e temperei com sal. Rabanetes salgados são o *kimchi* dos pobres; não tínhamos recursos para ter os ingredientes necessários para o molho picante do tradicional repolho em conserva.

Começamos a caminhar às seis da manhã, quando ainda estava escuro, mas tomamos um rumo errado a caminho do local da construção. Enquanto caminhávamos, ficamos com tanta fome que começamos a provar da comida que estávamos levando conosco. Quando chegamos ao local do trabalho, já tínhamos comido tudo. Nós duas nos sentimos mal por chegarmos sem nada para oferecer, mas minha mãe ficou muito feliz em nos ver. Ela ainda era a nossa mãe, mais preocupada conosco do que com ela mesma, e nos trouxe um pouco de água para beber. Os guardas só lhe davam alguns momentos para estar com a gente, e assim a visitávamos tão frequentemente quanto possível, levando comida sempre que podíamos.

Felizmente, o período de minha mãe no corpo de treinamento de trabalhadores foi curto. Ela conseguiu subornar alguém na delegacia de polícia e foi liberada depois de apenas dezesseis dias. Depois de descansar conosco por pouco tempo, ela tomou o trem para Hyesan para visitar meu pai. Ela sabia que a polícia ia caçá-la enquanto sua residência fosse em Hyesan, e a única maneira de mudar isso enquanto meu pai estivesse vivo seria se divorciando dele. Eles ainda se amavam, mas tinham concordado em segredo que um divórcio seria a única solução prática. Se ele tivesse de voltar para a prisão, Kowon seria um lugar melhor para a família viver, porque lá era mais quente e mais barato do que em Hyesan. Assim, eles agiram rapidamente, e o divórcio foi registrado em abril de 2006.

Enquanto isso, um amigo do meu pai ofereceu um lugar para ele morar sem cobrar aluguel, até que pudesse pagar. Ele tinha planos para reavivar seu negócio com a ajuda de minha mãe. Ao menos por enquanto, ele queria que voltássemos para Hyesan para ficarmos com ele. Em maio, peguei sozinha o trem para o norte para morar com meu pai; Eunmi e minha mãe se juntaram a nós poucos meses depois. Finalmente estávamos juntos de novo.

O apartamento de meu pai ficava no último andar de um prédio de oito andares no subúrbio de Wiyeon, alguns quilômetros a leste de nosso antigo bairro em Hyesan. O apartamento dava para o rio Yalu, e da janela podia-se ver a China. Havia três quartos, que dividíamos com outras duas famílias. As paredes eram finas, e assim precisávamos falar bem baixinho, ou todos ficariam sabendo de nossos negócios. Como não havia elevador no prédio, tínhamos de subir oito lances numa escada escura para chegar ao apartamento — e é por isso que na Coreia do Norte os apartamentos nos andares mais baixos são mais valorizados. Quanto menos dinheiro você tem, mais alto você mora.

Meu pai estava recebendo tratamento médico para seus problemas de estômago, porém, mais uma vez, nenhum dos médicos conseguiu descobrir o que havia de errado com ele. Meu pai enfrentava um sério dilema: estava doente demais para trabalhar, mas se ficasse saudável de novo, eles o mandariam de volta para o cárcere. Então ele vivia numa espécie de limbo. Sua carteira de identidade tinha sido destruída quando foi para a prisão — apenas seres humanos podem ter carteiras de identidade e ele era considerado sub-humano. Sem a carteira não se pode ir a lugar algum, e assim ele estava impossibilitado de viajar para comprar metais e vendê-los aos contrabandistas. Além disso, ele tinha de se apresentar constantemente à polícia, que o mantinha sob vigilância cerrada. Desse modo, ele ficava em casa cuidando de mim e de minha irmã enquanto minha mãe assumia os negócios.

O mesmo homem que tinha oferecido o apartamento a meu pai estava querendo investir num negócio que minha mãe havia proposto. Ela e o filho do homem viajaram para um lugar perto de Songnam-ri para comprar prata, depois voltaram a Hyesan para vendê-la a contrabandistas. Meus pais obtiveram um pequeno lucro com esses negócios, mas ainda éramos muito pobres. Muitas vezes, nosso único alimento eram batatas pretas congeladas, o que deixou meu pai ainda mais doente.

Eu sentia muita saudade de Hyesan depois que nos mudamos, e não via a hora de encontrar novamente meus amigos. Yong Ja tinha crescido e ficado muito grande e alta — ao menos para uma norte-coreana. Ela sempre foi uma menina forte, mas agora estava tendo aulas de tae kwon do, o que a deixou ainda mais sólida. Passar algum tempo com ela fazia eu me sentir segura, pois Hyesan tinha mudado muito nos três anos em que estive fora. A cidade parecia estar mais animada e mais próspera agora, por causa do comércio legal e ilegal com a China. Os jovens tinham um aspecto e um modo de agir muito diferentes. As garotas mais velhas alisavam seus cabelos ondulados com um creme chamado "Magic", que era contrabandeado pela fronteira. Algumas até mesmo tingiam os cabelos e usavam jeans, o que era proibido. Jeans era um símbolo da decadência da América, e se a polícia te pegasse usando, poderia cortá-los com uma tesoura. Depois você corria o risco de ser condenado a um dia de reeducação ou a uma semana a mais de trabalho. Mas isso não impedia os adolescentes de experimentarem coisas novas.

Yong Ja me explicou que agora todos os adolescentes estavam "namorando" — o que na verdade eram apenas rapazes e garotas curtindo juntos. Mas para mim isso pareceu incrivelmente estranho. Até mesmo crianças no jardim de infância fingiam ter namorados e namoradas. Ela me advertiu quanto a algumas das novas regras entre os sexos. Por exemplo, se um garoto fizesse com a boca um som de estalo ou cacarejo quando você estivesse passando por ele, você não devia se virar e olhar para ele, a menos que estivesse interessada em namorar. Se você fizesse isso, ele nunca a deixaria em paz. Eu cometi esse erro algumas vezes, porque estava muito confusa com os novos costumes. De fato, eu me sentia como uma caipira. Yong Ja até ria de mim por causa do sotaque de Kowon que eu adquiri quando estava lá. As pessoas do interior da Coreia do Norte falam muito mais devagar do que as que moram nas cidades fronteiriças com a China. Vir de Kowon era como um americano de Atlanta se mudar para Nova York. Levou algum tempo até eu falar novamente como uma nativa.

Matriculei-me no colégio em Wiyeon e fiz um novo círculo de amigos, na maioria garotas um pouco mais velhas que eu. Mais uma vez, eu tinha pulado algumas séries e estava bem atrasada na escola. Quando chegou de Kowon, Eunmi tinha quinze anos e estava mais adiantada nos estudos. Ela rapidamente fez seus próprios amigos, e já não andávamos juntas com tanta frequência como antes. Ela também começou a namorar pela primeira vez e ficou caída por um garoto cujo pai era da China. Minha mãe pediu que ela rompesse com ele porque era de um *songbun* muito pobre, ainda mais do que o nosso. Eunmi fez o que ela pediu, mas isso causou muito atrito em nossa família.

Meus novos amigos sabiam tudo da última moda de tanto assistir a novelas sul-coreanas e vídeos de música internacionais. Ninguém tinha computadores domésticos, e não havia, é claro, conexão com a internet para baixar mídias estrangeiras ilegais. Em vez disso, elas eram contrabandeadas da China, cruzando o rio toda noite. DVDs finos tinham substituído os volumosos cassetes, o que tornou mais fácil introduzi-los aos montes no país. O que anos antes havia sido apenas um gotejar, agora era uma inundação.

Alguns de meus amigos tinham quartos com cortinas grossas que podiam usar para assistir a DVDs, e assim podíamos ver filmes e dançar ao som das trilhas sonoras. Também ouvíamos CDs e fitas de música — tudo em que pudéssemos pôr a mão. Minha irmã e eu gostávamos mais de tristes canções de amor. Nossa favorita era sobre duas pessoas que fazem um juramento de serem fiéis uma à outra cruzando seus dedos mindinhos. Depois, uma delas se vai de repente. Sempre nos fazia chorar.

Se não fosse por esses DVDs e CDs estrangeiros, nós não teríamos conhecido quaisquer canções, a não ser as que nos eram ensinadas sobre Kim Il-sung e Kim Jong-il. Nós tentávamos modificá-las para torná-las mais interessantes. Um dos rapazes mais velhos com quem andávamos tocava violão, e quando cantávamos com ele, deixávamos de fora as partes que falavam sobre os Kim. Sempre que cantava essas canções, eu me sentia mais livre. Foi sorte não termos sido pegos. Mas éramos jovens e não pensávamos no futuro.

Os norte-coreanos de minha idade e os mais jovens são às vezes chamados de Geração *Jangmadang*, porque crescemos com a presença dos mercados e não tínhamos como nos lembrar do tempo em que o Estado provia as necessidades de cada um. Não tínhamos a mesma lealdade cega ao regime da geração de nossos pais. Ainda assim, mesmo que a economia de mercado e a mídia de fora diminuíssem nossa dependência do Estado, eu não conseguia dar o salto mental de ver nas novelas e nos filmes estrangeiros a que eu gostava de assistir os modelos de uma vida que eu pudesse levar.

Eu estava na iminência de me tornar uma adolescente e começava a sentir curiosidade por romances. Minhas amigas e eu fantasiávamos sobre os casais que víamos naqueles filmes, que olhavam um nos olhos do outro e falavam em tons suaves e belos. Tentávamos imitá-los, e quando os rapazes nos convidavam para sair, nós os fazíamos falar como sul-coreanos. É claro que "ter um encontro" era, na Coreia do Norte, muito mais inocente do que a cena mais bem-comportada a que assistíamos. Eu só tinha visto romance nos filmes, e não tinha ideia do que a personagem de *Uma linda mulher* fazia quando a câmera apontava para outro lado. Ainda éramos completamente inocentes. Tudo que me importava no filme *Uma linda mulher* eram as belas roupas que Yong Ja e eu tentávamos recriar para nossas bonecas de papel.

É muito embaraçoso dizer isso, mas até então eu não sabia que o beijo podia ter intenção de ser romântico. Como meu pai e minha mãe me davam muitos beijos quando eu era pequena, eu pensava que era uma coisa que todos faziam para demonstrar afeição. Não existe algo parecido com educação sexual na Coreia do Norte. Talvez mães ou médicos conversassem sobre sexo com uma garota antes do dia de seu casamento, mas eu nunca tinha ouvido nada sobre isso. Diversas vezes, quando criança, eu perguntei à minha mãe como tinha nascido, mas ela só me disse que eu descobriria quando crescesse. Os garotos, acho, eram tão inocentes quanto as meninas.

Em Hyesan ainda era raro ter sua própria linha de telefone, e só os mais ricos tinham celular. A única maneira de um garoto combinar de sair com uma menina de quem gostasse era indo atrás dela. É claro que os pais não queriam que suas filhas se encontrassem com garotos. Aquela geração ainda pensava que esses encontros eram escandalosos, e assim os garotos precisavam descobrir maneiras de passar pelas barricadas. Eu conhecia alguns garotos que queriam sair comigo, e cada um deles tentou, subindo as escadas até o oitavo andar e batendo à porta do nosso apartamento.

Minha mãe ficava aborrecida e gritava através da porta fechada: "Saia! Vá embora!". Ela não me deixava sair. Para contorná-la, os garotos me davam um sinal na escola, e à tardinha eles vinham e ficavam do lado de fora do prédio, gritando o código, para que eu pudesse ouvir e dar uma desculpa para descer. Claro que minha irmã também tinha garotos que queriam sair com ela. E havia muitas outras adolescentes no prédio, e assim, depois do pôr do sol, ficava bem barulhento lá fora.

Nunca fiquei realmente interessada em sair com alguém até conhecer Chun Guen, meu primeiro amor. Ele tinha dezoito anos — era cinco anos mais velho que eu — e estava no último ano de um colégio especial para os melhores alunos em toda a província de Ryanggang. Era mais alto do que a maioria dos homens coreanos, com uma pele pálida e uma voz suave. Nós nos conhecemos quando eu visitava uns amigos da família que moravam no prédio dele, que ficava ao lado do nosso. No início, Chun Guen só acenava ou dizia "olá" quando nos cruzávamos no pátio do prédio ou na rua. Então um dia ele me convidou para sair. Eu realmente queria sair com ele, mas precisei recusar. Sabia que nossa história só poderia ter um final triste.

Como minha família era nova naquela parte da cidade, Chun Guen não sabia que eu era filha de um criminoso. Ele provinha de uma família muito rica e poderosa. Seu pai havia estudado no exterior, tinha um ph.D. e agora era um eminente professor de agricultura na universidade. Sua mãe era uma personalidade política muito importante, com uma posição alta no Partido dos Trabalhadores. Se seus pais descobrissem que estávamos juntos, ele teria problemas. E se ele levasse a sério a relação ou casasse comigo, isso destruiria sua vida. Chun Guen não poderia jamais entrar no Partido dos Trabalhadores nem estudar nas melhores universidades e ter uma carreira de destaque. Eu seria como que uma ferida, um fardo a arrastá-lo para baixo. E por isso continuei a dizer-lhe não.

Mas ele foi persistente. Então um dia eu concordei em ir a uma festa em seu apartamento, num dia em que seus pais estariam fora. Foi uma coisa ingênua. Havia muitos garotos e garotas mais velhos da escola dele. Eu era a convidada mais jovem e definitivamente a mais pobre. De repente tive muita consciência de minhas roupas surradas, de segunda mão, e dos buracos em minhas calças. Na Coreia, tiramos os sapatos antes de entrar na casa de alguém, e todos podiam ver quantas vezes eu tinha remendado minhas meias horrorosas. Para mim foi humilhante me enxergar ali entre todos aqueles jovens ricos.

O apartamento de Chun Guen parecia enorme — do mesmo tamanho que o nosso, mas para uma família em vez de três. Fiquei pasma de ver cascas de laranja e de ovo no lixo. Ovos eram uma iguaria muito rara para minha família; só os comíamos no Ano--Novo e em ocasiões especiais. E laranjas eram um luxo tão grande, que eu nunca tinha comido uma inteira — só um pedaço pequeno, quando meu pai levou uma para casa na época em que éramos mais abastados. Jogar a casca fora era um grande desperdício.

Tentei fingir que pertencia àquele ambiente e que entendia o que todos estavam dizendo. Chun Guen tentava explicar como usava um computador na escola, e eu assenti polidamente e sorri, embora nunca tivesse visto um. As escolas comuns na Coreia do Norte não tinham essas coisas. Fiquei tão envergonhada que me aborreci com Chun Guen por algum motivo e saí cedo. Fui correndo até em casa.

Pensei que aquilo era o fim, mas Chun Guen foi muito paciente e compreensivo. E sempre que o via, eu sentia uma pontada em meu peito que não era de fome. Assim, concordei em vê-lo algumas vezes, mas somente se ele concordasse em manter isso em segredo. Tínhamos de esperar até que ficasse completamente escuro para nos encontrarmos; se qualquer um de nossos vizinhos nos visse juntos, seria muito perigoso para ele. Quando nos víamos na rua, um de nós atravessava para o outro lado ou tomava uma direção diferente.

Chun Guen descobriu onde eu morava, e uma noite ele veio e bateu à minha porta. Meus pais ficaram impressionados. Minha mãe o achou muito respeitável, generoso e inteligente. Meu pai me pediu que o convidasse para jantar. Mas eu disse que não. Não queria que ele visse o quanto éramos pobres — e ainda não tinha lhe dito que meu pai era um prisioneiro. Qual era a questão? Eu sabia que nunca poderia me casar com um homem como Chun Guen. Não poderia haver um futuro feliz para mim. Eu nunca iria para a faculdade e provavelmente acabaria sendo a esposa de um fazendeiro pobre, se não morresse de fome antes disso.

* * *

Já era inverno, e as coisas estavam ficando desesperadoras para minha família. Havia um problema com o velho sistema ferroviário que empregava energia elétrica para movimentar os trens. A rede de energia no norte estava tão fraca que o trem de Pyongyang precisava parar antes de chegar a Hyesan, para logo voltar. Depois de algum tempo, ele deixou de vir por completo. Meus pais esperavam e esperavam, mas ele nunca chegava. Agora, o único modo de trazer o metal de Pyongyang era de carro, mas isso seria impossível. Eles não tinham nada para vender, e ninguém lhes emprestaria. Meus pais estavam gastando o dinheiro separado para o negócio, e logo ele iria acabar.

Nosso apartamento ficava sempre frio quando o vento soprava através do rio, e meu pai ia até as montanhas todos os dias em busca de madeira para nos manter aquecidos. Ele comia neve para ingerir alguma coisa. Minha mãe fazia todas as pequenas transações comerciais que conseguia, a fim de poder comprar um pouco de milho ou batatas congeladas. Mas agora estávamos com fome o tempo todo. Eu já nem sonhava com pão. Tudo que queria era ter alguma coisa para comer em minha próxima refeição. Pular uma refeição poderia significar literalmente a morte, e isso se tornou meu principal medo e minha obsessão. Você não se importa mais com o sabor da comida e não come com prazer. Só come com um instinto animal de sobrevivência, calculando inconscientemente quanto tempo mais cada mordida num alimento poderá manter seu corpo funcionando.

Meus pais não conseguiam dormir. Tinham medo de não acordar, e então suas filhas morreriam de fome. Mais uma vez, enquanto ficavam despertos durante a noite, se perguntavam o que poderiam fazer para nos manter com vida.

10. As luzes da China

A sorte da minha família tinha mudado para sempre, e isso nunca foi tão claro quanto durante a comemoração do Ano-Novo lunar na casa de meu tio Park Jin, em fevereiro de 2007. Quando eu era mais nova, meu pai era o mais rico de seu clã, e todos vinham aproveitar o feriado em nossa casa. Mas agora meu tio era o parente abastado e o anfitrião das festas. Em vez de tratar meu pai como a um irmão, ele lhe dava ordens como se fosse um criado. De fato, durante os meses em que meu pai tinha morado com minha tia e meu tio em Hyesan depois de sair da prisão, eles o faziam varrer e limpar a casa. A família culpava meu pai por ter arruinado suas vidas. Seu status *songbun* nunca fora muito bom, para começar. E agora, como ele era um criminoso condenado, ficara muito pior. Até meus primos o tratavam mal na frente de sua família e de seus antigos amigos. Na celebração do Ano-Novo, eles não o deixavam se sentar e conversar com os vizinhos que no passado costumavam comer e beber à sua mesa. Foi uma noite extraordinariamente difícil, mas meu pai a aceitou com extenuada resignação.

Antes de ser preso, meu pai tinha sido um homem brilhante, divertido, irreverente. Mas mesmo sendo uma garota de treze anos, eu percebi que o tempo que ele passara no campo de prisioneiros tinha quebrado seu espírito. Ele não conseguia olhar um policial no rosto, nem mesmo aqueles que costumavam brincar e beber com ele à sua mesa. Meu pai costumava gostar de música sul-coreana, agora ele se recusava a ouvi-la. Tinha medo de que alguém pudesse escutar e denunciá-lo. Depois que saiu do campo, ele cantava uma única canção: "Nosso país vale mais que minha vida", com a letra "A floresta verde se ondula em nossa terra e nas montanhas, e eu não plantei uma só árvore...". Ele não era a mesma pessoa que eu conheci quando criança.

Fiquei muito contente quando a festa do Ano-Novo terminou e pudemos finalmente ir embora.

Da casa de meu tio até nosso apartamento eram quatro quilômetros. Meu pai ficou atrás enquanto minha mãe, minha irmã e eu caminhávamos ao longo do rio escuro, guiando-nos somente pelos clarões dos fogos de artifício no céu da China. Eu vivia na Coreia do Norte, o país onde supostamente não tínhamos nada para invejar, e tudo que eu sentia era inveja — uma inveja desesperada das pessoas do outro lado do rio. Eu ainda não ousava pensar sobre *por que* não podíamos ter tantas coisas na Coreia do Norte, mas sabia que queria ir para onde havia luz e comida. Era como ser atraída para uma chama sem pensar por quê. Eu gostaria de na época saber o que aquela luz realmente significava para norte-coreanos como eu. Ir atrás dela me custaria minha inocência e, por algum tempo, minha humanidade.

A cada Ano-Novo, Kim Jong-il fazia um pronunciamento que todos tínhamos de aprender de cor. Em 2007 foi a mesma coisa: o povo norte-coreano estava mais forte, nossos inimigos

Pais de Yeonmi num zoológico em Pyongyang,
capital da Coreia do Norte.

Yeonmi em seu primeiro aniversário.

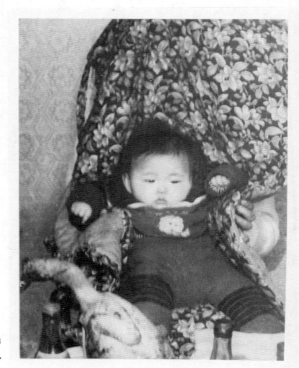

Yeonmi com cem dias de idade.

Yeonmi com aproximadamente dois anos.

Yeonmi (à dir.), seu avô paterno e sua irmã, Eunmi.

Yeonmi e Eunmi andando de trenó, com cerca de dois e quatro anos, respectivamente.

Yeonmi vestida para a neve, com dois ou três anos.

Yeonmi e Eunmi, preparadas para um dia de neve.

Yeonmi (à dir.), com três anos, e Eunmi, com cinco.

Foto em família, 1996. Yeonmi com três anos e Eunmi com cinco.

Yeonmi e sua família em Hyesan, cidade norte-coreana na fronteira com a China.

Yeonmi com três anos.

Yeonmi e Eunmi vestidas para a neve.

Foto em família em Hyesan.

Yeonmi e Eunmi com roupas iguais.

Yeonmi (terceira fileira, segunda da esq. para a dir.) e Eunmi (segunda fileira, à esq.) em um casamento da família no campo.

Yeonmi com aproximadamente oito anos, em Pyongyang.

Pai de Yeonmi em Pyongyang antes de ser preso.

Yeonmi e seu pai antes de ser preso.

A última foto que Yeonmi e sua mãe tiraram do pai antes de sua morte.

Juntas novamente: Eunmi, a mãe e Yeonmi, em Seul, 2015.

seriam derrotados, a economia estava melhorando. Mas não podíamos mais acreditar na propaganda, porque nossa vida ficava pior. Meus pais não aguentavam mais aquilo. Eles sabiam que suas filhas não teriam futuro aqui, e então começaram a discutir uma forma de sair.

Conhecíamos um homem que tinha ido trabalhar na Rússia. Era basicamente um trabalhador escravo, mas pelo menos recebia alimento e não morria de fome. E conseguiu economizar dinheiro suficiente para começar um negócio de sucesso quando voltou. Meu pai conhecia outro homem que tinha sido enviado à Líbia como força de trabalho e que ganhava moeda estrangeira para o regime. Quando voltou, nos contou que sua vida na Líbia tinha sido muito solitária — durante três anos não vira sua família. Mas podia comer. E às vezes comia até mesmo asas de galinha.

Estávamos tão famintos que queríamos ouvir cada detalhe. Ele disse que os líbios comiam muita galinha — o que para nós era assombroso —, mas que normalmente não comiam a ave inteira. Eles cortavam as asas e as vendiam tão barato que até mesmo norte-coreanos podiam se permitir comprá-las. A Líbia parecia um paraíso. Meu pai queria ir para o exterior, e esperava poder encontrar um meio de fazer algum dinheiro e enviar para nós. Mas nunca teve a oportunidade, e agora isso estava fora de questão.

Os norte-coreanos sempre ouviram que o resto do mundo era um lugar impuro, repugnante e perigoso. O pior de todos era a Coreia do Sul, que era uma cloaca humana, nada mais do que uma empobrecida colônia dos bastardos americanos, os quais fomos ensinados a odiar e a temer. Meu pai nunca teve vontade de ir para a Coreia do Sul, mas a China era diferente. Talvez, se conseguíssemos encontrar um meio de atravessar o rio, poderíamos ter uma chance.

Meus pais discutiam suas opções em voz tão baixa que nem mesmo um rato poderia ouvi-los. Ainda tínhamos alguns parentes vivendo na China, mas meus pais não tinham como fazer contato com eles. Talvez, se conseguíssemos atravessar a fronteira, poderíamos encontrá-los e pedir ajuda. Todos sabíamos que lá eles eram ricos. Tínhamos visto a televisão chinesa e todos os luxos que ela anunciava. Conhecíamos pessoas que tinham visitado a China legalmente, inclusive o tio Park Jin, e contavam que os chineses tinham comida de sobra. Havia também rumores de que mulheres norte-coreanas jovens conseguiriam facilmente achar empregos na China. Algumas garotas adolescentes tinham saído de vista recentemente, e dizia-se, aos sussurros, que elas tinham ido para a China. Talvez Eunmi e eu pudéssemos encontrar trabalho também. Minha mãe também tinha ouvido dizer que na China não havia crianças o bastante, e como minha irmã e eu ainda éramos muito jovens, poderíamos encontrar quem nos adotasse.

Mas num lugar sem internet ou um jornal do exterior, era impossível conseguir informação confiável. Quem fizesse perguntas demais poderia ser delatado. Assim, não fazíamos ideia de que qualquer desses rumores fosse verdadeiro. Meus pais conheciam gente no mercado negro, mas eles vendiam metal para contrabandistas que o levavam para a China; não tinham suas próprias conexões do outro lado da fronteira. Os contrabandistas comuns não contrabandeavam pessoas. Essa era uma operação muito mais perigosa. E a vigilância era rigorosa demais para alguém se arriscar a atravessar o rio sozinho. Precisaríamos de um intermediário que subornasse os guardas de fronteira e nos guiasse. Mas onde encontraríamos um?

Meus pais pediram a Eunmi e a mim para ver se conseguíamos discretamente fazer perguntas e descobrir como as outras garotas estavam entrando na China. Meu pai instou com minha mãe que fosse conosco também, se ela achasse um meio. Ele ficaria para trás, disse, porque não achava que pudesse encontrar trabalho do outro lado do rio. E ficaria preocupado com a família que estaria deixando para trás na Coreia do Norte. Quando mulheres fugiam para a China, o governo não ficava muito incomodado com isso, e seus parentes em geral não eram punidos. Mas se um homem como meu pai desertasse, o governo seria muito severo com seus irmãos e irmãs e com suas famílias. Poderiam perder seus empregos como médicos e professores, ou até mesmo serem mandados para a prisão. Mesmo que meu tio o tivesse tratado tão mal, meu pai ainda sentia que devia ser leal à família.

Além disso, achava que não estaríamos muito longe. "Depois que vocês forem para a China, e depois de terem se ajeitado, venham para o rio no Ano-Novo", ele nos disse. "Venham para a praia onde sempre nadamos e lavamos nossas roupas, e eu irei encontrar vocês lá."

Minha irmã e eu começamos a perguntar a nossos amigos se eles sabiam alguma coisa, e eu estava sempre com os ouvidos atentos a qualquer informação. Um dia ouvi uma história estranha que uma mulher da vizinhança contava para seus amigos. Ela dizia que conhecia uma jovem que atravessou o rio e começou a bater às portas em Chaingbai. Em uma das casas, as pessoas a deixaram entrar e lhe deram alguns alimentos deliciosos e belas peças de roupa. Depois lhe disseram que queriam casá-la com seu filho. Ela não ficou satisfeita com esse arranjo e tentou voltar para Hyesan pelo mesmo caminho em que viera. Mas dessa vez foi capturada e presa pelos guardas na fronteira da Coreia do Norte. Um dos vizinhos observou que a garota fora estúpida ao rejeitar oferta tão generosa.

Eu não fazia ideia do que ela estava dizendo.

Olhando em retrospecto, eu me pergunto como pude ser tão ingênua. Nenhum de nós sequer conhecia o conceito de "tráfico humano", e não podia imaginar nada tão maligno como a venda de outras pessoas. E realmente não éramos capazes de ter um pensamento crítico porque fôramos treinados para não fazer perguntas. Eu efetivamente pensava que se conseguíssemos cruzar aquele rio sem sermos presas ou atingidas pelos tiros dos soldados, Eunmi e eu estaríamos bem. Quando está faminto e desesperado, você assume qualquer risco para poder viver.

Mesmo quando planejávamos nossa fuga, eu ainda me encontrava em segredo com Chun Guen. Nosso relacionamento era tão inocente que nem sequer dávamos a mão. Uma noite, quando meu prédio estava completamente às escuras, estávamos no vão da escada, no fim do corredor, onde uma janela dava para o rio. Como sempre, as luzes de Chaingbai brilhavam à distância. Eu estava com frio, e ele colocou sua jaqueta sobre meus ombros e pôs os braços em torno de mim.

"Como seria viver lá com toda essa claridade?", perguntei.

"Não sei", ele disse.

Eu não podia contar sobre nossos planos de ir para lá. De qualquer maneira, isso não tinha importância, pois eu sabia que ele ia embora para prestar seu serviço militar em abril. Normalmente os jovens iam para o exército por dez anos. Mas como seus pais eram ricos e poderosos, conseguiram que ele só serviria por dois anos. Depois iria para a universidade. Seu futuro brilhante já se estendia à sua frente, mas ele me disse que queria que eu o esperasse. Minha família ainda era bastante nova no bairro, por isso ele ainda não sabia da minha situação ruim. "Oito anos, Yeonmi-ya", disse ele. "Espere esse tempo por mim, e me casarei com você." Ele disse que acharia uma maneira, não importava como, de me ver todo mês. Ouvi-lo dizer isso fez meu coração doer. De repente, aquelas luzes pelas quais eu sempre tinha ansiado pareciam muito cruéis para mim.

Na manhã seguinte, Chun Guen veio me buscar para uma ida ao *jangmadang* em Hyesan. O tempo estava ruim, e assim ele pagou para que um mototáxi nos levasse até lá. Era um pouco diferente de uma motocicleta comum porque tinha quatro rodas e um baú aberto atrás. Subimos no baú e nos cobrimos com uma lona para nos proteger da chuva fria. Quando chegamos ao mercado, ele me disse para escolher o colar que eu quisesse. Escolhi um pingente com a forma de uma chave. Ele me disse que era o dono da chave que iria abrir meu coração. Eu sorri para ele, mas por dentro meu coração estava feito pedra.

Não consegui achar um intermediário que nos levasse para a China, mas Eunmi achava que tinha encontrado um. Ela ainda não sabia seu nome, mas disse que teríamos de partir logo. A primavera estava chegando e o rio ia derreter; tínhamos de cruzá-lo antes que isso acontecesse.

Mas antes que pudéssemos montar um plano, acordei uma manhã com febre alta. "O que está errado, minha filha?", ouvi a voz de minha mãe vindo de muito longe. Eu estava tão doente que não conseguia abrir os olhos. Depois comecei a vomitar. Não passou muito tempo e apareceram grandes manchas vermelhas em todo o meu corpo. Senti como se fosse morrer. Ouvimos rumores de que um vírus tinha entrado em nosso país, vindo da China, mas ninguém sabia o que fazer a respeito. Minha mãe tomou dinheiro emprestado para me comprar alguns remédios, mas os dias se passavam e eu não melhorava. Sentia uma dor de barriga terrível e não conseguia manter a comida dentro de mim. Estava ficando tão magra e fraca que nem conseguia andar. Então me levaram para o hospital.

Depois de me examinarem, os médicos decidiram que meu apêndice deveria ser retirado. Devido à experiência que meu pai teve quando ainda era jovem, meus pais acreditavam que essa seria a única maneira de salvar minha vida. Mesmo que supostamente tivéssemos direito a assistência médica gratuita, os médicos esperavam que pagássemos pela cirurgia. Isso soa brutal, mas o governo não lhes pagava quase nada, e a propina era a única maneira de sobreviver. De algum modo meus pais persuadiram os médicos a fazer a operação se lhes fornecêssemos o anestésico e os antibióticos de que necessitavam. Minha mãe foi até seu antigo bairro e tomou 20 mil wons emprestados (que dariam para quase 23 quilos de arroz) de Kim Jong Ae, a bondosa mulher que morava na casa ao lado da nossa, e depois usou o dinheiro para comprar as drogas no mercado negro.

Quando os médicos abriram meu ventre, descobriram que não era meu apêndice, mas uma inflamação feia nos intestinos. Eles removeram o apêndice assim mesmo, deram-me um forte antibiótico e começaram a me fechar. Mas a pequena quantidade de anestésico que tinham me ministrado não durou tempo o suficiente e acordei antes de a cirurgia terminar. Não posso sequer descrever a dor. Eles tiveram de me segurar de tanto que eu gritava. Pensei que ia perder a razão, mas assim mesmo eles terminaram a cirurgia. Mais tarde minha mãe me trouxe alguns analgésicos e finalmente eu apaguei.

Depois disso, a primeira coisa da qual me lembro é de estar numa enfermaria de hospital, com minha mãe sentada a meu lado. Os leitos estavam todos cheios, e por isso tinham me posto num catre, no chão. Ela estava acariciando minha mão, e após um momento notei que havia um anel em meu dedo. Era dourado, com pequenas gemas de vidro no topo.

"De onde veio isso, *Umma*?", perguntei meio grogue.

"Chun Guen esteve aqui enquanto você dormia", ela disse. Ele trouxe alguns petiscos e suco além do anel para me fazer uma surpresa depois da operação, mas eu ainda não tinha acordado. Ela disse que ele segurou minha mão por um momento e depois colocou o anel em meu dedo, antes de ir embora.

Ele voltou mais tarde para ver como eu estava, e a primeira coisa que fez foi olhar para minha mão.

"Fico feliz de ver que você está usando este anel, Yeonmi-ya", ele disse.

Fiz o melhor que pude para sorrir, e lhe mostrei como estava frouxo em meu dedo. "É muito grande", eu disse.

"Então você tem de melhorar e ganhar peso."

Ele foi me visitar quase todos os dias enquanto eu me recuperava, e eu sempre ficava feliz ao vê-lo.

Minha mãe continuou junto ao meu leito. Como não tínhamos dinheiro para dar propina, as enfermeiras me ignoravam. Minha mãe tinha de fazer tudo, desde manter minha incisão limpa até me dar o alimento que conseguisse arranjar. O hospital era mal equipado e imundo. Para usar o banheiro, eu tinha de me levantar e atravessar um pátio aberto até a casinha, do lado de fora. No início, eu estava fraca demais para ficar de pé. Mas quando já estava bem o bastante para ir ao banheiro, descobri que o hospital usava o pátio para guardar os mortos. Durante todo o tempo em que estive lá, vários corpos foram empilhados como se fossem madeira entre minha enfermaria e o lado de fora. Ainda mais medonhos eram os ratos que se banqueteavam com eles dia e noite. Foi a cena mais terrível que já vi. A primeira coisa que os ratos comem são os olhos, porque são as partes mais macias do corpo. Ainda posso ver as órbitas vermelhas e vazias. Eles vêm até mim em meus pesadelos, e eu acordo gritando.

Minha mãe não podia acreditar que o hospital deixava os corpos lá expostos.

"Por que vocês não levam essas pessoas embora e as queimam?", ela reclamou quando uma enfermeira passou por ali.

A enfermeira deu de ombros. "O governo não vem recolher esses corpos enquanto não houver pelo menos sete. E agora só há cinco", disse ela indo embora.

135

Minha mãe lutava para manter sua crença de que vivia num país bom. Ela ficou chocada e triste ao constatar como a Coreia do Norte tinha se tornado corrupta e impiedosa. Agora estava ainda mais convencida de que não poderia deixar suas filhas crescerem num lugar assim. Tínhamos de ir embora o mais rápido possível.

Os médicos nos disseram que eu teria de ficar naquele hospital infernal por sete dias, antes de poderem tirar os pontos. A essa altura, já estávamos no final de março, e esgotava-se o tempo em que poderíamos cruzar o rio congelado. Mas eu ainda estava fraca demais para a travessia.

Em 25 de março, um dia antes de minha projetada saída, minha irmã veio me visitar no hospital quando minha mãe estava comigo. Ela disse que não poderia esperar mais, e que tinha encontrado uma atravessadora para levá-la até a China. Ela estava agora com dezesseis anos e começava a tomar suas próprias decisões. Mesmo que minha mãe a tivesse puxado de lado e lhe implorado que esperasse por mim, Eunmi disse: "Não, estou indo embora esta noite com a irmã de meu amigo. Se não aproveitar esta oportunidade, pode não haver outra". Para minha mãe, ela estava agindo como se essa ida à China não fosse grande coisa, como se estivesse apenas visitando um bairro do outro lado, e talvez até voltasse. Minha mãe achava que isso não soava bem, mas não conseguiu convencê-la a ficar.

Mais tarde, naquela noite, Eunmi apareceu de novo no hospital. "Não pudemos ir esta noite", ela disse.

"Olhe, essa fuga não é tão fácil assim!", disse minha mãe.

"Espere só para ver", disse minha irmã. "Marcamos outro encontro para amanhã à noite."

11. Desaparecida

No dia seguinte, meu tio pediu um carro emprestado para me levar do hospital para casa. Minha família esperava que os médicos removessem os pontos e me dessem alta, mas eles se recusaram, porque ainda devíamos dinheiro. Assim, fiquei mais uma noite.

Minha irmã apareceu mais tarde com seu amigo. Eunmi vestia uma roupa fina e preta, e seu cabelo estava puxado para trás. Quando contamos que eu ainda não podia ir embora, ela sussurrou para minha mãe para que os outros pacientes não pudessem ouvir: "Sinto muito, estou indo embora esta noite".

Minha mãe não acreditava que ela fizesse isso sozinha. Disse apenas: "Sim, o.k. Você vai voltar". Ela não a abraçou, nem mesmo disse adeus. Isso a faria se arrepender por muitos anos. Ainda choro quando penso naquela noite. Não sabíamos o quanto Eunmi estava desesperada. Meu pai tinha preparado para mim um prato especial, em que se frita uma batata escavada em óleo e especiarias. É uma iguaria rara e cara, mas ele estava preocupado com minha magreza e por eu não ter comido nada sólido durante muitos dias. Assim, ele me fez esse prato especial e o deu a Eunmi, para que me trouxesse. Mas naquela noite eu estava me sentindo muito mal para comer.

"Não estou com fome, irmã", eu disse.

"Então você não se importa que eu coma?"

"Não, por favor, faça isso", disse eu.

Com isso, ela sentou-se a meu lado e estufou a boca com a batata tão rápido que foi como se alguém estivesse tentando roubar sua comida.

"Estava uma delícia", ela disse alguns segundos depois. "Por favor, não conte ao pai que fui eu quem comi!"

"Eu prometo."

Ainda é muito doloroso pensar naquela época. Tudo que qualquer um de nós queria era comer.

Minha mãe ficou comigo naquela noite. Como Eunmi não retornou, pensamos que tinha voltado para o apartamento. Mas às cinco horas da manhã meu pai entrou em meu quarto, tremendo.

"Onde está Eunmi?", ele disse. "Está aqui?"

"Não!", disse minha mãe. "Não está com você?"

"Não", disse ele. "Não voltou para casa."

Eunmi tinha ido embora. Minha mãe nunca tinha acreditado que ela levaria seu plano adiante sozinha, e agora culpava a si mesma. Ficou tão transtornada que quase não conseguia respirar. Meu pai retorcia as mãos. E se Eunmi tivesse caído na água gelada e se afogado? E se nunca encontrassem seu corpo? Meus pais me disseram que tinham de procurar por minha irmã imediatamente, então eu teria de sair do hospital naquele instante. Eles encontraram os médicos e imploraram, até que finalmente me retiraram os pontos.

Eu ainda estava muito fraca para caminhar, mas Chun Guen tinha vindo na noite anterior e se oferecido para me levar se eu fosse liberada. Fiquei muito feliz quando ele trouxe um amigo com uma motocicleta. O amigo esperou do lado de fora, e ficamos um momento sozinhos no quarto do hospital. Chun Guen finalmente admitiu que sabia tudo sobre nossa família. Algumas garotas ciumentas que moravam no prédio descobriram que ele estava me visitando no hospital e contaram tudo sobre meu pai ser um criminoso. Mas Chun Guen disse que isso não importava. Ele ainda queria que eu casasse com ele. Era muito otimista, e confiava plenamente em que me faria a pessoa mais feliz do mundo. Eu não lhe disse nada, apenas sorri. Isso pareceu ser o bastante para ele. De algum modo, em meu desespero, ele queria me oferecer um pouco de calor, luz e esperança. Vou ser grata a ele para sempre por isso.

Saímos juntos do hospital e seu amigo deu partida na motocicleta. Chun Guen me segurou com firmeza enquanto o amigo dirigia lentamente por todo o caminho até meu prédio. Eu não conseguia subir as escadas, então Chun Guen me carregou por oito andares até meu apartamento. Ele foi muito valente nos primeiros andares, depois começou a suar.

"Parece que você está engordando!", disse ele, com um riso forçado.

Eu apenas sorri, porque doía muito quando eu gargalhava.

Quando chegamos à minha porta, eu ainda tinha muita vergonha de deixá-lo entrar, pois poderia ver o quão mal vivíamos. Assim nos despedimos, e ele foi embora.

Quando entrei em nosso quarto, achei meus pais aconchegados um ao outro no chão. Não havia notícia de Eunmi. Meu pai se balançava para a frente e para trás, chorando em silêncio. Ele não ousava fazer barulho, pois nossos vizinhos poderiam ouvir e saber que havia algo errado. Quando lhe perguntaram aonde

Eunmi tinha ido, ele dissera: "Ah, ela está com amigas". Eles não podiam saber a verdade, senão nos denunciariam. Assim, esperamos naquela noite, com a esperança de que Eunmi voltasse, mas com medo de que algo terrível tivesse acontecido com ela. Todo tipo de pensamento passou pela nossa cabeça. O mais difícil era não saber. Eu estava tão cansada e fraca que fui direto para a cama, e foi aí que encontrei um bilhete de Eunmi sob o travesseiro. Dizia: "Procure esta senhora. Ela a levará para a China". Estava me dando o endereço de uma casa perto do rio, em frente à estação de trem de Wiyeon.

Na manhã seguinte, meus pais foram ver a família da garota que tinha fugido junto com Eunmi. Levaram o bilhete com eles. Depois foram todos ao endereço deixado por ela. Quando uma mulher veio até a porta, minha mãe perguntou: "Onde está nossa filha? Diga o que fez com ela!".

A mulher sacudiu a cabeça. "Não sei do que você está falando", ela disse. "Não conheço sua filha."

Não havia nada que pudessem fazer, e assim foram para casa.

Os dias passavam e ainda não havia notícia de Eunmi. Em 31 de março, meu pai pediu à minha mãe que saísse em busca de algum negócio. Eu ainda estava muito fraca, mas me sentia bem o bastante para caminhar um pouco, e então a acompanhei. Ela estava planejando passar no caminho pela casa da amiga de Eunmi para saber se tinham tido alguma notícia sobre as garotas.

Quando chegamos à casa, parecia um funeral. Todos estavam chorando, e a mãe da menina estava frenética e passando mal de tanta tristeza. "É tudo minha culpa", ela gritava. Disse que sua filha estava o tempo todo com fome e nunca ficava satisfeita com o que ela lhe dava para comer. "Eu disse que estava comendo muito. Mas se eu soubesse que ela ia embora assim, nunca teria dito isso." Ela não conseguia parar de soluçar, e seu marido pediu que se acalmasse. "Assim você vai acabar morrendo", ele falou. Com tranquilidade, ele disse à minha mãe e a mim que para sua filha havia sido melhor ter ido embora. Ela não poderia viver neste país. E algumas vizinhas estavam dizendo que iriam para a China também se tivessem essa oportunidade.

Quando saímos de lá, minha mãe adotou outra estratégia. Ela estava desesperada para descobrir se Eunmi tinha atravessado e entrado na China com segurança. Sugeriu que eu voltasse à casa da atravessadora, sozinha, e lhe dissesse que queria ir para a China. Esperávamos que a atravessadora me deixasse entrar e dar uma olhada, porque, até onde sabíamos, minha irmã ainda poderia estar ali.

Quando bati à porta, a mesma mulher atendeu. Tinha uns quarenta e poucos anos, como minha mãe, mas tinha um bebê nos braços ainda lactente. Vestia-se muito pobremente, e quando espiei pela porta, a casa parecia estar em tão mau estado que poderia desmoronar a qualquer momento. Quando ela viu que eu estava sozinha, ficou de repente muito amável. Eu falei que queria ir para a China, e ela disse que isso podia ser arranjado. Chamei então minha mãe. A mulher bloqueou a entrada e não nos convidou a entrar, e assim ficamos do lado de fora enquanto conversávamos. Até então ela não havia admitido que conhecia minha irmã, mas parecia mais ansiosa por ganhar nossa confiança.

"Esperem aqui", ela disse.

Ela dobrou uma esquina, voltou pouco depois e nos levou a uma viela. Lá nos apresentou a uma mulher grávida que também foi bastante amigável.

"Se quiser, você pode atravessar o rio esta noite", disse a mulher grávida.

Até aquele momento eu não sabia o quanto queria deixar a Coreia do Norte. Mesmo quando bati àquela porta pela primeira vez, eu não sabia. Mas ali mesmo eu me decidi. Iria para a China, e minha mãe viria comigo. Naquele mesmo dia. Não era esse nosso plano original. A princípio, minha irmã e eu teríamos ido primeiro, sem minha mãe. Mas agora eu sabia que não poderia deixar minha mãe para trás.

Segurei a mão de minha mãe e disse: "Temos que ir, *Umma*! Pode ser que não haja outra oportunidade!". Mas minha mãe tentou se esquivar.

"Yeonmi-ya, não posso deixar seu pai. Ele está doente. Você tem que ir sozinha."

Eu me agarrei a ela e disse: "Não, se eu te largar, você vai acabar morrendo na Coreia do Norte. Não posso ir e deixar você aqui!".

Ela me implorou: "Só me dê uma chance de contar a seu pai que estou indo. Depois eu volto".

Eu não ia deixá-la ir, nem mesmo para contar a meu pai. Ele acharia um meio de detê-la, ou ela mudaria de ideia. Eu sabia que se a perdesse de vista, nunca mais a veria. Assim, disse tudo que podia para persuadi-la a vir comigo naquele instante. Disse-lhe que íamos encontrar Eunmi e que poderíamos nos estabelecer na China primeiro, e depois, mais tarde, traríamos meu pai. Eu ainda imaginava que poderíamos voltar a qualquer momento para acenar a meu pai do outro lado do rio, como aquelas crianças chinesas que me perguntavam se eu estava com fome. Mas o mais importante, a única coisa que realmente interessava, era que amanhã não teríamos de nos preocupar mais com comida. Eu não lhe dei escolha.

Eu ainda segurava as mãos de minha mãe quando disse à mulher grávida: "Eu irei se minha mãe puder ir também".

"Podem ir as duas", ela disse.

"E quanto à minha irmã, Eunmi?", perguntei. "Nós vamos encontrá-la?"

"Tenho certeza que sim", disse a mulher. "Depois de cruzar o rio, todos os norte-coreanos vivem na mesma área, e assim vocês a verão lá."

Para nós isso fazia sentido, porque é assim que a Coreia do Norte se organizaria, com pessoas diferentes alocadas a áreas diferentes. Nunca pensamos em perguntar por que essas mulheres estavam nos ajudando e por que não precisávamos pagar nada. Não pensamos que algo poderia estar errado. Apesar de minha mãe trabalhar no mercado negro, ela confiava nas pessoas. Como norte-coreanas, éramos inocentes de um modo que não consigo explicar.

Pelo resto do dia, ficamos mudando o tempo todo de lugar, com a mulher grávida a nos fazer esperar do lado de fora de diversos prédios na periferia de Hyesan. Finalmente, no final da tarde, nos escondemos num banheiro público onde nos deram algumas roupas bem escuras e finas e nos mandaram vesti-las. A mulher nos disse que essas roupas fariam com que parecêssemos com os carregadores que contrabandeavam mercadorias através do rio. Esta seria nossa história se fôssemos pegas: diríamos apenas que tinham nos pago para pegar mercadorias da China e que iríamos voltar imediatamente.

Então ela desapareceu e dois jovens saíram da casa. Eles nos levaram por ruas laterais e becos em nosso caminho para sair da cidade. Disseram-nos que se fôssemos pela estrada, as pessoas nos veriam e poderia haver grandes problemas. Assim, nos levaram por veredas através das montanhas — que era como chamávamos esses íngremes caminhos em que íamos recolher lenha — num percurso sinuoso de volta para o rio. Isso foi menos de duas semanas após minha cirurgia, e eu já estava exausta. Os rapazes caminhavam realmente muito rápido, e depois de algum tempo eu não pude aguentar a dor em meu flanco e pedi que fossem um pouco mais devagar. No início, só os dois rapazes nos conduziram pelas trilhas; depois se juntou mais um. Este era ainda mais jovem que os outros dois, mas agia como se fosse o chefe. Deu-nos mais instruções sobre o que deveríamos fazer quando chegássemos à China.

"Quando atravessarem o rio, não digam a ninguém qual é a idade verdadeira de vocês", ele disse. "Dissemos às pessoas do outro lado que vocês têm dezoito e 28 anos. Eles não vão receber vocês se forem jovens demais ou velhas demais. E não deixem que saibam que são mãe e filha. Eles não esperam isso, e seria um problema também."

Isso me pareceu estranho, mas eu tinha de confiar em que esses contrabandistas sabiam qual era a melhor maneira de nos fazer entrar na China. Àquela altura, tínhamos caminhado o dia inteiro e estava escurecendo. Não tínhamos nos alimentado desde a manhã, e eles não nos deram nada para comer. Em certo momento, os dois primeiros pararam e nos disseram para continuar com o mais jovem. Ele nos levou à beira de um penhasco. Estava muito escuro, mas conseguimos ver uma grande estrada abaixo de nós e uma ribanceira íngreme até o rio.

"Sigam-me", disse o rapaz. "E haja o que houver, não façam barulho."

PARTE II
CHINA

12. O outro lado da escuridão

Não houve tempo para descansar no outro lado do rio. Tínhamos conseguido passar pelos soldados norte-coreanos, mas as patrulhas chinesas poderiam nos pegar a qualquer momento e nos mandar de volta através da fronteira. Nosso guia nos disse para continuar andando, e assim minha mãe e eu o seguimos na ribanceira gelada até uma pequena cabana escura. Um homem atarracado e calvo esperava por nós ali.

"Aqui, deem-me suas roupas e vistam estas", ele disse. Pelo sotaque grosseiro diríamos que ele era um dos muitos chineses de ascendência coreana que viviam em Chaingbai. No escuro, tiramos nossas roupas e vestimos outro conjunto de roupas chinesas baratas. Agora, se fôssemos detidas, pelo menos ia parecer que pertencíamos àquele lugar. Nosso guia norte-coreano ficou comigo enquanto o calvo puxava minha mãe para um lado da construção.

"Não se preocupe", o guia me disse. "Está tudo bem."

Mas não parecia estar bem. Ouvi minha mãe implorando

ao homem, e depois houve ruídos terríveis que eu nunca tinha ouvido antes.

Só mais tarde eu descobri o que tinha acontecido. O atravessador havia dito à minha mãe que queria fazer sexo comigo. Ela teve de pensar rápido — ele não podia saber que eu era sua filha e que só tinha treze anos. Ele poderia nos enviar de volta para sermos capturadas pelos guardas de fronteira. Assim, ela explicou a ele que eu estava muito doente, que eu tinha acabado de passar por uma operação e meus pontos iam rebentar.

"Eu vou ser delicado", ele disse.

"Não, você não pode!", gritou minha mãe.

"O que há com você?", ele disse. "Por que você se importa com essa garota?"

"Sou tia dela", disse minha mãe. "Não deveríamos contar isso a você."

"O que está havendo aqui?", ele disse. "Se vocês vão ser um problema, vamos mandar vocês de volta para a Coreia do Norte e eles vão prender vocês."

"Não vamos causar nenhum problema a vocês", ela disse. "Faça comigo no lugar dela."

Ele empurrou minha mãe para baixo, sobre um cobertor estendido no chão sujo, que obviamente já tinha usado antes, e a estuprou.

Alguns minutos depois o atravessador reapareceu do outro lado da cabana com minha mãe. Foi então que um carro chegou à cabana. Todos nós entramos, minha mãe e eu no banco traseiro, e rodamos por algum tempo ao longo do rio. Eu podia sentir que algo estava muito errado, mas ainda não tinha ideia do que minha mãe tinha feito para me proteger.

"*Umma*, o que aconteceu?", eu perguntei. Tinha esquecido que não devia chamá-la de "mãe".

"Nada, não se preocupe", ela disse — mas sua voz tremia.

Eu não estava acostumada a andar de carro, e logo comecei a enjoar. Minha mãe pôs minha cabeça em seu colo e segurou minhas mãos com força. Mas quando rodeamos uma curva do rio, ela me disse para dar uma olhada. Da janela podíamos ver os prédios escuros na margem norte-coreana do rio.

"Olhe, Yeonmi-ya. Pode ser a última vez que você vê a cidade que foi seu lar", disse minha mãe.

Meu coração palpitou um pouco quando passamos por nosso prédio de apartamentos. Eu sabia que meu pai estava lá, esperando que voltássemos para casa. Juro que vi um lampejo de luz na janela, como se fosse um sinal do meu pai para mim. Mas minha mãe disse que não, que era imaginação minha. Nunca houve uma luz.

A próxima parada foi o apartamento do atravessador em Chaingbai.

"O que está havendo aqui?", perguntou minha mãe ao jovem guia norte-coreano.

"Só façam o que eles disserem e tudo vai ficar bem", ele disse.

A mulher do atravessador calvo era uma coreana étnica, assim como ele, e era paralítica da cintura para baixo. Sua mãe vivia com eles e cuidava dela. A casa do atravessador tinha eletricidade, e agora que podia ver nossos rostos com clareza, ficou furioso. "Essas mulheres não têm dezoito e 28 anos", ele gritou para o guia. Minha mãe tentou se manter firme em nossa história, e conseguiu convencer o atravessador de que tinha na verdade 34 anos, em vez de sua idade real, 41. Mas quando ele olhou para mim, pôde ver que eu era só uma criança. O atravessador deu um telefonema e começou a discutir com alguém em coreano. Eu percebi que era sobre dinheiro.

A mulher, que estava sentada em sua cama observando tudo, finalmente explicou o que estava acontecendo.

"Se vocês quiserem ficar na China, vocês terão de ser vendidas e se casar", ela nos disse.

Ficamos perplexas. O que ela quis dizer com "vendidas"? Eu não conseguia imaginar como um ser humano podia vender outro. Eu pensava que pessoas só podiam vender cães, galinhas ou outros animais — não gente. E o que ela quis dizer com "se casar"? Eu não podia acreditar no que estava acontecendo.

Quando hesitamos, a mulher do atravessador ficou impaciente conosco.

"Decidam agora! Decidam!", ela exigiu. "Sejam vendidas ou voltem. É assim que funciona."

Quando eu agarrei as mãos de minha mãe e me recusei a deixá-la ir embora, aconteceu uma mudança entre nós. De agora em diante, era eu quem tomaria as decisões. Minha mãe olhou para mim e perguntou: "O que você quer fazer?".

Sem pensar, eu disse: "Queria comer alguma coisa". Não tínhamos posto nenhum alimento na boca o dia inteiro, e tudo o mais era tão confuso e aterrorizante que meu foco tinha se estreitado muito.

"Sim, Yeonmi-ya", ela disse. "Mas você quer voltar para a Coreia do Norte?"

Fiquei pensando por um instante. Se fôssemos vendidas, imaginei que pelo menos estaríamos na mesma aldeia e poderíamos planejar nosso próximo movimento quando estivéssemos lá. Poderíamos encontrar Eunmi e ter alguma coisa para comer.

"Quero ficar na China", eu disse.

"Está bem", disse o atravessador calvo.

"Você sabe alguma coisa sobre minha filha mais velha, Eunmi?", perguntou minha mãe. "Ela supostamente vinha para a China, e não tivemos notícia dela".

O atravessador calvo nos contou que tinha esperado por duas garotas alguns dias antes, mas elas não apareceram. Ele tinha até tentado novamente no dia anterior ao da nossa chegada, mas não conseguiu fazer a conexão. Até onde sabia, elas ainda estavam na Coreia do Norte. Mas nos assegurou que as garotas estariam na China em breve, e que todas poderíamos nos encontrar na aldeia em que estavam vivendo os outros desertores.

"Está bem", eu disse. "Nós concordamos."

Ele fez outra ligação, e logo chegaram um chinês muito gordo e uma mulher magra com sotaque norte-coreano. Eles se sentaram com o atravessador calvo e negociaram nosso preço bem à nossa frente. O homem gordo, Zhifang, era outro atravessador de nível médio na cadeia de traficantes que posteriormente nos venderiam a nossos "maridos". Soubemos que uma mãe com uma filha jovem normalmente seriam vendidas juntas por um preço muito menor do que duas mulheres jovens e saudáveis, que poderiam ser vendidas separadamente. Assim, os traficantes norte--coreanos tinham mentido para o atravessador calvo, e agora ele estava mentindo para esse intermediário chinês, ocultando o fato de que éramos mãe e filha e tentando convencê-lo de que eu tinha na realidade dezesseis anos, para obter um preço mais alto.

Zhifang continuou olhando para mim, dizendo: "Vamos lá, me diga qual é sua idade verdadeira".

Não havia jeito de eu convencê-lo de que era mais velha por ser tão pequena. Admiti que tinha na verdade treze anos.

"Eu sabia!", disse Zhifang.

Finalmente, chegaram a um acordo. Minha mãe, que tinha sido vendida pelos norte-coreanos por quinhentos yuans chineses, equivalentes a 65 dólares (valor em 2007), estava sendo comprada por Zhifang pelo equivalente a 650 dólares. Meu preço original era equivalente a 260 dólares, e eu estava sendo vendida para Zhifang por 15 mil yuans, ou pouco menos de 2 mil dólares. Os preços subiriam cada vez que fôssemos vendidas ao longo da cadeia.

Nunca vou esquecer aquela humilhação abrasadora de ficar ouvindo essas negociações, de ser transformada em um pedaço de mercadoria no intervalo de poucas horas. Era um sentimento que ia além da raiva. Ainda é difícil conceber por que atravessamos tudo isso, exceto pelo fato de termos sido encurraladas entre o medo e a esperança. Estávamos entorpecidas, e nossos objetivos estavam reduzidos a nossas necessidades imediatas: nos afastar da perigosa fronteira; nos afastar desse terrível atravessador calvo e de sua assustadora mulher; arranjar algo para comer e pensar no resto depois.

Uma vez combinados nossos preços, o guia norte-coreano, Zhifang e a mulher deixaram o apartamento. Então, finalmente, minha mãe e eu recebemos algo para comer. Não acreditei quando a sogra pôs à minha frente uma tigela inteira de arroz e algum pepino em conserva. Nunca tinha visto pepino no inverno, e foi como que um milagre saborear um agora. Comer todo aquele arroz parecia ser impossível. Na Coreia do Norte eu teria de dividir minha comida com outros e sempre deixar alguma coisa na tigela. Lá, comer toda a sua comida é grosseiro e vergonhoso, porque você sabe que seu anfitrião vai comer aquilo que você deixar. Na China, porém, havia tanto arroz que era permitido comer uma tigela inteira sozinho. E havia mais comida na lata de lixo desse apartamento do que eu poderia ver durante toda uma semana em Hyesan. Subitamente fiquei muito feliz com minha decisão.

Às cinco horas da manhã, com neve pesada caindo em rajadas em torno do prédio de apartamentos, chegou um táxi e estacionou na esquina. Saímos, e o atravessador calvo me disse que esperasse no portão. Depois jogou minha mãe no chão e a estuprou ali mesmo, diante de mim, como um animal. Eu vi muito medo nos olhos dela, mas não havia nada que eu pudesse fazer a não ser ficar lá tremendo, pedindo em silêncio que aquilo terminasse. Foi minha apresentação ao sexo.

Quando terminou, o atravessador calvo nos levou até o táxi e nos empurrou para o banco traseiro. Nós duas estávamos chocadas e sem poder falar. Outra mulher norte-coreana, de trinta e poucos anos, já estava lá dentro. Tinha acabado de atravessar a fronteira também. A auxiliar de Zhifang, cujo nome era Young Sun, sentou-se à frente, ao lado do motorista. Young Sun nos explicou que iríamos todas para outro lugar, antes de sermos vendidas. Minha mãe e eu nos aconchegamos, tentando manter a calma. Eu fiquei enjoada durante quase todo o caminho, e muito pouco se falou enquanto atravessávamos uma zona rural chinesa. Ao final do dia, finalmente paramos na periferia do que parecia ser uma grande cidade. Minha mãe não sabia falar ou escrever chinês, mas tinha estudado um pouco de inglês na faculdade. Ela viu uma sinalização em chinês e em caracteres ocidentais que dizia estarmos em Changchun, capital da província de Jilin.

O ar já parecia ser diferente na China. Na Coreia do Norte vivíamos numa névoa de poeira e fumaça de lixo queimando. Mas na China o mundo parecia ser mais limpo e podíamos sentir cheiros de coisas maravilhosas nas cozinhas em toda parte.

Young Sun vivia com Zhifang, o atravessador gordo, num bairro de modestos prédios de apartamentos — que a mim pareciam muito elegantes. Depois de nos fazer entrar no apartamento deles, a primeira coisa que ela perguntou foi: "O que gostariam de comer?".

"Ovos!", eu disse. "Quero comer ovos!"

Desde que meu pai foi preso, tive pouquíssimas oportunidades de colocar um ovo na boca, e apenas no Ano-Novo. Mas Young Sun fritou cinco ovos inteiros para mim. Enquanto eu molhava um pão macio nas deliciosas gemas, minha opinião sobre a China ficou ainda melhor.

Depois, conhecemos a história de Young Sun. Ela tinha sido uma espécie de contrabandista na Coreia do Norte, onde contraiu dívidas e acabou falindo. Zhifang lhe ofereceu um emprego se viesse para a China e vivesse com ele. Agora, em vez de transportar as mulheres que comprava na fronteira, ele a enviava em seu lugar. Assim, era ela quem corria todo o risco. Ela vivia com ele como sua mulher, mas não eram casados. Ela não tinha direitos nem documento de identidade, e por isso podia ser presa a qualquer momento e enviada de volta para a Coreia do Norte.

Praticamente todos os desertores na China viviam com medo constante. Os homens que conseguiam atravessar muitas vezes se empregavam com fazendeiros e recebiam quase como escravos. Não ousavam reclamar porque tudo que o fazendeiro teria de fazer era dar parte à polícia, e eles seriam presos e repatriados. O governo chinês não queria uma inundação de imigrantes, nem aborrecer a liderança em Pyongyang. A Coreia do Norte não é somente uma parceira comercial, mas também uma potência nuclear empoleirada bem em sua fronteira, e também um tampão entre a China e a presença norte-americana na Coreia do Sul. Beijing se recusa a dar status de refugiado aos fugitivos da Coreia do Norte; em vez disso, os rotula de "migrantes econômicos" ilegais e os envia para casa. Antes de fugir, não sabíamos nada disso, é claro. Pensávamos que seríamos bem-vindas. E em alguns lugares realmente éramos — mas não para as autoridades.

Havia demanda de mulheres norte-coreanas nas áreas rurais da China, porque não havia mulheres chinesas o suficiente. A estratégia do governo para controle da população proibia à maioria dos casais ter mais de um filho — e na cultura chinesa, um filho homem é mais valorizado. Tragicamente, muitos bebês do sexo feminino eram abortados, ou, segundo grupos de direitos humanos, mortos secretamente no parto. Com isso, a China acabou com muitos homens, sem mulheres o bastante para casar com eles quando crescessem. A proporção entre homens e mulheres era especialmente desequilibrada nas áreas rurais, onde muitas das jovens locais eram atraídas para as grandes cidades em busca de emprego e de uma vida melhor.

Homens com deficiência física ou mental, em especial, tinham pouca probabilidade de encontrar esposas, e esses homens e suas famílias criaram o mercado para as noivas-escravas norte--coreanas. Mas noivas não eram baratas, e às vezes custavam milhares de dólares, ou seja, o equivalente a um ano de ganhos para um agricultor pobre. É claro que o tráfico e os casamentos com noivas-escravas eram ilegais na China, e qualquer filho que daí resulte não é considerado cidadão chinês. Isso significa que não podem ir legalmente para a escola, e, sem documentos de identidade adequados, não podem encontrar trabalho quando mais velhos. Tudo que diz respeito a tráfico é desumano, mas ainda é um grande negócio no nordeste da China.

Depois que minha mãe, eu e a outra mulher norte-coreana comemos e descansamos, Zhifang, que tinha voltado sem nós de Chaingbai, sentou-se conosco para discutir o que aconteceria em seguida. Ele disse que viria outro chinês para nos levar para a zona rural, para buscar maridos.

"Podemos ser vendidas juntas?", perguntou minha mãe. "Essa menina é na verdade minha filha, não minha sobrinha."

O atravessador gordo não pareceu surpreso ao ouvir isso. "Sinto muito, mas você e sua filha terão de ser vendidas separadamente", ele disse. "Paguei um preço por cada uma de vocês, e essa é a única maneira de ter meu dinheiro de volta."

"Mas minha filha não pode se casar", disse minha mãe. "Ela só tem treze anos."

"Olhe, não se preocupe. Concordo que ela é jovem demais", disse Zhifang. "Sou um ser humano assim como você! Como poderia vender uma garota de treze anos para um casamento?" Ele nos disse que se minha mãe concordasse em ser vendida separadamente, ele e Young Sun me manteriam com eles e me criariam até eu ficar mais velha. Então tomariam uma decisão. Enquanto isso, dariam à minha mãe o número deles para que ela pudesse estar sempre em contato comigo.

Minha mãe e eu discutimos isso durante alguns minutos e concordamos que essa seria provavelmente a melhor das situações que poderíamos esperar.

Minha mãe disse que sim, ela seria vendida sem mim.

"Bom", disse Zhifang. "Agora, o que mais querem comer? Se quiserem uma melancia, comprarei uma para vocês amanhã."

Na manhã seguinte, Zhifang e Young Sun saíram comigo para minha primeira visão da China. Passamos por algumas lojas, e vi um manequim pela primeira vez. Não sabia se era uma pessoa real ou uma imitação.

Young Sun me viu olhar fixamente para ele e disse: "É só um boneco, minha pequena".

Eu não conseguia acreditar que houvesse tantos produtos nas lojas. E havia restaurantes e vendedores de tudo quanto é tipo de comida. Podia-se comprar milho assado na rua e espetinhos feitos com várias espécies de frutas que eu nunca tinha visto antes. A única que reconheci foi o morango, que tinha visto num livro escolar.

"Eu quero aquela!", eu disse, apontando para a fruta.

Eles compraram para mim, e eu senti pela primeira vez o gosto do morango. Não conseguia acreditar que houvesse algo tão bom. Eu poderia continuar comendo para sempre. No início fiquei preocupada, pensando que esses luxos eram muito caros, mas meus novos amigos disseram para não me preocupar com isso.

Pensei então que a China devia ser o melhor lugar do mundo. Tinha quase esquecido os horrores dos últimos dias. Minha cabeça estava cheia de todas as coisas que eu tinha de aprender.

Não gostava de não entender o que as pessoas falavam à minha volta, e assim pedi a Young Sun que me ensinasse algumas palavras de mandarim. As primeiras foram: *"Zhe shi shen me"*, que quer dizer "O que é isso?". Aonde quer que fosse, eu apontava e perguntava *"Zhe shi shen me?"*, e Young Sun me respondia.

Naquele primeiro passeio, Young Sun me explicou como funcionava o trânsito, para que eu não fosse para o meio da rua. Em Hyesan não tínhamos sinais de trânsito e, de qualquer maneira, havia poucos carros. Em Pyongyang eu era muito novinha para perceber como funcionava. Mas na China você tinha de olhar para cima e esperar o sinal antes de atravessar a rua, ou seria atropelado. Não demorou muito para que tudo ficasse muito opressivo. Fiquei tonta de ver tantas cores brilhantes e diferentes e tanta gente. Os cheiros de gasolina e de churrasco e da exaustão dos carros me fizeram ficar tão enjoada que quase vomitei na rua.

O casal me levou de volta ao apartamento. Quando chegamos, me disseram que era hora de me despedir de minha mãe. Zhifang ia levar minha mãe e a outra mulher para o próximo homem que as venderia. De repente eu acordei de meu sonho. Minha mãe estava indo embora e eu ia ser deixada com estranhos. Ela tentou me encorajar, e eu pude ver determinação em seu rosto delicado e cansado.

"Seja uma boa menina", ela me disse. "Limpe a casa todo dia e cozinhe para essas pessoas, para que elas vejam que vale a pena manter você aqui." Ela me mostrou o número do telefone do atravessador gordo num pedaço de papel dobrado que tinha no bolso. "Vou ligar para você assim que puder. Talvez Eunmi esteja esperando quando eu chegar lá."

Na noite anterior, os atravessadores tinham dado pão chinês branco e macio para nós, embrulhado em plástico. Era tão gostoso que eu tinha decidido guardar metade do meu para dar à minha mãe, para que o comesse na viagem. Mas quando fui buscá-lo, vi que a outra norte-coreana o tinha roubado e comido. Eu não tinha nada para dar à minha mãe quando nos despedimos com um abraço.

Chorei por algum tempo depois que minha mãe foi embora, e para me animar, Zhifang e Young Sun me levaram para jantar em um restaurante. Era a primeira vez que eu ia a um restaurante desde minha viagem a Pyongyang com meu pai. Nunca tinha visto antes hashis descartáveis, e Zhifang e Young Sun me mostraram como separá-los sem quebrar. Depois pediram enormes pratos de carne de porco com pimentões e arroz frito. Comi até meu estômago se recusar a aceitar mais.

Naquela noite, Young Sun me deu algumas lições de higiene. Eu nunca tinha visto uma privada antes, e ela me explicou como usá-la. Eu pensava que precisava me empoleirar em cima dela, como fazíamos nas privadas de fossa na Coreia do Norte. Ela me mostrou como lavar as mãos na pia e me fez relembrar a maneira certa de usar uma escova e uma pasta de dentes. Ficamos tão pobres depois que meu pai foi preso que usávamos sal nos dedos para escovar os dentes. Ela também me contou como as mulheres chinesas usavam absorventes descartáveis durante o período menstrual. Na Coreia do Norte usávamos somente um pano fino que tínhamos de lavar, e assim eu ficava confinada em casa alguns dias por mês. Quando ela me passou aquela coisa macia e almofadada, algodoada e envolta em plástico, eu não tinha ideia do que fazer com aquilo. E cheirava tão bem que eu quis guardá-la para outro propósito qualquer. Mas achei que o conceito era ótimo, por dar às mulheres muito mais liberdade.

No dia seguinte ela me levou a uma casa de banhos pública, onde mulheres tomam banho de chuveiro juntas, no mesmo recinto. Eu tinha visto chuveiros em filmes, mas essa foi minha primeira experiência. Foi maravilhoso sentir a água quente caindo sobre todo o meu corpo. Young Sun me esfregou da cabeça aos dedos dos pés com sabão de verdade, e depois borrifou minha cabeça com algo para matar piolhos e pôs meu cabelo dentro de uma touca de banho. Todo mundo na Coreia do Norte tinha piolhos, e não havia meio de se livrar deles. Por isso esse tratamento trouxe um alívio enorme.

Poucas horas depois, concluímos minha transformação. Meus cabelos estavam limpos e eu vestia roupas novas quando caminhamos de volta para o apartamento. Quando Zhifang me viu, ele sorriu e disse: "Você parece estar brilhando!".

Enquanto isso, minha mãe e a mulher norte-coreana que roubou nosso pão tinham sido vendidas a um *da laoban*, um "chefão" no mundo do tráfico, que atendia pelo nome de Hongwei. Havia uma hierarquia de gângsteres especializados em tráfico de noivas norte-coreanas, que começava com os fornecedores no lado norte-coreano da fronteira e continuava com atacadistas, como o atravessador calvo coreano-chinês, em Chaingbai, e o casal em Changchun. Figuras de proa, como Hongwei, estavam no topo da cadeia, e muitas vezes dispunham de uma rede de outros atravessadores varejistas trabalhando para eles.

Hongwei era um chinês han — grupo étnico majoritário na China — e não falava uma só palavra de coreano. Era alto e tinha trinta e poucos anos, um rosto comprido e muito cabelo na cabeça. Minha mãe não tinha ideia de para onde estavam indo enquanto o grupo viajava de ônibus e de táxi bem no interior da China. Pararam para pernoitar numa casa escura e fria, no campo. Um homem idoso chegou e fez uma fogueira para elas, e Hongwei sinalizou para minha mãe que aquele era seu marido; ela teria de dormir com ele. Mas eles a tinham enganado: era apenas outro atravessador. Esse círculo de traficantes de gente, inclusive Hongwei, sempre usava as mulheres antes de serem vendidas. Minha mãe não teve escolha a não ser aceitar.

No dia seguinte, Hongwei levou minha mãe e a outra mulher norte-coreana a uma casa no campo, nos arredores da cidade de Jinzhou, quase quinhentos quilômetros a nordeste de Beijing. Lá ele as fez se limparem, deu algumas roupas novas e cosméticos. A outra mulher foi vendida rapidamente, mas demorou para encontrar um parceiro adequado para minha mãe. Durante vários dias Hongwei a levou para se encontrar com diversos homens. Ela se sentia como um saco de batatas na feira, enquanto eles regateavam seu preço. Os homens diziam que ela era muito magra, ou muito velha, e o preço ia baixando. Uma mulher trouxe seu filho deficiente mental para comprá-la, mas minha mãe recusou. (Os atravessadores geralmente não obrigam uma mulher a aceitar parceiros, porque sabem que elas vão tentar fugir depois, o que seria ruim para o negócio. Porém, os que não são razoáveis batem nelas ou as entregam à polícia para que sejam devolvidas à Coreia do Norte.) Finalmente, chegou uma família de agricultores com um filho de trinta e poucos anos que ainda não se casara. Minha mãe foi vendida a eles pelo equivalente a uns 2100 dólares.

Naquele dia, eles a levaram para viver na casa de sua fazenda, que parecia estar no meio de lugar nenhum. Era muito humilde, feita de pedra e gesso com um telhado de metal. Era início de abril, e os campos estavam arados e prontos para serem plantados com milho e feijão. Minha mãe, a essa altura, só sabia algumas palavras em chinês, mas conseguiu mostrar a seu "marido" que queria usar o telefone para ligar para mim. Primeiro ele recusou, mas depois de alguns dias em que ela chorou e implorou, acabou concordando. Fiquei muito feliz quando ela ligou para o celular do atravessador gordo e ele o passou para mim.

"Você viu Eunmi?", perguntei.

"Não, filhinha", disse ela. "Não vi mais ninguém da Coreia do Norte."

Pude entender de sua voz que ela estava num estado terrível. Não dormia havia dias, e não conseguia imaginar como dizer à sua nova família que precisava de pílulas para dormir, do tipo que tomava em casa quando podia comprá-las. Agora ela lamentava ter concordado em me deixar. Não podia mais me proteger, e não tinha encontrado minha irmã. Tentei fazê-la se sentir melhor, dizendo que não se preocupasse, que tudo estava bem, e que ela tinha um número de telefone para poder me contatar a qualquer momento.

Foi a última vez que ela conseguiu ligar em muitas semanas. A família trancou seu celular, seu dinheiro e até sua comida. Ela descobriu que eles esperavam que fosse não só uma esposa para esse agricultor chinês, mas uma escrava para toda a família. Precisava cozinhar, fazer a limpeza e trabalhar no campo. Repetidas vezes ela pediu que a deixassem ligar novamente para sua filha pequena, mas não importava o quanto chorasse, eles não davam a mínima. Para eles, minha mãe era como um de seus animais na fazenda, e não um ser humano.

13. Um acordo com o demônio

Fazia apenas três dias que minha mãe tinha ido embora quando Zhifang tentou me estuprar.

Seu apartamento tinha dois quartos de dormir, separados por um corredor. Eu estava dormindo sozinha no quarto em frente ao de Zhifang e Young Sun quando ele se arrastou para minha cama, no escuro. Ele cheirava a álcool e quando me agarrou senti suas mãos ásperas. Fiquei tão chocada que comecei a chutá-lo e a lutar para me livrar dele.

"Silêncio!", ele sussurrou. "Você vai acordá-la!"

"Se não me largar, eu vou gritar!", eu disse. Relutante, ele me deixou sozinha e voltou para sua namorada adormecida.

Alguns dias depois, ele tentou de novo. Dessa vez tinha feito Young Sun beber bastante álcool até cair bêbada, e então veio para o meu quarto no meio da noite. Mais uma vez eu lutei com ele chutando, gritando e mordendo. Pensei que o único modo de me salvar seria agir como uma louca. Fui tão selvagem que ele percebeu que teria de me ferir gravemente ou até me matar para terminar o que tinha começado. mas então eu não teria valor algum. Por isso desistiu.

"Muito bem", ele disse. "Mas você não vai poder mais ficar nesta casa. Vou vender você para um agricultor."

"Tudo bem", eu disse. "Então me venda."

Alguns dias depois, o homem que tinha comprado e vendido minha mãe voltou para me levar.

Hongwei não era seu verdadeiro nome, mas ele mentia sobre tudo. Disse-me que tinha 26 anos, mas na realidade tinha 32. Não sabia qual era de fato minha idade, porque o atravessador gordo Zhifang disse que eu tinha dezesseis anos. Ninguém falava a verdade.

Eu estava tentando aprender chinês, mas entendia muito pouco. E Hongwei só podia se comunicar comigo por gestos. Ele me levou a um restaurante chinês para o desjejum antes de nossa longa viagem. Mas eu estava tão aterrorizada que minhas mãos tremiam. Todo atravessador que eu tinha encontrado na China tinha tentado me estuprar, e eu supunha que com este não seria diferente. Hongwei continuou gesticulando para que eu comesse, mas não consegui. Embora eu estivesse magra e desnutrida, não tinha mais apetite. Comida foi um dos motivos pelos quais eu fui para a China, e agora eu ficava enjoada só de pensar nela.

Tomamos uma série de ônibus em direção à região em que Hongwei morava, que se estendia desde a antiga cidade de Chao-yang até o agitado porto de Jinzhou. Os ônibus faziam paradas frequentes, e em uma delas um vendedor entrou para vender sorvete aos passageiros. Hongwei comprou um para mim. Fazia muito tempo que eu estava sem comer, e de repente meu apetite voltou. Não pude acreditar que uma coisa pudesse ser tão deliciosa. Comi tudo e continuei na minha imaginação quando acabou.

Naquela noite, ficamos em uma hospedaria, numa pequena cidade nos arredores de Jinzhou. Quando chegamos, no fim da tarde, eu estava de novo transtornada demais para comer qualquer coisa. Então, Hongwei me levou a uma mercearia para comprar alguns suprimentos. Entendi que ele queria que eu pegasse os artigos que precisasse, mas eu nunca tinha visto itens tão luxuosos, e assim tentei lhe dizer que não precisava de nada. Ele então tomou a iniciativa e escolheu coisas para mim: uma elegante escova de dentes, sabonete e uma bela toalha com bordados. Ele percebera que minha pele estava áspera devido à desnutrição e ao vento frio e seco que soprava na Coreia do Norte durante os invernos, e por isso comprou uma loção hidratante. Essas coisas eram tão boas que comecei a relaxar. Pensei que talvez, no final das contas, ele não fosse tão mau.

Quando chegamos na hospedaria, ele me mostrou um tipo de telefone celular que eu nunca tinha visto antes. Não servia apenas para falar, mas também tocava música e tinha uma câmera para tirar fotos. Hongwei estava me mostrando como ele podia passar vídeos quando de repente minha mãe apareceu na tela, acenando e dizendo "alô". Fiquei tão excitada que não conseguia acreditar.

"*Umma! Umma!*", eu gritei para o telefone, arrancando-o das mãos dele. Pensei que ela estava falando comigo, e tentava responder. Hongwei ficou chocado. Ele não tinha ideia de que a mulher que acabara de vender era minha mãe. Assim como fez comigo, ele tinha exibido o telefone a ela e gravado um vídeo para mostrar como funcionava.

Quando me dei conta de que minha mãe não estava falando comigo pelo telefone, meu coração baqueou. Mas foi tão bom ver seu rosto, e pensei que isso queria dizer que em breve a veria pessoalmente.

Mais tarde, naquela noite, Hongwei me contou por gestos que ele era meu marido e assim eu tinha de dormir com ele. E então tentou me estuprar.

Mais uma vez eu lutei, chutando e mordendo e gritando como uma doida. Fiz tanto barulho que parecia estar havendo um assassinato em nosso quarto, estou certa disso. Então Hongwei desistiu e foi dormir. Passei a noite de costas para a parede, olhos fixos e injetados de sangue, esperando que ele tentasse de novo.

Na manhã seguinte, Hongwei tentou me conquistar com presentes e gentilezas. Ele me levou a uma loja e comprou um par de jeans, um suéter e uns tênis de corrida. Eu tinha visto esse tipo de calçado quando assistia em segredo à televisão chinesa, na Coreia do Norte. Sonhava em ter um par. Agora o sonho se tornou realidade e eu ainda me sentia triste e miserável. Comecei a perceber que toda a comida do mundo, todos os tênis de corrida, não conseguiriam me fazer feliz. As coisas materiais não tinham valor. Eu tinha perdido minha família. Eu não era amada, não era livre e não estava segura. Estava viva, mas tudo que fazia a vida valer a pena estava perdido.

Depois de passarmos um dia naquela pequena cidade de interior, Hongwei contratou um táxi para nos levar até Jinzhou. Ele tinha alugado um apartamento de um quarto num prédio de quatro andares, situado num antigo bairro perto do jardim zoológico e de um grande parque. Pareceu um lugar agradável para se viver, mas eu estava aterrorizada com a ideia de ficar lá com Hongwei. Mais uma vez ele tentou me estuprar. Mais uma vez eu lutei com ele como alguém que não tem mais nada a perder, como se houvesse um demônio dentro de mim. Eu estava com tanto medo e tanta fúria que mesmo se ele me tocasse sem querer enquanto eu dormia, eu começava a gritar e a chorar tanto que não conseguia parar. Eu quase desmaiava, e acho que isso realmente o assustava. Hongwei percebeu que não conseguiria me tomar à força, a menos que quisesse me destruir.

Assim, ele me trancou no quarto do apartamento durante dias, ou semanas — não faço ideia de quanto tempo foi. Só abria a porta para me levar alimento. Mas eu ainda não tinha mudado de ideia. Então um dia ele resolveu me mostrar minha real situação.

Viajamos duas ou três horas até uma casa no campo, onde Hongwei me apresentou a uma jovem norte-coreana grávida, que vivia com um chinês. Hongwei a fez traduzir, só para ter certeza de que eu o entenderia: se eu me recusasse a dormir com ele, ele ia me vender a um agricultor. Ele queria que eu entendesse que estava me oferecendo uma alternativa muito melhor.

"Que ele me venda", eu disse à garota.

Hongwei balançou a cabeça, sem poder acreditar. Deixou-me sozinha com ela para reconsiderar. Ela me disse que Hongwei esperava obter um alto preço por mim porque eu era virgem e, obviamente, muito jovem.

Pensei que poderia confiar nessa garota porque éramos ambas norte-coreanas, e ela teria pena de mim. "Você me resgataria?", eu lhe perguntei. "Você pode me ajudar a fugir para eu encontrar minha mãe?"

Ela contou a seu marido, e eles concordaram. Fizemos um plano. Quando Hongwei não estava prestando atenção, eu me esgueirei pela porta traseira, pulei uma cerca e corri para uma casa velha e quase em ruínas na floresta. A sogra chinesa da garota logo se juntou a mim. Poucas horas depois, chegou um homem numa motocicleta para me levar a uma casa no meio das montanhas, que pertencia a um de seus familiares.

Quando cheguei lá, percebi que havia sido enganada. A garota norte-coreana e seu marido tinham me roubado de Hongwei e agora tentariam eles mesmos me vender. Eles foram me visitar nas montanhas com outro atravessador, e a garota me disse: "Se você concordar em dormir com este homem, ele vai encontrar para você um marido rico e jovem numa cidade grande. Você não terá de se casar com um agricultor".

Continuei recusando. Disse que eu morreria antes de deixar que isso acontecesse.

A garota norte-coreana passou mais ou menos uma semana me visitando, enquanto tentava me convencer a ser vendida. Tive um bom tempo para praticar meu chinês nesse período, e eu aprendia muito rápido.

Enquanto isso, Hongwei tinha convocado alguns de seus amigos gângsteres para ajudá-lo a me encontrar. Eles varreram a região com suas motocicletas, procurando casas e cabanas que pudessem ser meu esconderijo. O casal que me roubou disse a Hongwei que eu tinha fugido, mas ele não acreditou. Tentou ameaçá-los para que me trouxessem de volta, mas eles ficaram firmes em sua história. O chinês que me levou até se ofereceu para ajudar nas buscas.

Usando suas conexões no mundo do tráfico, Hongwei descobriu mais tarde onde eu estava escondida. Ele propôs ao casal um acordo: se não cooperassem, ele os denunciaria à polícia e a garota seria enviada de volta à Coreia do Norte. Mas se me devolvessem incólume, ele pagaria para me recomprar deles. Eles aceitaram o trato. Assim, Hongwei me comprou pela segunda vez. Nunca soube qual foi o valor exato, mas sei que foi muito mais do que pagou para me comprar de Zhifang.

Quando apareceu outro homem de motocicleta em meu esconderijo na montanha, pensei que finalmente estava sendo resgatada. Em vez disso, ele me levou até a cidade, onde Hongwei esperava com um grupo de homens mal-encarados.

"Você está bem?", perguntou Hongwei. "Eles machucaram você?"

Balancei a cabeça acenando que não. Agora eu já entendia melhor o que ele dizia, mas não queria falar com ele.

Normalmente, quando noivas-escravas norte-coreanas fogem de seus agentes, elas são brutalmente espancadas ou até mesmo mortas. Mas Hongwei não quis fazer isso. Ele parecia estar tão feliz por me ter de volta que pagou um grande jantar no restaurante para todos os gângsteres que o tinham ajudado na busca. Tomamos um ônibus de volta para Jinzhou naquela noite.

Quando caminhava da estação rodoviária para o apartamento, eu me sentia muito forte e calma, porque já tinha tomado a decisão de me matar em vez de aceitar essa vida. Tinha perdido o controle de tudo, mas esta era uma decisão que eu podia tomar. Eu tinha chorado todos os dias desde que deixei a Coreia do Norte, tanto que não conseguia acreditar que houvesse tantas lágrimas dentro de mim. Mas no último dia de minha vida, não haveria mais choro.

Assim como eu tinha desistido, Hongwei se encheu de esperança. Ele não era um homem religioso, mas às vezes rezava a Buda. Todo o conceito de religião era estranho para mim. Na Coreia do Norte só cultuávamos os ditadores Kim, e nossa fé estava na *juche*, a doutrina da autodeterminação nacionalista criada por Kim Il-sung. Praticar qualquer outra religião era estritamente proibido, e se podia ser morto por isso. Mas na Coreia do Norte os videntes são populares (embora não autorizados oficialmente), e muitas pessoas são supersticiosas quanto a datas e números. Assim, eu entendi a natureza extremamente supersticiosa de Hongwei. Ele contava os passos quando caminhávamos até o apartamento, e quando chegávamos, queimava o mesmo número de papéis *joss** — dinheiro falso enviado ao mundo do além

---

* O termo se refere à "imagem de deidade chinesa", ou o que fosse representativo dela. Curiosamente, a etimologia remete à palavra "Deus", em português (como se sabe, os portugueses estiveram presentes na China, especialmente em Macau). (N. T.)

como oferenda aos ancestrais. Ele esperava que isso lhe trouxesse sorte comigo. Mas não funcionou.

Mais uma vez tentou me estuprar. Ele fixou meus braços na cama, mas eu o mordi e chutei com força e fugi. Corri para a cozinha, agarrei uma faca e encostei na minha garganta, de pé na sacada.

Eu estava delirando, e gritava em coreano: "Se chegar perto de mim, eu pulo!". Ele não podia entender o que eu dizia, mas podia ver em meus olhos que estava pronta para morrer.

Hongwei falou numa voz tranquilizante, dizendo "*Biedong, biedong*", que significa "não se mova" em chinês. Ele empregou palavras simples que eu pudesse entender e gestos para descrever uma negociação que ele tinha em mente. "Você ser minha esposa", ele disse. "Mamãe vem. Papai vem. Irmã vem."

De repente, ele tinha a minha atenção. Lentamente baixei a faca. Nós nos sentamos e, ainda usando pantomima e palavras simples, ele apresentou sua oferta: se eu vivesse com ele como sua *xiao-xifu*, ou "mulherzinha" — o que quer dizer amante —, ele acharia minha mãe e a compraria de volta. Depois acharia meu pai na Coreia do Norte e pagaria a um atravessador para trazê-lo à China. E me ajudaria a encontrar minha irmã.

E se eu não fizesse isso? Obviamente ele não poderia me vender, e assim me entregaria à polícia chinesa. Eu nunca deixaria isso acontecer, é claro.

Eu não conseguia realmente ser lógica naquele momento, mas identifiquei uma oportunidade para fazer uma coisa que não seria somente em meu benefício. Na maior parte de minha vida, eu só tinha pensado em mim mesma. Mas agora eu tinha uma oportunidade de priorizar minha família mais do que minha própria dignidade. Eu estava querendo morrer para evitar a vergonha de ser estuprada. Mas agora tinha outra opção: morrer egoisticamente ou salvar minha família.

Mas antes eu tinha de considerar: eu poderia confiar nesse homem?

Tudo que me haviam dito desde que tinha deixado a Coreia do Norte era mentira. Mas algo na maneira como Hongwei apresentou sua barganha me fez acreditar que estava sendo sincero. Afinal, ele agiu com muita determinação para me encontrar depois de minha fuga. Ele sabia que, se não cumprisse com sua palavra, eu me mataria, e a seu modo bárbaro parecia ter sentimentos autênticos em relação a mim.

E por fim, não havia outra opção.

Por muito tempo eu pensei nisso como um acordo de negócios, não um estupro. Somente agora, com o passar do tempo, eu consigo aceitar o que ocorreu em todas as suas terríveis dimensões. Eu só tinha treze anos e seis meses, e era pequena para minha idade. Quando Hongwei pressionou seu corpo em cima de mim, pensei que ia me partir ao meio. Eu estava muito assustada, e o ato foi tão doloroso e repugnante e violento que pensei que não poderia estar realmente acontecendo comigo. Um momento depois eu senti como se tivesse abandonado meu corpo e estivesse sentada no chão junto à cama. Eu estava olhando para mim mesma, mas não era eu.

Assim que Hongwei terminou comigo, fui para o banheiro e fiquei embaixo do chuveiro pelo que me pareceram horas. Sentia-me muito suja e num grande desespero. Esfreguei minha pele até sangrar, e isso fez eu me sentir um pouco melhor. Descobri que a dor física me ajudava a sentir menos dor por dentro, e durante algum tempo adquiri o hábito de me espremer e esfregar com um pano áspero. Às vezes era a única maneira de fugir da dor que sentia no coração.

Quando Hongwei foi verificar por que o chuveiro estava aberto durante tanto tempo, ele me viu no chão do banheiro, largada e quase afogada. Não disse uma palavra e me carregou de volta para a cama, mas vi que lágrimas escorriam por seu rosto.

Eu me senti como se estivesse perdendo a razão. O ato sexual era tão repulsivo que eu vomitava todas as noites. Por muito tempo não consegui comer mais do que algumas colheres de arroz por dia. Depois fiquei apática, e Hongwei pensou que eu estava me recuperando. Mas eu só estava me obrigando a ficar viva enquanto me observava à distância, como se estivesse fazendo um papel num filme que não terminava nunca. Tudo que restava dentro de mim era um ódio ardente a esse homem. Eu me imaginava matando-o enquanto ele dormia, e então eu fugindo. Mas para onde iria agora? E quem mais poderia salvar minha família?

"Vamos encontrar logo sua mãe", disse-me Hongwei uma manhã. "Mas há mais uma coisa nesse trato. Você precisa ajudar em meu negócio."

Fazia apenas dois meses que eu estava na China quando comecei a trabalhar para Hongwei. Ele levou duas garotas norte-coreanas para o apartamento, e eu falei com elas e consegui traduzir um pouco. Eu as lavei, assim como Young Sun tinha feito comigo, peguei roupas e maquiagem para elas e dei lições de higiene. Ao contrário de minha mãe e de mim, essas garotas, quando fugiram, sabiam que iam ser vendidas na China. Não se importavam com isso, segundo disseram. Seria melhor que morrer na Coreia do Norte.

Hongwei me levou com ele para ajudar a vender essas moças no interior do país. Concluído esse negócio, voltamos para a aldeia onde ele tinha vendido minha mãe, e eu me encontrei com o "marido" chinês dela. Eu agora falava chinês o bastante para conseguir dizer que queria minha mãe de volta. Negociamos um preço — era minha primeira negociação comercial. Hongwei pagou pouco mais de 2 mil dólares para recomprá-la para mim, e, em segredo, fiquei contente por ele ter perdido dinheiro no negócio.

Alguns dias depois, nos encontramos com a família num lugar secreto no campo para concretizar a transação. Era junho, e a grama estava alta. Minha mãe me viu de longe e veio correndo, descendo por um caminho sujo para me abraçar. Ela não tinha ideia do que havia acontecido comigo, ou que eu estava vindo para buscá-la. Ela conseguiu ligar para o atravessador gordo Zhifang, em Changchun, uma vez mas tudo que ele lhe disse foi que eu tinha ido embora. Estávamos tão felizes de nos ver que não conseguíamos parar de chorar de alegria. Foi a primeira vez que sorri, ou até mesmo que senti estar viva, em muitas semanas.

Num gesto com o qual não estávamos mais habituadas, minha mãe me carregou nas costas, como quando eu era uma criancinha.

"Deixe-me ver como minha cachorrinha cresceu enquanto eu não estava", ela disse. Mas eu não era mais um filhote. Depois ela me disse que quase não me reconheceu com minha maquiagem e roupas novas. Eu tampouco me reconhecia. Não tinha mais o aspecto de uma criança, e tudo que era infantil em mim desaparecera. Era como se o sangue tivesse secado em minhas veias e eu tivesse me tornado outra pessoa. Não sentia piedade de ninguém, nem das garotas que tinha ajudado a vender nem de mim mesma. Meu único propósito agora era reunir minha família novamente.

Nenhuma palavra sobre minha irmã. Hongwei nos contou que tinha perguntado a outros atravessadores se sabiam o que havia acontecido com ela, mas não obteve resposta. Foi desapontador, mas eu ainda tinha esperança de que conseguiríamos usar a rede de operações dele para encontrá-la. E de que logo veríamos meu pai novamente.

Minha mãe deixou aquela fazenda terrível sem olhar para trás. Nós três voltamos juntos para Jinzhou.

Eu ainda odiava Hongwei, mas aprendi a viver com ele. No início, às vezes ele era muito duro comigo, mas com o tempo abrandou, e creio que passou a me respeitar, a confiar em mim e, a seu modo, a me amar.

Sua vida nunca tinha sido fácil. Hongwei nasceu numa fazenda a oeste de Chaoyang, uma antiga cidade com templos budistas, parques, arranha-céus e gangues de rua. Quando tinha doze ou treze anos, foi para a cidade e se aliou a uma gangue que controlava uma rede de clubes de karaoke. E não eram do tipo de bares agradáveis nos quais os clientes cantam juntos, desses que podem ser encontrados em Seul e outras cidades. Eram lugares em que as mulheres proviam entretenimento para além de servir bebidas. Hongwei nunca tivera uma educação melhor, mas sabia ler e escrever e era muito esperto. Aos quinze anos, era o chefe de sua gangue, com seu próprio império de karaoke. Usava suas conexões para participar em muitos negócios diferentes, como restaurantes e projetos imobiliários. Uns dois anos antes de eu fugir da Coreia do Norte, ele tinha entrado no ramo do tráfico humano. Por algum tempo, era onde estava o dinheiro grande.

Em Chaoyang, Hongwei tinha uma mulher chinesa e dois filhos, um menino e uma menina. A filha, eu soube mais tarde, era apenas um ano mais nova que eu.

Depois que Hongwei trouxe minha mãe de volta, ela contou a ele minha verdadeira idade: treze anos, e não dezesseis. Eu nunca pensei em lhe dizer minha idade porque não acreditava que fosse fazer diferença, mas ele pareceu ficar chocado.

"Eu nunca teria dormido com ela se soubesse que era tão jovem", ele disse.

Não sei se era verdade, mas depois disso ele começou a me tratar com um pouco mais de gentileza, e quase comecei a ver nele um ser humano. Mas ainda esperava que ele cumprisse todas as suas promessas, inclusive a de resgatar meu pai da Coreia do

Norte. Hongwei tinha contatos em Chaingbai, inclusive algumas mulheres cujo negócio era mobilizar mensageiros que iam e vinham cruzando a fronteira. Eram contratados para transferir dinheiro para norte-coreanos cujos parentes fora do país queriam ajudá-los. Também contrabandeavam telefones celulares chineses para que famílias separadas pudessem se manter em contato. Isso era muito perigoso, mas podia ser arranjado se fosse pago o preço certo.

Em agosto, Hongwei contratou uma dessas agentes para encontrar meu pai.

14. Um presente de aniversário

Quinze de agosto é um grande dia de festa na Coreia do Norte, porque se comemora o dia em que o Japão se rendeu, em 1945. Nesse dia, em 2007, nossa agente finalmente localizou meu pai em seu velho apartamento na periferia de Hyesan. Ele não tinha telefone próprio, e seria perigoso tentar contatá-lo de alguma outra maneira. Assim, a mulher que tínhamos contratado lhe entregou um celular chinês. Ele estava debruçado na sacada, olhando para o rio Yalu, quando eu liguei na hora combinada.

"*Abuji?* É Yeonmi! *Umma* e eu estamos bem. Como você está?"

Houve um silêncio no outro lado da linha. Ele não conseguia acreditar que estivesse ouvindo minha voz, após cinco longos meses.

"Estou indo bem, filhinha", disse ele por fim. "Estou tão feliz de ouvir sua voz. Onde você está?" Não tínhamos muito tempo para falar, pois a polícia está sempre tentando captar chamadas ilegais. Só consegui dizer a ele que estávamos na China e que minha mãe e eu estávamos seguras. Ainda não tínhamos encontrado Eunmi, mas ainda estávamos procurando.

"Sinto tanta falta de você, pai", eu disse. "Vou trazê-lo para a China. Vamos pagar a um atravessador para trazer você para nós."

"Por favor, não se preocupe comigo", ele disse.

"Apenas venha, pai", eu disse. "Cuidarei de tudo!" Eu lhe disse que poderíamos procurar por Eunmi juntos, quando ele chegasse.

"Está bem", disse ele. "Eu irei."

Ele tinha chorado a noite inteira depois que a agente o deixou.

Meu pai procurou por nós durante muito tempo após nossa fuga. Ele voltou ao endereço que Eunmi tinha deixado para mim e soube que a mulher que nos havia traficado chamava-se Jo Yong Ae. Quando ele exigiu que ela lhe contasse o que tinha acontecido com sua mulher e suas filhas, ela admitiu que tinha enviado a mim e a minha mãe para a China. Mas Yong Ae alegou que nada sabia quanto a Eunmi. Meu pai não fazia ideia do que havia acontecido conosco depois de cruzarmos a fronteira. Tudo que Yong Ae contou foi que tínhamos ido a um lugar onde havia comida para nós. Só restava esperar que o contatássemos.

Depois que fomos embora, seu irmão e nosso ex-vizinho arranjaram uma mulher para viver com ele, cozinhar e fazer a limpeza. Todos achavam que minha mãe nunca mais ia voltar. Ele nos disse que não conseguia dormir, nem parar de chorar.

Enquanto isso, muita gente que nos conhecia pensava que era meu pai quem tinha nos enviado para a China. Afinal, ele era um homem inteligente, com muitas conexões. Como poderia ignorar para onde tínhamos ido?

As adolescentes que dividiam o apartamento conosco estavam convencidas de que meu pai poderia ajudá-las a ir para a China. Eram muito pobres e estavam desesperadas. Ele lhes disse que não tinha como ajudá-las, mas elas continuaram a implorar, dizendo que não conseguiriam mais viver na Coreia do Norte.

Finalmente, ele concordou em ajudá-las a fugir, com a condição de que contassem à mãe antes de partir. Ele lhes deu o endereço de Yong Ae e as garotas foram embora por intermédio dela, sem contar à mãe. Sabiam que ela nunca ia permitir que fossem. Quando ela descobriu que as filhas tinham ido embora, culpou o meu pai. Depois ele contou à minha mãe que Yong Ae tinha dado cem yuans a ele, cerca de treze dólares em dinheiro chinês, por ter enviado as garotas. Ele disse que se sentiu mal com isso, pelo sofrimento que tinha causado à mãe. Mas não sabia que tinham sido vendidas como noivas, ou que era isso que tinha acontecido comigo e com minha mãe. Ele só pensava que alguns chineses ricos estavam pagando para adotar norte-coreanos.

Levou mais de seis semanas a preparação de uma fuga bem-sucedida para meu pai. Eu sabia que ele ainda estava muito doente, embora presumisse que só estava trabalhando duro demais e não se alimentando o bastante. Quando falei com ele de novo, disse que ia alimentá-lo e fazer com que ficasse saudável mais uma vez na China.

"Sim, claro", ele disse. Sempre foi muito otimista, e nunca reclamou de suas dores. Mas eu ouvia fraqueza em sua voz. Não havia tempo a perder.

Eu já estava gostando de nosso pequeno apartamento e das cercanias de Jinzhou, onde podia aproveitar o parque e o mercado. Mas logo mudaríamos de novo.

Havia uma loja de flores na rua principal, em frente a nosso prédio, e ela me fascinava, porque nunca tinha visto uma antes. Na Coreia do Norte, se quiser flores, você sai e pega algumas. Mas na China havia lojas inteiras repletas de belas flores. Eu às vezes entrava na loja só para sentir aquela doce e temperada fragrância, embora nunca comprasse nada. A senhora que era a dona da loja já me reconhecia. Logo estava sorrindo e acenando cada vez que me via. Isso me deixava nervosa, pois eu sabia que se alguém descobrisse que eu era uma norte-coreana em situação ilegal, a polícia iria nos procurar. Quando contei a Hongwei quais eram minhas preocupações, ele empacotou tudo e mudamos do apartamento no dia seguinte. Provavelmente teríamos de mudar logo, de qualquer maneira, porque era arriscado ficar num mesmo lugar por muito tempo.

O apartamento seguinte era um grande estúdio com cozinha e banheiro, em outra região da cidade. Às vezes chegávamos a ter nove mulheres dormindo no chão, à espera de serem vendidas.

Enquanto minha mãe cuidava do apartamento, Hongwei me enviava para fazer seus negócios, assim como Zhifang usava Young Sun. Era eu quem corria todos os riscos, viajando pela zona rural com refugiados ilegais. Eu tinha de fingir ser muito mais velha, porque as mulheres não iam obedecer a uma menina de treze anos. Meu trabalho era traduzir para elas, comprar bilhetes ou alugar táxis para levá-las de volta a Hongwei, e persuadi-las a cooperar se quisessem ficar na China. Quando encontrávamos potenciais maridos, eu dizia aos homens que essas mulheres aprenderiam chinês, como eu tinha aprendido, e seriam suas fiéis esposas. Eu dizia às mulheres que esses homens eram amáveis e ricos, e assim elas iam poder enviar algum dinheiro a seus familiares.

Eu tentava fazer com que tudo fosse o mais fácil possível para as mulheres que vendia, mas às vezes não conseguia. Os atravessadores eram estupradores e gângsteres, e muitas das mulheres sofreram terrivelmente. Uma jovem, com cerca de 25 anos, tinha pulado de uma ponte no rio gelado durante sua fuga. Quando chegou em Changchun, não podia mais movimentar a parte de baixo do corpo. Ela me contou que Zhifang a estuprou assim mesmo. Hongwei ainda conseguiu vendê-la para um agricultor. Foi horrível. Infelizmente, havia muitos casos como o dela, alguns ainda piores.

Sinto-me mal quando penso no que eu e tantas garotas tivemos de fazer para sobreviver na China. Gostaria que nada disso tivesse acontecido, e que nunca mais tivesse de falar sobre isso. Mas quero que todos saibam a chocante verdade sobre o tráfico de seres humanos. Se o governo chinês desse um fim à sua impiedosa política de enviar refugiados de volta para a Coreia do Norte, os atravessadores perderiam todo o seu poder de explorar e escravizar essas mulheres. Mas é claro que se a Coreia do Norte não fosse um inferno sobre a Terra, essas mulheres não precisariam fugir, para começar.

Na maior parte do tempo, Hongwei vendia mulheres como noivas para homens chineses, mas às vezes as mulheres pediam que as vendesse para a prostituição, pois assim poderiam ganhar dinheiro e enviar para suas famílias. Quando cheguei à China, não tinha ideia do que fosse uma prostituta. Então, um dia Hongwei me levou com ele numa viagem a um libidinoso porto chamado Huludao, onde muitos sul-coreanos e outros turistas iam atrás de sexo barato. Ele estava deixando uma mulher num bordel lá e precisava de mim como intérprete.

O bordel em Huludao era dirigido por uma mulher chinesa de meia-idade, que saiu de sua rotina para ser gentil comigo. Ela me mostrou a bela escrivaninha em seu escritório e me levou num passeio pelos corredores nos quais se alinhavam minúsculos quartos encortinados, cujo tamanho só permitiria uma pequena cama em forma de tablado. Havia um chuveiro também, embora eu não pudesse atinar por que as pessoas o usariam no meio do dia.

Encontrei lá várias mulheres norte-coreanas, inclusive uma linda garota de Pyongyang que já trabalhava no bordel havia sete anos. Todas as mulheres me contaram como o lugar era ótimo se eu quisesse ganhar dinheiro, e também se quisesse comer *kimchi* e outras comidas coreanas todo dia e me encontrar com todo tipo de sul-coreanos. Fiquei animada com isso, pois eu queria conhecer um sul-coreano com um sotaque agradável, como os que eu tinha visto em vídeos. As garotas faziam com que isso parecesse ser muito bom, e a madame me ofereceu um lugar ali com ela.

Quando disse a Hongwei que queria ficar com aquela mulher gentil, ele disse: "Você está louca? Nem pense em trabalhar num lugar como este!".

"Não, eu quero que você me venda para ela!", eu disse.

Foi quando ele me esbofeteou no rosto.

"Você não entende nada do que eu lhe digo!", ele disse.

Ele terminou seu negócio e me tirou de lá o mais rápido que pôde.

Fiz várias viagens de volta a Huludao nos meses seguintes, e percebi em que me teria metido se tivesse ficado lá. Os clientes pagavam cinco dólares para dormir com as mulheres, e elas podiam ficar com um dólar. Para um bordel, era na verdade um excelente percentual, e era por isso que as mulheres queriam trabalhar lá. Mas teriam de fazer sexo com até doze homens por dia, alguns deles agricultores tão imundos que não conseguiriam se livrar de seu cheiro depois. Mas havia lugares ainda piores do que esse.

Hongwei me contou de hotéis em Beijing e Shanghai nos quais injetavam drogas nas garotas que queriam deixá-los, para viciá-las. Depois disso, nunca mais poderiam fugir.

Sem dúvida o tráfico é um negócio feio e brutal. Mas sempre que seres humanos são atirados juntos, não importam quais sejam as circunstâncias, encontramos caminhos para nos conectar uns aos outros. Podemos chorar e rir juntos, mesmo nos piores momentos. Minha mãe e eu conhecemos as mulheres que passaram por nossas vidas, e algumas delas se tornaram nossas amigas.

Myung Ok estava com quarenta e poucos anos, era de Hyesan e tinha fugido da Coreia do Norte duas vezes. Na primeira vez ela o fez atravessando o rio com uma filha mais ou menos da minha idade, e foram vendidas juntas. Mas quando estavam vivendo com seu marido chinês, a polícia as capturou e repatriou. A filha era jovem demais para um campo de prisioneiras, e assim foi enviada para "reeducação" — o que significa que passou fome e apanhou durante semanas. Myung Ok foi enviada para um campo de trabalho, onde foi torturada e teve de trabalhar até quase morrer.

Depois de sua libertação, Myung Ok decidiu arriscar mais uma fuga, embora sua filha estivesse muito amedrontada, tendo ficado para trás. Myung Ok atravessou pela segunda vez e acabou sendo traficada por Zhifang, que a vendeu a Hongwei. Minha mãe e Myung Ok se deram bem porque ambas vinham de Hyesan, e Myung Ok tinha um grande senso de humor.

Infelizmente, Hongwei vendeu Myung Ok a um agricultor deficiente físico que a tratava mal. O homem ficava tão nervoso com a possibilidade de ela fugir que a seguia por toda parte, mesmo quando ia ao banheiro. Ela não aguentou mais e conseguiu escapar para a agitada cidade de Shenyang, no nordeste, onde havia uma grande população de desertores norte-coreanos escondidos. Mas Hongwei tinha conexões no submundo de Shenyang, e seus homens a encontraram e a espancaram. Foi enviada de volta ao agricultor. Se tivesse conseguido fugir, Hongwei teria de devolver o dinheiro ao agricultor — as mulheres dele tinham uma garantia de um ano, exatamente como um automóvel.

Até ouvirmos as histórias contadas por Myung Ok e outras mulheres que conhecemos, minha mãe e eu nunca tínhamos realmente compreendido os perigos de sermos pegas pela polícia e enviadas de volta à Coreia do Norte. Havia histórias ainda piores sobre mulheres grávidas de bebês que eram metade chineses forçadas a abortar, ou que eram executadas se os norte-coreanos as pegassem tentando desertar para a Coreia do Sul. Depois disso, minha mãe e eu juramos que nunca seríamos pegas com vida.

A primeira vez que meu pai tentou escapar para a China foi em setembro de 2007. Eu tinha lhe dito que alguém iria a seu encontro assim que atravessasse o rio. Mas quando chegou à outra margem, não havia ninguém esperando por ele. Hongwei pagou ao atravessador gordo para arranjar a fuga, mas ele falhou. Meu pobre pai teve de se ocultar dos soldados novamente em seu caminho de volta à Coreia do Norte.

Ele tentou novamente em 1º de outubro. Nessa época, o rio estava caudaloso e frio. Dessa vez, Hongwei foi até Chaingbai para se assegurar de que nada desse errado. Pagou ao atravessador Zhifang o equivalente a 1300 dólares por meu pai — preço muito alto para um homem em fuga da Coreia do Norte. Hongwei ficou chocado quando encontrou meu pai e viu como estava magro e fraco. Ele esperava colocá-lo para trabalhar, a fim de que pudesse pagar sua dívida. Mas agora percebia que meu pai estava muito doente até para viajar de ônibus, e assim Hongwei alugou um táxi para trazê-lo por todo o caminho até Jinzhou, junto com as duas mulheres que tinha comprado.

Chegaram em 4 de outubro de 2007, meu 14º aniversário, seis meses depois de eu chegar à China. Quando minha mãe e eu vimos meu pai cruzar a porta, corremos para seus braços. Eu mal podia acreditar que tinha minha mãe e meu pai comigo de novo. E foi a primeira vez em muitos anos que meu pai estava lá para comemorar meu aniversário. Em geral ele estava viajando a negócios, ou então, mais tarde, na prisão. Assim, Hongwei decidiu que íamos ter uma comemoração muito especial. Enquanto meus pais e eu chorávamos e nos abraçávamos e conversávamos, Hongwei saiu e trouxe todo tipo de comida e bebida para nós. Eu tinha dito a ele que meu pai gostava de carne, e assim ele trouxe pato, frango, bife e carne de porco. Havia algumas mulheres norte-coreanas morando conosco no apartamento naquela época, e Hongwei tinha trazido outras com meu pai, assim éramos um grupo bem grande. A refeição foi como que um sonho tornado realidade para meu pai, mas foi de doer o coração, pois ele estava fraco demais para comer alguma coisa daquilo.

Naquela noite, ele mostrou a mim e à minha mãe um saco plástico com ópio que ele carregava para se matar caso fosse capturado atravessando a fronteira. Disse que também o usaria se fosse preso na China, porque não seria mandado de volta, nem se arriscaria a revelar à polícia onde estávamos. Mas estava muito feliz por ter conseguido sobreviver para ver sua família de novo. A única coisa que faltava era Eunmi. Ainda não tínhamos notícias, mas meu pai estava muito esperançoso. Tinha planos de procurá-la depois que tratasse de sua barriga. E então talvez encontrasse um meio de começar um negócio, para poder cuidar de nós outra vez. Meu tio Min Sik tinha razão quando disse à minha mãe que seu então futuro marido era como uma planta capaz de crescer de uma rocha sólida.

Meu pai rapidamente compreendeu meu acordo com Hongwei. Foi doloroso para ele ver sua filha caçula explorada por esse homem mais velho, mas a realidade era mais complicada, e tal como acontecia com minha mãe e comigo, seus sentimentos em relação a Hongwei eram mistos. Meu pai estava agradecido pelo fato de Hongwei ter cumprido sua promessa e salvado minha mãe; agradecido por eu não ter sido vendida para um agricultor e perdida para sempre. Ele sabia que as coisas poderiam ter sido muito piores para mim. Ele agradeceu a Hongwei por tê-lo trazido para a China e ter permitido que morasse sob o seu teto. Mas, no fundo, ele também odiava Hongwei. Meu pai mal podia me reconhecer agora, com meu rosto maquiado e unhas feitas. Eu era uma pessoa diferente, responsável pela vida de meus pais e de tantas outras. No entanto, não havia nada que ele pudesse fazer quanto a isso, e não havia nenhum modo de aliviar o meu fardo. Tinha de se apoiar em mim para tudo. E estava muito doente.

Meu pai não era o tipo de homem que revela seus sentimentos mais profundos ou demonstra fraqueza. Ele sempre sorria para mim e me dizia que tudo ia dar certo. Fiquei muito grata por ele me tratar como uma adulta. Mas também sabia que ele ficava arrasado ao me ver privada de minha infância. A única vez que deu indício de seus sentimentos foi quando me abraçou com muita força e sentiu meu aroma. "Você perdeu seu doce cheiro de bebê, Yeonmi-ya", ele disse suavemente. "Eu tenho saudade de como você cheirava quando criança."

Minha mãe e eu queríamos ouvir todas as notícias de Hyesan. Meu pai contou dos filhos de seu irmão, que tinham a esperança de se formarem médicos, e de suas irmãs em Pyongyang e Hyesan. Sua irmã mais nova em Hyesan era uma viúva que não tivera sorte na vida. Ela e sua filha, que tinha mais ou menos a minha idade, sofriam de tuberculose. Meu pai me pediu que cuidasse delas e do resto da família, se alguma coisa lhe acontecesse.

Chun Guen tinha entrado para o exército, como todos sabíamos que faria. Mesmo depois de meu desaparecimento, ele continuou fiel a mim. Meu pai disse que ele tinha ido ao apartamento à minha procura. "Onde está Yeonmi?", perguntou. Parecia estar muito triste e ansioso. Meu pai não tinha nada para lhe dizer.

Meu pai precisava se internar num hospital chinês moderno o mais rápido possível para passar por uma consulta e fazer exames. Mas havia um problema: a situação dele era ilegal. Não podíamos sequer fingir que era um norte-coreano em visita a parentes porque seus documentos de identidade tinham sido destruídos quando foi para a prisão. E assim, sua admissão num hospital adequado seria dispendiosa e arriscada. A equipe hospitalar poderia entregá-lo às autoridades. Então, em vez disso, nós o levamos a uma clínica pequena, onde não fariam muitas perguntas. Meu pai ainda sentia dores terríveis, e mesmo faminto, estava enjoado demais para comer. A médica da clínica o examinou e disse que achava seu caso grave demais para que eles pudessem tratar. "Vocês precisam levá-lo a um hospital imediatamente", ela nos disse. Mas não podíamos fazer isso. Assim, ela deu alguns remédios para aliviar a dor. Quando chegamos em casa, ele estava branco como se seu sangue tivesse sido drenado das veias. Decidimos que teríamos de arriscar nossas vidas para que ele fosse admitido num hospital.

Hongwei não ficou nada satisfeito com essa situação, mas concordou em nos ajudar a interná-lo. No início de novembro, exatamente um mês após ter chegado à China, meu pai foi conduzido à sala de cirurgia de um hospital em Jinzhou. Os cirurgiões abriram sua barriga e logo depois a fecharam.

Pudemos ver as más notícias no rosto do médico que saiu para falar conosco.

"Temo que não haja nada que possamos fazer", ele disse. "Este paciente tem um câncer de cólon em estado avançado, que se espalhou por todos os órgãos." Ele explicou que havia tantos tumores que seria inútil tentar operar. Meu pai tinha de três a seis meses de vida, no máximo. Tudo que podíamos fazer era tentar mantê-lo o mais confortável possível.

15. Pó e ossos

Minha mãe não entendeu, e eu precisei explicar o que o médico tinha dito. Tudo que eu realmente compreendera era que meu pai iria morrer muito em breve. Eu não sabia nada sobre câncer, pois não é comum na Coreia do Norte. Não quer dizer que a doença não existisse; provavelmente só não era diagnosticada. A maioria das pessoas não morria de câncer porque outra coisa as matavam antes.

Minha mãe e eu não conseguimos reunir coragem para contar a meu pai o que os médicos tinham encontrado. Foi tão triste; ele acordou de sua operação pensando que agora tudo estaria bem.

Tínhamos de tirá-lo do hospital o mais rápido possível, e o levamos de volta ao apartamento para se recuperar. Assim que o efeito da anestesia passou, as dores voltaram. Não podia comer nada. Seu estado se agravava a cada dia, e não tínhamos condições de lhe dar o tipo de analgésico do qual precisava, ou o soro endovenoso que o deixaria mais confortável, ou os suplementos nutritivos que poderiam prolongar sua vida. A operação tinha sido tão cara que eu fiquei com medo de pedir mais dinheiro a Hongwei.

"Por que não estou melhorando, filhinha?", ele me perguntava. "Se eles não podem me ajudar na China, talvez eu devesse voltar para a Coreia do Norte." Ele também se sentia culpado em relação à sua família. Tínhamos descoberto que seu irmão e suas irmãs foram interrogados pela polícia após sua fuga. Os filhos de meu tio Park Jin foram obrigados a deixar o exército, e suas carreiras como médicos ficaram ameaçadas. Minha tia de Hyesan havia sido torturada no interrogatório. Meu pai se arrependia de sua decisão e queria voltar para ajudá-los. Pensou que poderia contar à polícia que nunca desertara, que só tinha ido para a China para tratamento médico.

Foi quando minha mãe e eu tivemos de lhe contar que ele tinha câncer e que os médicos não tinham esperança de ele sobreviver.

"Então eu vou voltar para morrer no país onde nasci", ele disse.

Tivemos de lhe implorar que não nos pedisse para levá-lo de volta. Estava doente demais para viajar, e se conseguisse chegar em Hyesan, iria morrer na prisão. "*Abuji*, quem vai cuidar de você lá?", perguntei com tristeza. "E quem vai te sepultar?"

Depois disso, ele parou de falar em voltar para a Coreia do Norte.

Os meses seguintes foram duros. O governo chinês tinha começado a desbaratar o tráfico de pessoas, e o negócio de Hongwei estava ficando mais perigoso e menos lucrativo. O ano era 2008 e o país inteiro se preparava para os Jogos Olímpicos de Beijing. Mais tarde eu soube que os governos ocidentais e os grupos de direitos humanos estiveram pressionando a China para melhorar o modo como tratava migrantes internos, minorias étnicas e dissidentes políticos. Segundo o relato de notícias que nós nunca ouvimos, Beijing reagira arrebanhando todos que pudessem causar vergonha ao governo e arruinar o grande triunfo internacional da China. Tudo que soubemos na época foi que o suborno da polícia estava ficando mais caro, e que ela estava caçando e repatriando refugiados norte-coreanos num ritmo recorde. Mais e mais clientes potenciais ficavam com medo de pagar pelas mulheres de Hongwei, porque a polícia poderia invadir suas fazendas e levar as mulheres embora.

Hongwei estava cada vez mais raivoso e nervoso. Passava a maior parte do tempo no interior tentando vender as mulheres que já tinha trazido e queria que eu fosse com ele para ajudar. Eu me dividia entre passar algum tempo com meu pai moribundo e ajudar Hongwei em seus negócios.

Minha mãe e eu não tínhamos retratos de meu pai conosco, e sentimos que seria muito importante tirar um, para que tivéssemos uma lembrança dele. Como ele estava muito doente para sair, arranjamos um fotógrafo para ir ao apartamento e tirar algumas fotos. Meu pai vestiu um belo suéter que tínhamos comprado na China. Minha mãe e eu vestimos nossas melhores roupas e nos maquiamos. Eu estava coberta com as coisas de ouro que Hongwei tinha comprado para mim. Soerguemos e escoramos meu pai na cama, entre minha mãe e mim, e ele conseguiu arranjar um fraco sorriso para os retratos. Eu pareço dez anos mais velha. Meu pai estava tão magro que quase não consigo reconhecê-lo nessas fotografias. Nossas poses eram forçadas e formais. A morte ocupava o espaço que havia entre nós.

Quando meu pai piorou, até respirar era doloroso para ele, e não podia ir ao banheiro sozinho, o que era um destino terrível para um homem tão digno. Mesmo assim, nunca reclamou. À medida que ia desvanecendo, tudo que meu pai queria era estar comigo. Mas eu era jovem demais para entender o que a morte significava. Mesmo depois que ele faleceu, eu achava que ia vê-lo novamente, porque ele sempre conseguia voltar para mim.

Quando eu podia passar algum tempo com ele, ele frequentemente queria falar de quando era menino. Eu o ouvia contar histórias, descrevendo como quase se eletrocutou uma vez enquanto brincava com amigos em Hyesan. Ele tocou num fio elétrico com ambas as mãos e foi jogado longe. Acordou no hospital, dentro de uma cuba d'água que estava sendo usada para extrair a eletricidade. Em geral, falava de sua infância com uma cálida nostalgia. Quando era jovem, disse, o sistema de distribuição pública era tão bom que ele e seus amigos ganhavam guloseimas todo mês.

Em seus dias melhores, jogávamos xadrez chinês para passar o tempo. Ele sempre tinha sido melhor jogador do que eu quando vivíamos na Coreia do Norte, e eu só tinha ganhado dele umas poucas partidas em toda a minha vida lá. Mas agora eu conseguia ganhar dele. Não ia ser piedosa, mesmo estando doente! Um dia ele sorriu, me puxou bem junto de si e beijou o topo de minha cabeça, inspirando profundamente.

"Yeonmi-ya, é você", disse ele. "Estou sentindo novamente aquele cheiro de bebê."

Hongwei estava ficando cada vez mais irritado com o fato de precisar cuidar de nós três, e as coisas estavam tensas, segundo me lembro. Uma noite, Myung Ok, a mulher que Hongwei tinha recapturado após ela fugir para Shenyang, ficou embriagada no apartamento e começou a fazer muito barulho. Quando Hongwei foi esbofeteá-la, tentei pular entre eles, e ele atingiu a mim, em vez dela. A casa estava virando um caos. Ficou ainda pior depois que devolvemos Myung Ok a seu agricultor chinês e ela voltou a fugir. Hongwei foi obrigado a voltar à sua aldeia para honrar sua garantia.

No início de janeiro, minha mãe ligou para mim quando eu estava no interior, com Hongwei.

"Yeonmi, você tem de vir agora. Seu pai está prestes a morrer." Pude ouvir o pânico em sua voz. Tomei um táxi de volta a Jinzhou e encontrei meu pai na cama, falando coisas sem sentido.

"É você, Yeonmi?", ele disse. Segurou minha mão, mas não podia me ver. "É você, minha filha? Onde está minha filha?"

Não sei se ele estava chamando a mim ou Eunmi, que estava desaparecida havia nove meses. Minha mãe me contou que ele tinha encontrado as pílulas de dormir dela e tomou todas. Queria se matar, para não me causar mais nenhum problema.

"Oh, pai", solucei. "Por favor, não se preocupe. Tudo vai ficar bem. Eu estarei aqui."

Mas é claro que nada estava bem e que eu não poderia ficar. Hongwei continuou ligando, insistindo em que eu voltasse e o ajudasse a terminar de vender as mulheres. Mas o espírito de meu pai era tão forte que não largava seu corpo. Tive de dizer à minha mãe que eu tinha de ir, mas que voltaria assim que pudesse.

Meu pai resistiu por semanas. Continuei voltando de ônibus ou táxi para vê-lo, e geralmente isso me tomava várias horas de viagem, de ida e de volta. Hongwei ficou mais raivoso e violento. Uma vez jogou um copo pesado em mim, atingindo minha orelha. Outra vez me esbofeteou diante de meu pai. Não tenho ideia de como sobrevivi àquele período terrível.

Finalmente, meu pai não conseguia mais falar, e Hongwei me trouxe de volta pela última vez para me despedir dele. Fiquei abraçando meu pai e perguntando: "Do que você precisa? O que posso fazer?". Mas ele não conseguia responder. Tudo que podia fazer era abrir os olhos para me indicar que tinha ouvido. Peguei sua mão e vi que suas unhas tinham crescido muito. "Isso é algo que posso fazer", eu disse. Cortei com cuidado as unhas de uma mão, esfregando seus dedos suavemente enquanto trabalhava. Ele adormeceu antes que pudesse fazer a outra.

"Podemos terminar amanhã", eu disse. E me aconcheguei no chão, perto dele.

Acordei às sete e meia da manhã seguinte e vi que ele tinha parado de respirar. Seu corpo ainda estava quente, e então eu me deitei a seu lado e o abracei. Seus olhos estavam abertos e eu não consegui fechá-los, por mais que tentasse baixar as pálpebras. Na Coreia dizemos que se uma pessoa não consegue fechar os olhos ao morrer é porque não realizou alguma coisa neste mundo. Acho que meu pai ainda estava procurando por Eunmi, e por isso não conseguia descansar. Pensei que eu ia ser como meu pai, e que nunca fecharia meus olhos até encontrar minha irmã.

Eu estava enlouquecida de tristeza e me recusava a deixar o corpo de meu pai. Não conseguia acreditar que nunca mais o veria. Tentei falar com ele, pensando que talvez pudesse acordar. Era impossível aceitar que o homem mais forte que já conheci fosse morrer sem que eu pudesse fazer nada. Terminei de cortar suas unhas e penteei seus cabelos. Lavei seu rosto com uma toalha e pus um cobertor em torno dele para mantê-lo aquecido. Fiquei ao seu lado até que a noite chegou, e tivemos de remover seu corpo.

Havíamos conversado com ele sobre seu sepultamento, enquanto ainda podia falar. Meu pai não queria ser cremado, pois detestava a ideia de queimar por inteiro, mas sabíamos que ele queria ser sepultado na Coreia do Norte algum dia, e a cremação era a única maneira de fazer com que isso fosse possível. Quando eu fiquei pronta para deixá-lo ir, minha mãe e eu envolvemos seu corpo em papelão, do tipo que se usa para proteger assoalhos durante a construção. À meia-noite, dois homens que trabalhavam para Hongwei nos ajudaram a colocá-lo na traseira de um carro.

Hongwei decidira que já era tempo de mudar de apartamento de novo, e assim empacotamos nossos poucos pertences e fomos para o norte de Chaoyang. Ele conhecia um lugar onde meu pai poderia ser cremado em segredo. Mesmo na morte tínhamos de nos esconder das autoridades. Quando chegamos, os homens levaram o carro de ré até o crematório e descarregaram o corpo de meu pai. Minha mãe e eu ficamos olhando enquanto eles o fizeram rolar até o fogo e fecharam a porta. Pela primeira vez desde que meu pai morreu, comecei a soluçar. Logo minha mãe chorava comigo, mas os homens disseram para que ficássemos quietas, pois as pessoas poderiam nos ouvir.

Levou mais ou menos uma hora para que as chamas terminassem seu trabalho. Quando tudo acabou, não havia nada além de pó e ossos. Precisávamos ir embora rapidamente, devido ao risco de sermos descobertos, e assim comecei a recolher as cinzas de meu pai numa caixa que levara comigo. O homem que operava a máquina me ofereceu luvas, pois os restos mortais ainda estavam muito quentes, mas eu as deixei de lado. Juntei o pó e as lascas de osso com minhas mãos nuas para sentir o peso; ao final de tudo, restou muito pouco dele.

Saímos da cidade e rodamos algumas horas até chegar à pequena cidade de Yangshanzhen, onde havia uma casa na qual poderíamos ficar. Já tínhamos decidido enterrar as cinzas de meu pai num lugar secreto próximo, no topo de uma pequena montanha, com vista para um rio. Ele sempre gostou do brilho do sol e de água. Minha mãe ficou atrás, na casa do amigo de Hongwei, enquanto ele e seus homens me levaram pelos campos e subimos a montanha. Eu abraçava meu pai enquanto os seguia, dentro da noite amarga e fria. Os homens cavaram um buraco no chão gelado. Então eu pus o retrato de meu pai dentro da caixa, e a coloquei de frente para o rio que fluía, como se meu pai pudesse vê-lo enquanto esperava por minha volta.

Nunca me senti tão sozinha em toda a minha vida.

16. Sequestrada

Hongwei estava ficando sem dinheiro. O desbaratamento do tráfico humano empreendido pelo governo chinês nos meses que antecederam os Jogos Olímpicos de 2008 tinha destruído seu negócio, e ele precisava de outra maneira de ganhar dinheiro. Nós nos mudamos novamente, para um apartamento em Shenyang, e ele começou a procurar investimentos imobiliários para renovar sua fortuna.

Shenyang é um centro industrial e financeiro em expansão, a maior cidade no nordeste da China, com a reputação de ser a capital do crime na região. A cidade estava infestada de gangues violentas e era controlada por funcionários públicos corruptos que eram regularmente expurgados pelo governo em Beijing para serem substituídos por outros do mesmo quilate. Os empreendedores que Hongwei conhecia em Shenyang eram todos gângsteres, e quando não estavam fazendo negócios escusos, passavam as noites em salas de jogo privadas. Hongwei me arrastava por esses clubes esfumaçados e sórdidos onde eu ficava vendo ele jogar nos dados e na roleta. Ele achava que eu dava sorte, mas ele perdia centenas de vezes mais do que ganhava. Quando passamos do inverno para a primavera, Hongwei desistiu completamente de seu negócio e ficou obcecado com um jogo chinês de números e de loteria chamado Mark 6. Pouco tempo depois, estava perdendo o equivalente entre mil e 4500 dólares por dia. Hongwei estava tão viciado em jogo que não comia, não dormia e não se importava com nada mais. Ele podia desaparecer durante dias, e depois voltar com amigos bêbados e drogados a ponto de ficarem enlouquecidos e usarem prostitutas dentro de nosso apartamento. Se eu reclamava disso, Hongwei ficava muito violento.

Mais uma vez, minha mãe e eu estávamos numa situação de desespero. Hongwei nos dava menos de dez yuans — ou 1,30 dólar — por semana para comprarmos comida, e estávamos perigosamente magras e desnutridas. Minha mãe tinha desenvolvido uma infecção na garganta e eu não podia levá-la a um médico. Para mim, o ponto de ruptura foi quando estávamos fazendo uma caminhada pela cidade e não pude nem mesmo dar a ela água para aliviar a garganta, porque uma garrafa custava quarenta centavos de dólar em Shenyang. Não poderíamos continuar assim por muito tempo, e sabíamos qual seria a única solução possível.

"Você precisa me vender, Yeonmi-ya", disse minha mãe. "Por favor, quero ser vendida. Sou apenas um fardo para você."

Senti que isso seria um grande fracasso. Eu tinha feito um trato com Hongwei para salvar minha família, e veja o que isso se tornara para nós: minha irmã continuava desaparecida, meu pai estava morto e minha mãe passava fome. Eu nem sequer pensava no que tinha acontecido comigo, e não me importava. Hongwei queria que eu tivesse filhos com ele, mas eu não podia deixar que isso acontecesse. Não havia como eu ter um filho de meu estuprador. Eu ainda não tinha ideia do que era controle de natalidade; não tínhamos isso na Coreia do Norte. Fiz então o que tinha de ser feito quando os primeiros sinais de enjoo começaram a aparecer. Na China existem remédios para interromper o que havia começado. Depois disso, eu me senti morta por dentro, e talvez estivesse. Mas nunca imaginei que as coisas pudessem piorar ainda mais. E agora tínhamos chegado a isto: eu estava pronta para vender minha própria mãe.

Fiquei procurando um bom lugar para ela, mas todos estavam com medo da polícia. Deixei a notícia se espalhar entre as mulheres que tínhamos vendido antes, e uma delas me ligou com uma possibilidade. Havia uma família de fazendeiros que tinha um filho solteiro, num povoado a várias horas de carro, na direção oeste, depois de Chaoyang. Hongwei concordou com o plano — ele não tinha como fazer uso de minha mãe — e fomos conhecer a família. Pareciam ser boas pessoas, o trabalho não seria duro demais e minha mãe teria comida em abundância. A família também prometeu que a deixaria manter contato comigo. Então a vendemos a eles pelo equivalente a uns 2850 dólares.

Hongwei perdeu todo o dinheiro no jogo assim que voltamos para Shenyang.

Agora eu estava de novo separada de minha mãe e me sentindo péssima. Hongwei estava quebrado e frustrado e descontando em mim. Mas por mais deprimida que eu estivesse, percebi que havia dentro de mim uma força que não me deixaria desistir. Talvez fosse apenas raiva, ou talvez uma inexplicável sensação de que minha vida ia ter algum significado um dia. Em meu vocabulário não existia a palavra "dignidade", ou o conceito de moralidade. Eu só sentia o que era errado, o que não poderia aceitar. Aquela situação era algo que eu não poderia mais aceitar. Precisava encontrar uma saída.

Havia uma grande população de refugiados norte-coreanos em Shenyang. A maioria deles vivia se escondendo, mas alguns tinham arranjado carteiras de identidade chinesas para se passarem por cidadãos de etnia coreana. Um documento de identidade era a chave para encontrar um emprego e viver sem medo, e assim comecei a perguntar aos amigos de Hongwei se sabiam onde eu poderia conseguir um. Até mesmo Hongwei percebeu que eu precisava começar a cuidar de mim mesma, e concordou em me dar alguma independência.

Um dos amigos gângsteres, chamado Li, fez um documento falso para mim, mas era de tão má qualidade que não enganaria ninguém. Então, um dia eu estava almoçando num restaurante coreano com Li e um casal de gângsteres e falei de meus apuros. A namorada disse que conhecia algumas pessoas que poderiam me ajudar a conseguir um documento de identidade verdadeiro, ou uma falsificação convincente.

Depois do almoço, a namorada do gângster foi comigo a um lugar muito elegante, cheio de pessoas que aparentavam ter dinheiro. Era uma espécie de clube ou restaurante privado, porque a comida era servida a homens vestidos com ternos caros, sentados em confortáveis cadeiras estofadas em couro. Fiquei espantada de ver uma dúzia de jovens mulheres, bonitas e muito altas, sentadas ao lado dos homens.

A namorada parecia conhecer muitas pessoas lá, e as cumprimentava enquanto me levava a uma mesa onde estava um homem sozinho, de quarenta e poucos anos, vestido num estilo conservador. De fato, ele era o único homem no salão sem uma mulher a seu lado. Mas todos ali pareciam conhecê-lo, e falavam com ele com muito respeito.

"Esta menina é da Coreia do Norte e quer trabalhar, mas precisa de um documento de identidade", disse ela.

"Sente-se", ele disse, apontando para uma cadeira a seu lado. Sentei-me. Ele se chamava Huang, mas não sei se era seu nome verdadeiro.

"Já esteve aqui antes?", me perguntou Huang. Disse que era a primeira vez. Ele examinou minhas mãos e meus braços para ver sinais de picos ou tatuagens, que poderiam demonstrar que eu era uma prostituta. Não havia nenhum.

"Você bebe ou fuma?"

"Não", eu disse.

"Que bom", ele disse. "Você jamais deve beber ou fumar." Ele chamou à mesa os garçons e os gerentes, e até mesmo as mulheres altas e sensuais, para perguntar se eu trabalhava lá, e eles disseram que não.

"Este é um lugar ruim para você", disse o homem. "Você não vai querer acabar como essas garotas."

"Só quero um documento de identidade para conseguir um emprego num restaurante", eu disse a ele.

"Tenho algumas pessoas na polícia, e posso ajudar você", disse ele despreocupadamente. Para mim era uma questão de vida ou morte, mas ele a fez soar como se não fosse grande coisa para ele.

Eu disse que ficaria muito agradecida por sua ajuda.

Ele perguntou se eu gostaria de sentar num parque tranquilo, para conversar um pouco mais. Pareceu-me tão amável e polido que não vi nenhum problema nisso, então concordei. Só posso dizer que eu deveria ter percebido algo, mas de algum modo ainda confiava nas pessoas. Tinha sido educada em toda a minha vida para acreditar em mentiras, e isso se tornara um hábito perigoso.

O carro que esperava por ele no estacionamento parecia um tanque de guerra, com uma fileira de luzes em cima e uma cama customizada atrás dos assentos.

"O que acha dele?", ele perguntou. "Há poucos desses na China."

Fomos de carro até um parque enorme no norte da cidade, onde ficamos dentro do carro e conversamos.

"Conte-me sobre você", ele disse. "Qual é a sua idade?"

Eu só tinha catorze anos, mas disse que tinha dezoito, que é a idade mínima para se ter um documento de identidade na China.

"Você tem família?", ele perguntou.

"Tenho mãe", eu disse, "e estou tentando encontrar minha irmã. É por isso que preciso do documento de identidade, para poder trabalhar."

"E quanto a um namorado?"

"Tem um homem que cuida de mim, mas estamos ficando mais independentes um do outro."

"Então você vai precisar de um apartamento", ele disse. "Tenho uma porção deles na cidade. Na verdade, um fica logo ali do outro lado do parque. Você pode ficar lá enquanto espera seu documento de identidade. Gostaria de vê-lo?"

Huang me levou de carro a um dos prédios mais luxuosos de Shenyang. O enorme apartamento no 27º andar parecia um museu. Ele me disse que era um grande negociante de arte e antiguidades, que vinha de origem humilde e agora era um dos homens mais ricos e poderosos em Shenyang. Descobri depois que ele nunca tinha terminado o ensino fundamental e mal sabia escrever seu nome. Mas para mim parecia ser muito sofisticado. Nada parecido com um gângster.

Seu apartamento era decorado com pinturas, antigos budas em marfim e vasos de porcelana em cima de todas as superfícies planas. Ele apontou para uma cadeira de madeira elaboradamente entalhada que disse valer cerca de 650 mil dólares.

Havia guardas no vestíbulo e um sistema de segurança que fazia soar um alarme se alguém tentasse sair para a varanda ou abrir a porta errada. Era como uma fortaleza.

"Se você ficar aqui, arranjo uma carteira para você. Cuidarei de tudo."

No início eu fiquei muito agradecida a Huang. Liguei para minha mãe e contei que estava em boa situação, com alguém que ia conseguir para mim um documento de identidade. Hongwei não parava de enviar mensagens, mas eu disse para não se preocupar. E por um breve período parecia que tudo ia ficar bem.

No dia seguinte, Huang foi me buscar de carro e me levou à sua loja de antiguidades. Depois me levou ao apartamento gigantesco de um amigo para vê-lo jogar golfe num espaço interno. Também me levou para visitar o túmulo de sua mãe e, em seguida, para uma vidente idosa, que disse que eu traria sorte. Ela viu um filho na palma de minha mão.

"Há algo de especial em você", me disse Huang. "Quero que você tenha esse filho comigo."

Eu não sabia o que dizer. Só sabia que era o momento de tentar me afastar desse homem, mas não sabia como, porque agora ele não me deixaria sair de sua vista.

Fomos a outro luxuoso edifício de apartamentos no outro lado da cidade, e ele me levou a um apartamento onde viviam sete mulheres jovens e lindas.

"Olhe, se você ficar comigo, vai ter muitas amigas", ele disse. "Não vai ficar solitária."

As garotas eram em sua maioria adolescentes, mas eu era de longe a mais jovem. Uma delas frequentava faculdade e tinha tirado seus livros para estudar. Huang se estendeu em uma cadeira confortável, e enquanto algumas das garotas massageavam suas mãos e seus pés, aproveitei a oportunidade para seguir uma das outras até a cozinha.

"Não quero ficar aqui", eu sussurrei para ela. "Você pode me ajudar a fugir?"

"Você está maluca?", ela disse. "Por que você ia querer fazer isso? Esse homem é rico e generoso."

Naquela noite, Huang me levou de volta a seu apartamento cheio de obras de arte. Enquanto estava em outro aposento, peguei meu celular e liguei para minha mãe de novo.

"Não creio que seja um bom lugar para mim, *Umma*", eu disse em coreano. "Há algo de errado com esse sujeito. Ele tem mulheres que lhe fazem massagem e diz que quer que eu tenha um filho com ele, porque tem tido sorte em tudo na vida, menos em ter um filho…"

A próxima coisa de que me lembro é de Huang de pé a meu lado. Não creio que tenha entendido o que eu estava dizendo, mas deve ter interpretado meu tom de voz, porque tirou o telefone de minha mão.

"Não há nada com que se preocupar", ele disse à minha mãe em chinês. "Vou arranjar um documento de identidade para sua filha e vou enviar dinheiro a você todo mês. Tudo vai ficar bem." Ela ainda não falava a língua, e não entendeu o que realmente estava acontecendo, exceto que eu estava sendo sequestrada.

Huang desligou meu telefone e o pôs em seu bolso.

Então ele me agarrou. Eu me desvencilhei.

"Não, não é isso que eu quero", eu disse. "Quero trabalhar."

De repente sua voz ficou fria.

"Você sabe o que eles fazem com desertores quando são enviados de volta à Coreia do Norte?", disse ele. "Eles os prendem juntos com arame, pelo músculo no topo de seus ombros, para que não consigam fugir. Eu poderia mandar você de volta esta noite. Ou poderia matar você, e ninguém jamais saberia o que aconteceu."

Ele tentou me agarrar novamente, e eu o mordi. Ele me bateu no rosto com tanta força que o sangue jorrou de minha boca.

Depois ele recuou.

"Sabe, você não precisa fazer isso", ele disse. "Posso ter a garota que quiser. Todas me amam, até garotas universitárias. E vou fazer com que você me queira também."

Então me deixou sozinha no apartamento e trancou a porta. Tudo que eu conseguia pensar era em como sair daquele lugar. Não tinha fugido da Coreia do Norte para ser escrava daquele homem, um troféu como qualquer coisa de sua coleção de joias. Hongwei era mau, mas ao menos seu coração era humano. Esse homem tinha gelo nas veias, como um réptil. Nunca tinha conhecido alguém tão aterrorizante.

Durante toda a noite eu testei as portas, mas os alarmes disparavam e os guardas vinham correndo. Eu tinha sido sequestrada, e ninguém sabia onde eu estava.

No dia seguinte, Huang voltou e tentou usar uma tática diferente. Ele me trouxe belas roupas e joias e me disse que as provasse. "Diga-me o que você quer, e eu comprarei para você", disse ele.

"Quero que você me deixe ir embora."

"Não, você vai implorar por mim quando eu terminar com você."

Não sei quanto tempo fiquei com esse sequestrador. Pode ter sido uma semana, talvez mais.

Eu estava sendo observada constantemente. Quando não estava com Huang, estava sob a vigilância de suas amantes. Sentia-me presa numa armadilha, como sempre sentira em minha vida. Exatamente como na Coreia do Norte, eu vivia num medo tão profundo e pesado que poderia encher todo o céu noturno e pregar minha alma no chão com seu peso. Eu não conseguia enxergar uma saída.

Huang não tentou me estuprar novamente, mas conseguia ser cruel e grosseiro. Quando eu me recusava a comer, ele tentava enfiar comida à força em minha boca. Ele me ameaçava, e de repente ficava gentil de novo. Pensei que nunca conseguiria me afastar dele com vida.

Então um dia, quando eu estava na principal loja de antiguidades de Huang com algumas de suas amantes, Li, o amigo de

Hongwei, entrou pela porta. Huang saiu de seu escritório para ver quem era.

"Alô, grande irmão Huang", ele disse. "É uma honra conhecê-lo."

"Como você sabe quem eu sou?", perguntou Huang.

"Quem é que não sabe seu nome?", disse Li. Então fez um gesto em minha direção. "A mãe da garota está com saudade dela. E fui enviado para cá com uma mensagem de Hongwei. Ele também a quer de volta."

"Diga a Hongwei que ela não precisa mais dele", disse Huang. "Não é verdade, garota?"

Ele olhou para mim, e eu assenti. Estava com medo de que ele nos matasse a todos, inclusive Hongwei e minha mãe, se eu hesitasse.

"Conte-lhe como estou cuidando bem de você", ele disse.

"Ele está me tratando muito bem", eu disse ao amigo de Hongwei.

Huang mandou que ele fosse embora.

Pouco tempo depois, meu celular tocou no bolso de Huang, onde o mantinha para monitorar minhas ligações. Quando viu que era Hongwei, atendeu.

Hongwei esteve revirando Shenyang ao avesso à minha procura. Já estava frenético quando finalmente entrou em contato com minha mãe, e ela o ajudou a traçar uma pista até mim. Ele me contou depois o que tinha dito a Huang.

"Devolva-a, ou iremos para a guerra", dissera Hongwei. "Vai ser ou preto ou branco. Se quer jogar com a polícia, eu trarei a polícia. Se quer jogar com as gangues, eu trarei as gangues."

"Você quer realmente fazer um caso desse tamanho por causa de uma garota?", disse Huang.

"Não, a pergunta é se você quer morrer por ela e deixar para trás todo esse dinheiro?", disse Hongwei.

Depois daquela ligação, Huang me levou de volta ao apartamento que estava protegido por guardas e alarmes. Eu sabia do que Hongwei era capaz, mas também conhecia esse sequestrador bem o bastante para achar que ele não podia deixar Hongwei vencer. Então decidi adotar outra atitude. "Estou vendo como estava errada", disse a Huang. "Não quero voltar para Hongwei. Você é muito maior que ele. E por que entrar em guerra com ele? Ele não tem nada a perder, já você tem tudo. Eu lhe direi que não o quero mais."

Eu convenci o negociante de que tudo que queria era ver minha mãe de novo. "Tenho sofrido tanto só porque sinto muita falta dela", eu disse.

Eu sabia que mesmo esse homem sendo um criminoso brutal, era também um budista devoto e tinha amado sua mãe. "Por favor, me deixe ir ver minha mãe mais uma vez. Ela vive em Chaoyang. Depois disso, voltarei para você e vamos esquecer Hongwei."

Eu o fiz acreditar em mim. No dia seguinte, se dispôs a me enviar a Chaoyang com um de seus motoristas, mas eu disse que não, bastaria me colocar no ônibus. Era mais fácil. Ele estava tão convencido de que tinha me conquistado que concordou. Até me devolveu o celular.

Assim que o ônibus saiu do terminal, liguei para Hongwei.

Hongwei foi se encontrar comigo na estação de ônibus de Chaoyang. Ele chorou quando me viu.

"Oh, minha Yeonmi-ya. O que você estava pensando?", ele soluçou. "Você não entende como o mundo funciona."

Ele me levou de carro até a fazenda onde minha mãe vivia. Ninguém sabia onde ela estava, e ele pensou que eu ficaria mais segura lá, quando Huang viesse procurar por mim.

Ocorreu-me que Hongwei só sentira minha falta quando fui roubada dele. E fiquei espantada com a disposição dele de ir à guerra com um homem tão rico e poderoso só para me ter de volta. Creio que isso deve ter surpreendido Hongwei também. Ele me contou depois que nunca tinha arriscado qualquer coisa por amor antes.

A amável família de fazendeiros me recebeu bem e permitiu que eu ficasse com minha mãe. Poderíamos ter ficado ali por um bom tempo, exceto pelo fato de estarmos agora em julho de 2008, e as Olimpíadas de Beijing começariam no início de agosto. A polícia estava indo de casa em casa nas aldeias vizinhas, procurando ilegais. Ouvimos falar de várias mulheres norte-coreanas que já tinham sido deportadas. Nossa família chinesa estava preocupada, temendo que alguém na cidade informasse sobre nós e sua fazenda também fosse invadida. Ligamos então para Hongwei, e ele providenciou para que nos escondêssemos na cidade em que meu pai fora sepultado. Mas rapidamente fomos identificados lá como refugiados norte-coreanos, e Hongwei nos fez mudar novamente para sua cidade natal, Chaoyang. Vivemos todos juntos por um tempo, mas não tínhamos dinheiro. Durante esse período, minha mãe ligou para o número do celular de nossa amiga Myung Ok, a mulher que continuava a fugir de seu marido chinês. Myung Ok disse que estava de volta em Shenyang. E tinha um emprego.

"Que tipo de emprego?", perguntou minha mãe.

"Nada muito estranho", disse Myung Ok. "Se vier a Shenyang, eu a apresentarei a meu patrão."

Minha mãe e eu estávamos mais uma vez desesperadas. E mudávamos de apartamento constantemente, não só para ficar fora do alcance da polícia, mas também porque Hongwei tinha certeza de que estava sendo assombrado pelo fantasma de meu pai.

Primeiro, meu pai apareceu a ele em pesadelos. Mas depois Hongwei entrava no apartamento quando estava vazio e encontrava meu pai fazendo alguma coisa na panela de cozinhar arroz, ou simplesmente sentado na cama, olhando para a parede. Hong-wei chorava e me dizia que meu pai nunca conseguiria perdoá--lo pelo que ele fizera comigo. E agora ele sabia que tinha de me deixar ir embora. Disse que se arrependia de ter roubado a minha inocência e que lamentava as vezes que tinha me machucado, embora soubesse que era tarde demais para isso. Mas prometeu que sempre olharia por mim, e honraria o espírito de meu pai e cuidaria de seu túmulo pelo resto da vida.

Eu nutria sentimentos confusos em relação a esse homem. Eu o odiara por muito tempo e não achava que pudesse um dia perdoá-lo, mas meu coração já não estava tão endurecido. Ele não era de todo mau. E tinha sido um milagre para mim, de verdade. Tinha trazido minha mãe de volta, tinha trazido meu pai para a China e me ajudado a sepultá-lo. E eu sabia também que tinha tentado muito encontrar minha irmã.

Quando vivemos juntos, ele me comprava montes de joias de ouro, e eu as mantive escondidas aquele tempo todo. Agora as devolvia a ele. Precisava delas mais do que eu. De certa forma, eu estava comprando minha liberdade.

Agradeci por tudo que tinha feito por mim, e então disse adeus.

Minha mãe e eu tomamos o próximo ônibus para Shenyang.

17. Como pão que caiu do céu

Quando minha mãe e eu chegamos ao apartamento de Myung Ok em Shenyang, ela finalmente nos contou sobre o emprego que poderia arranjar para nós. Tudo que precisávamos fazer, ela disse, era falar com homens pelo computador.

Myung Ok trabalhava para um patrão chinês, ou *laoban*, que alugava diversos apartamentos equipados com terminais de computador e conexões de internet. O *laoban* era um operador de segundo escalão que trabalhava para um chefão do crime mais graduado no submundo das salas de bate-papo adulto em Shenyang. Na parte de baixo dessa cadeia ficavam as mulheres norte-coreanas que já não tinham outra opção. As mulheres viviam em pequenos quartos nos quais podiam "bater papo" on-line, 24 horas por dia. Os clientes — quase todos homens sul-coreanos — buscavam em diferentes sites as mulheres de que gostavam e então pagavam por minuto para digitar perguntas e ver a mulher on-line. A maioria das mulheres se despia para os homens, mas algumas só os excitavam com conversas sensuais. O objetivo era mantê-los on-line o maior tempo possível, enquanto seus cartões de crédito iam sendo cobrados pelo tempo. Os *laobans* embolsavam a maior parte do dinheiro.

Antes disso, eu nunca tinha ouvido falar de uma webcam; para minha mãe e para mim, parecia uma forma muito estranha de ganhar a vida. Primeiro eu tentei achar trabalho num restaurante, mas era impossível arranjar um emprego sem um documento de identidade. A polícia fazia batidas, procurando imigrantes ilegais. Nossas opções de emprego eram extremamente limitadas. Eu tinha só catorze anos, mas já havia visto toda sorte de coisas feias que as pessoas fariam para sobreviver — e muitas delas eram muito piores do que uma sala de bate-papo adulto. Por pior que tivesse sido minha situação, Hongwei pelo menos nunca tinha me drogado ou me passado para outros homens. E, em comparação com o que poderia acontecer com minha mãe e comigo uma vez que já não tínhamos sua proteção, a sala de bate-papo parecia ser uma opção fácil.

Não era um bom emprego sob nenhum aspecto, mas pelo menos não precisávamos fazer sexo com ninguém. Ninguém era seu dono, e havia potencial para ganhar um bom dinheiro. Meu plano era trabalhar por tempo suficiente para ter uma boa carteira de identidade; uma vez com a carteira, eu conseguiria obter um emprego melhor e cuidar de minha mãe.

Pouco depois de começarmos a trabalhar, Myung Ok, que era incrivelmente inteligente e cheia de recursos, deixou o patrão chinês para comprar sua própria franquia de sala de bate-papo. Ela nos ofereceu um acordo melhor, e fomos com ela.

Pelos padrões de hoje, a tecnologia era muito primitiva, mas, ainda assim, para nós era desconcertante. Minha mãe e eu nunca tínhamos visto um computador antes, e então tivemos de aprender a digitar os caracteres e vê-los aparecer na tela.

Minha mãe precisou se esforçar muito. Quando um cliente começava uma conversa, ela levava tanto tempo para achar as teclas e digitar "Alô" que, quando olhava para cima novamente, a tela já estava vazia e o cliente tinha ido embora.

"Deixe-me fazer isso, *Umma*", eu lhe dizia. Embora eu também demorasse um bom tempo para digitar, meus clientes pareciam não se incomodar com a espera. Também aceitavam quando eu recusava me despir. Tudo que eu os deixava ver era meu rosto, e se ficassem rudes ou insistentes, eu simplesmente desligava. Isso funcionava a meu favor, e os homens ficavam curiosos de saber mais sobre mim. Em geral eu apenas digitava o que eles queriam saber, mas também cheguei a conhecer alguns dos sujeitos e tive conversas reais com eles. Minha sala de bate-papo ficou muito popular, e às vezes havia homens de seis ou sete websites ligando para meu monitor ao mesmo tempo. Eu precisava prestar atenção para não me confundir e não responder ao homem errado.

Quanto mais trabalhasse, mais dinheiro eu poderia fazer. Se ficasse on-line o tempo todo, poderia ganhar cerca de 4 mil yuans — mais de quinhentos dólares — por mês depois de os patrões terem tirado seus 70%.

Finalmente, minha mãe e eu tínhamos bastante arroz para comer, e não ficávamos toda noite com medo de sermos estupradas. Mas não estávamos livres. A sala de bate-papo era só uma outra forma de prisão. Se deixávamos o apartamento, tínhamos de olhar por cima dos ombros constantemente para estarmos seguras de que não éramos reconhecidas. Não sei que possibilidade me aterrorizava mais: cair nas mãos da polícia chinesa ou topar com Huang ou alguém de seu grupo. Eu sabia que ele ainda procurava por mim, e Huang não era o tipo de homem que você passa para trás sem pagar por isso.

Perto do nosso prédio havia uma escola secundária local. De nossa janela eu podia olhar e ver garotas de minha idade levando pastas escolares e brincando com seus amigos. Perguntei à minha mãe: "*Umma*, quando poderei ser assim?". Ela não tinha como responder.

Eu pensava que a vida continuaria assim para sempre, até que minha mãe conheceu uma mulher norte-coreana chamada Hae Soon, que vivia com um sul-coreano em Shenyang. Antes de conhecermos Hae Soon, minha mãe e eu nunca tínhamos considerado a possibilidade de fugir para a Coreia do Sul. Mas Hae Soon sabia tudo sobre isso e disse que a Coreia do Sul nos daria boas-vindas como cidadãs e nos ajudaria a encontrar emprego e um lugar para viver. Também sabia como era perigoso tentar escapar da China. Se você fosse capturada e devolvida à Coreia do Norte, sua vida estaria acabada. Procurar trabalho na China era um crime, mas tentar escapar para a Coreia do Sul era alta traição, e você seria ou enviado para um campo de prisioneiros políticos, do qual não há como escapar, ou talvez simplesmente executado.

Hae Soon nos disse que conhecia uma rota de saída da China que tinha funcionado para outras pessoas. Havia missionários cristãos na cidade de Qingdao capazes de atravessar você para a Mongólia, que, assim se supunha, recebia bem refugiados norte-coreanos. Uma vez na Mongólia, a embaixada sul-coreana cuidaria de você. Hae Soon queria ir para Qingdao e começar a jornada, mas não tinha coragem de ir sozinha. Então pediu que fôssemos com ela.

Assim que ouvi a história dessa mulher, eu soube que precisávamos ir para a Mongólia. Minha mãe estava com muito medo. Tínhamos uma coisa boa em Shenyang, e era muito arriscado ir embora, disse ela, tentando me demover. Mas eu sentia a antiga avidez queimando em mim, aquela que me dizia que a vida era mais do que apenas sobreviver. Não sabia o que ia acontecer conosco, mas sabia que preferia morrer a continuar vivendo daquela maneira — em meu coração, eu sabia que merecia ser tratada como gente, não como um animal caçado. Mais uma vez, agarrei as mãos de minha mãe e não a deixei ir até que concordasse em vir comigo para a Mongólia.

Hae Soon nos deu o número do telefone celular de um missionário que servia de contato. Quando minha mãe ligou, ele disse que também era um refugiado norte-coreano, e que graças à misericórdia divina sua vida fora abençoada e ele encontrara a liberdade. Ela contou que tínhamos esperança de fugir para a Coreia do Sul, e como estávamos tentando encontrar minha irmã, que poderia estar lá esperando por nós. Ele disse que Deus era todo-poderoso e podia fazer tudo. Se rezássemos a Deus, tudo ficaria bem. Deu um número para que ela ligasse para Qingdao. As pessoas lá nos ensinariam mais coisas sobre Deus e poderiam nos ajudar a encontrar um caminho de saída para a Coreia do Sul.

Quando minha mãe me contou sobre a conversa, não ocorreu a nenhuma de nós uma pista sobre a que ele se referia. A Coreia do Norte é um país ateu, então era a primeira vez que ouvíamos algo sobre esse Deus cristão. Mas queríamos acreditar em algo novo, se isso significasse a sobrevivência. E a ideia de misericórdia nos soou bem. Mais uma vez, sem ter muita informação, minha mãe e eu decidimos dar um grande salto.

O único obstáculo era dinheiro. Tínhamos juntado algumas economias, mas precisaríamos de mais para fugir.

Não posso explicar por quê, mas quando eu estava com fome, sempre acreditava que, se eu desejasse com bastante força, de alguma forma ia cair pão do céu. Meu pai tinha o mesmo tipo de otimismo, apesar de a sorte ter se voltado contra ele. Mas é necessário mais do que otimismo e trabalho duro para se ter sucesso. Você também precisa de sorte. E talvez a velha vidente tivesse razão, porque, apesar de tudo que aconteceu comigo, eu tive muita sorte na vida.

Quando nos preparávamos para fugir, um amigo que eu fiz on-line de repente fez com que tudo se tornasse possível. Era um profissional com trinta e tantos anos que vivia na Coreia do Sul e tinha se tornado um de meus clientes regulares na sala de bate-papo. A maioria dos homens que eu conhecia on-line pensava que eu estava em algum lugar de Seul, pois eu tinha mentido para eles. Mas esse homem era diferente. Ele me tratava como gente, e assim eu contei toda a minha verdadeira história para ele. Ele ficou tão comovido que quis me ajudar a fugir. Foi de avião a Shenyang para me conhecer e me deu dinheiro suficiente para cobrir nossas despesas. Tudo que queria, disse, é que eu ligasse para ele quando conseguisse chegar à Coreia do Sul, embora eu duvide que ele realmente esperasse isso. Era um homem solitário com um coração bom.

Logo estávamos prontas para partir. Minha mãe perguntou a Myung Ok se queria vir conosco, mas ela tinha seu próprio negócio e estava com medo de ir embora.

No início de fevereiro, chegou a hora de deixar Shenyang. A perigosa fuga era um peso em nossas mentes. Comprei para mim um casaco de tweed marrom para vestir na jornada, e resolvemos exagerar com uma última grande refeição num restaurante coreano — algo que nunca faríamos em circunstâncias normais. Fomos a um bar de karaoke — do tipo mais comum, aonde se vai para se divertir com os amigos.

Não sou exatamente uma cantora, mas sempre gostei da voz de minha mãe. Quando eu era mais jovem, ela cantava para mim enquanto limpava a casa ou me colocava para dormir. Sua voz era o som mais lindo e caloroso que já conheci. Ouvi-la cantar novamente derrubou um muro que eu tinha construído em torno do meu coração. Durante quase dois anos, eu tive a sensação de que meus cinco sentidos estavam entorpecidos. Eu não conseguia sentir o tato, cheirar, ver, ouvir ou provar o gosto do mundo à minha volta. Se eu tivesse me permitido experimentar essas coisas em toda a sua intensidade, poderia perder a razão. Se eu tivesse me permitido chorar, talvez nunca mais conseguisse parar. Assim, sobrevivi, mas nunca senti alegria, nunca me senti segura. Agora, ao ouvir minha mãe cantar as velhas canções, aquele entorpecimento se dissipou. Eu estava assombrada com o amor sem limite que sentia por ela, e também com o medo intenso de perdê-la. Essa sensação de pavor abria um buraco em meu peito, como se fosse uma dor física. Ela era tudo para mim. Era tudo que eu tinha.

Agora eu tinha de cumprir o que prometera a meu pai: mantê-la em segurança e encontrar Eunmi. E isso queria dizer: irmos para a Coreia do Sul.

18. Seguindo as estrelas

Na manhã seguinte, minha mãe, eu e Hae Soon começamos uma longa e tensa viagem de ônibus de Shenyang para Qingdao. Eram cerca de 1200 quilômetros de estrada, e a qualquer momento o ônibus poderia ser abordado pela polícia chinesa, verificando documentos de identidade. Mas tivemos sorte e chegamos à cidade em dois dias sem sermos revistadas.

Qingdao é um porto enorme e moderno sobre o mar Amarelo, em frente à Coreia do Sul. De lá, um viajante munido de passaporte pode voar para o aeroporto de Incheon, em Seul, em pouco mais de uma hora. Mas os desertores da Coreia do Norte têm de percorrer uma rota muito mais tortuosa para chegar à liberdade.

Fomos recebidas na rodoviária de Qingdao por uma mulher de meia-idade de etnia coreana que nos levou a um prédio de apartamentos numa vizinhança indefinível. Lá fomos deixadas em um dos dois últimos abrigos mantidos na cidade por uma missão protestante clandestina. Ficava na primeira estação do metrô, e era onde desertores norte-coreanos eram instruídos na

Bíblia enquanto esperavam por uma oportunidade de fugir pela Mongólia. A missão era dirigida por um pastor sul-coreano com ajuda dessa mulher de etnia coreana e um cristão chinês han, que era o organizador e o guia das perigosas jornadas até a fronteira da Mongólia.

A República Popular da China tinha tido um complicado, e muitas vezes violento, relacionamento com a religião organizada. Igrejas foram expurgadas durante a Revolução Cultural da década de 1960, embora mais recentemente, na época das reformas econômicas, o governo ateísta tenha permitido que algumas igrejas operassem abertamente. Mas as missões cristãs, que fazem proselitismo entre os não crentes, são ilegais, assim como é ilegal ajudar norte-coreanos a fugir para outros países. Disseram-nos que se as autoridades descobrissem o que a missão estava fazendo em Qingdao, o pastor e seus auxiliares poderiam ser mandados para a prisão e nós seríamos deportadas. Por isso, nunca dissemos nossos verdadeiros nomes a nossos resgatadores.

Nosso grupo, três pessoas de Shenyang, dividia um pequeno apartamento com outras oito ou nove mulheres desertoras da Coreia do Norte. Fomos advertidas a não fazer muito barulho e nunca sair sozinhas do apartamento — embora algumas o fizessem mesmo assim. Cada uma devia comprar sua própria comida por cinco yuans diários — cerca de 65 centavos de dólar. Uma vez por semana, a mulher de etnia coreana nos levava a algum lugar seguro para fazermos compras. Felizmente, minha mãe e eu tínhamos dinheiro para comprar mais comida, que dividíamos com nosso grupo.

Quando chegamos lá, nem minha mãe nem eu tínhamos jamais ouvido falar de Jesus Cristo. Tivemos alguma ajuda de outros desertores, que explicaram assim: "Pense em Deus como sendo Kim Il-sung e em Jesus como sendo Kim Jong-il. Então vai fazer mais sentido".

Devo confessar que no início eu estava aceitando isso bem. Se tinha de aceitar Cristo como meu salvador para poder chegar à Coreia do Sul, eu seria então a melhor cristã que essa gente jamais tinha visto. Tínhamos de rezar toda manhã e estudar a Bíblia o dia inteiro. O pastor nos fazia escrever todas as páginas do livro dos Provérbios em coreano. O que fazíamos bastante era cantar e rezar e nos arrepender de nossos pecados. Eu não tive problema em assimilar o conceito de um Deus todo-poderoso e onisciente. Era muito parecido com o que tinham nos ensinado na Coreia do Norte sobre nosso Querido Líder, que sabia tudo e cuidaria de tudo para nós se fôssemos leais a ele. Mas tive dificuldade em entender como Ele era um Deus misericordioso. Eu me perguntava por que esse Deus existia na Coreia do Sul mas não na Coreia do Norte.

Mas logo eu me deixei levar pelas canções e pelo espírito do evangelho, e me entreguei completamente à mensagem de esperança. Descobri também que era muito boa na prece.

Pouco depois de chegarmos, minha mãe ligou para nossa amiga Sun Hi, que estava vivendo numa província nas proximidades com seu "marido" chinês e sua filha de nove anos, Hyong Sim. Tínhamos morado juntas brevemente em um dos apartamentos de Hongwei, e Sun Hi e minha mãe tinham se ligado instantaneamente uma à outra. Eram da mesma idade e ambas de Hyesan (embora não tivessem se conhecido lá), e as duas estavam procurando suas filhas mais velhas, que haviam desaparecido na rede chinesa de traficantes. A vida de Sun Hi tinha sido complicada e trágica, mas ela era uma mulher resistente, até mesmo alegre, e chegamos a considerar ela e Hyong Sim como família.

Minha mãe contou a Sun Hi sobre nossos planos e como ela também poderia fugir para a Coreia do Sul se entrasse em contato com a missão. Sun Hi e sua jovem filha estavam passando maus bocados para sobreviver na pobre fazenda de seu marido, de modo que ansiava por uma oportunidade de ir embora. Ela e Hyong Sim chegaram em Qingdao em meados de fevereiro e se juntaram a nosso grupo.

Infelizmente, já estávamos nos preparando para mudar para outro apartamento. Minha mãe estava tendo dificuldade em se acertar com Hae Soon, que tinha uma personalidade controladora. A intolerância de minha mãe pode ter sido causada simplesmente pelo estresse, mas ela achou que seria insuportável morar no mesmo apartamento com Hae Soon e não queria continuar nossa jornada com ela. Fizemos alguns donativos de agradecimento à mulher de etnia coreana, como ajuda para o sustento da missão, e em pouco tempo nos mudaram para outro apartamento, similar ao primeiro, com um grupo diferente que também se preparava para partir. Esse grupo fora agendado como o próximo a partir para a Mongólia, e assim também estaríamos saindo da China antes dos outros.

Nosso novo grupo incluía minha mãe, eu e três outras mulheres — uma que já vivia na China havia quase uma década, uma de vinte e poucos anos e uma com a idade de minha mãe. Havia também uma família jovem: o pai, a mãe e um menino com cerca de três anos. A família tinha parentes na Coreia do Sul que pagaram muito dinheiro para enviar um atravessador que os tirasse da Coreia do Norte. Tinham vindo diretamente da fronteira para a missão em Qingdao, e assim não tinham vivido na China e não sabiam uma palavra de chinês.

Minha mãe e eu gostamos dessas pessoas e nos encaixamos bem no grupo. Eles tinham terminado sua preparação na Bíblia, e o pastor achava que estavam prontos para ir.

Então, um dia no final de fevereiro, quando fazíamos nossos preparativos finais para ir embora, o pastor reuniu nosso novo grupo para uma prece. Era o momento em que louvávamos ao Senhor e nos arrependíamos de nossos pecados, no que parecia ser um ritual familiar a qualquer pessoa da Coreia do Norte. Então nos sentamos em círculo, fizemos autocrítica e imploramos a Deus que nos perdoasse por tudo que tínhamos feito de errado.

Tínhamos feito isso muitas vezes com o pastor, mas dessa vez foi diferente. Depois que eu expressei meu arrependimento, o pastor disse: "Você não tem mais nada para contar?".

Olhei para ele com curiosidade. Ele se virou para minha mãe. "Com certeza existem mais pecados que você pode nos contar."

Ficamos chocadas. Minha mãe e eu nos comunicamos em silêncio, com nossos olhos. Só conseguimos imaginar que alguém no outro grupo tinha contado ao pastor sobre nosso trabalho na sala de bate-papo.

"Nós nos arrependemos de nossos pecados privadamente, com Deus", disse minha mãe. "Devemos contá-los na frente de todo mundo?"

Ele nos disse que sim, que devíamos fazer uma confissão total na frente de todos e pedir perdão.

Começamos a chorar, e ele então pediu que todos saíssem do recinto.

Minha mãe e eu contamos a ele que tínhamos trabalhado nas salas de bate-papo em Shenyang, mas que sentíamos muito por isso, só o fizemos para sobreviver. Pensávamos que Deus tinha nos perdoado.

O pastor balançou a cabeça, com ar grave.

"Não, vocês são pecadoras. E não posso permitir que sigam para a Mongólia em condição de pecado. Estaríamos pondo os inocentes em risco."

Imploramos e tornamos a implorar ao pastor, prometendo-lhe que nunca mais cometeríamos tal pecado. Estávamos muito, muito arrependidas. Não poderia nos perdoar?

"Não depende de mim", ele disse. "Vocês têm de rezar a Deus para que as perdoe."

Minha mãe então disse: "O senhor tem toda a razão. Pecamos demais, e se nosso profundo arrependimento não foi suficiente para que Deus nos perdoasse, não vamos nos atrever a ir com os outros e prejudicá-los. Só podemos expressar o quanto lamentamos e rogar por misericórdia".

Por um momento, o pastor não disse nada. Depois ele nos leu uma passagem de Isaías, traduzida para o coreano: "Então, sim, poderemos discutir, diz Iahweh: Mesmo que vossos pecados sejam como escarlate, tornar-se-ão alvos como a neve; ainda que sejam vermelhos como carmesim tornar-se-ão como a lã".

As palavras me acalmaram, e eu agradeci ao pastor por suas orações mais e mais uma vez. Mas deixei a reunião me sentindo suja e envergonhada pelo que tinha feito para sobreviver.

No dia seguinte, a mulher de etnia coreana disse à minha mãe e a mim que poderíamos seguir com o grupo.

O pastor foi até o apartamento uma vez mais para orar conosco antes de partirmos para a Mongólia e para nos desejar uma jornada segura. Ele me puxou de lado para algumas palavras finais. "Por favor, viva uma vida *correta* na Coreia do Sul", ele disse. Eu poderia dizer que as expectativas dele quanto a mim não eram boas — ele achava que meu passado ia configurar meu futuro. Como dizer a ele que tudo que eu queria era viver e ser livre?

Nosso grupo estava planejando cruzar a fronteira para a Mongólia durante a noite, a pé, numa das épocas mais frias do ano, quando as temperaturas naquela região do deserto de Gobi podem ficar abaixo de trinta graus negativos. Fazer isso no inverno era considerado mais seguro porque as patrulhas de fronteira chinesas eram mais esparsas e não estariam esperando que alguém se arriscasse a morrer congelado numa jornada tão perigosa. Mas ainda havia uma possibilidade real de sermos presas antes de chegarmos à fronteira. E, nesse caso, minha mãe e eu tínhamos decidido que não nos deixaríamos prender. Minha mãe tinha separado e escondido uma boa quantidade de pílulas para dormir — do mesmo tipo que minha avó tinha usado para se matar. Eu escondi uma lâmina no cinto de minha jaqueta de tweed para que pudesse cortar minha própria garganta antes que me mandassem de volta para a Coreia do Norte.

Na noite anterior à nossa partida, liguei para Hongwei. Havia meses que não nos víamos, e eu ainda nutria sentimentos complicados por ele. Mas agora que eu considerava a possibilidade de morrer, estava mais em paz com meu passado. Eu gastara tempo e energia demasiados odiando e sendo intolerante com as escolhas que outros tinham feito. Agora, com quinze anos, sentia que não tinha tempo suficiente para expressar amor e gratidão às pessoas em minha vida. Disse a Hongwei que tinha rezado para que meu pai parasse de assombrá-lo e o perdoasse. Eu rezava para que conseguisse perdoá-lo também. E queria que soubesse que eu estava fugindo pela Mongólia, porque se eu morresse no deserto, ele seria a única pessoa a se lembrar de mim.

No fim da conversa eu estava chorando, e a voz de Hongwei estava abalada pela emoção.

"Adeus, Yeonmi-ya", ele disse. "Desejo o melhor para você. Por favor, continue viva."

Pelo menos dessa vez, ele teve o que desejou.

Levamos quatro longos dias para chegarmos à fronteira. Nosso grupo de desertores viajou de trem e de ônibus, acompanhado pelo chinês han que trabalhava na missão. Ele tinha estatura mediana e parecia estar com seus quarenta e tantos anos, com aparência de um chinês comum, o que o ajudava a não chamar a atenção quando acompanhava desertores sem documentos para fora do país. Ele não falava coreano, e era eu quem melhor falava mandarim em nosso grupo, de modo que eu tinha de traduzir quando ele nos dizia o que deveríamos fazer caso fôssemos detidos pela polícia. "Se algum de vocês for capturado, por favor, não entregue o resto do grupo", ele disse. "Digam à polícia que estão viajando sozinhos, e salvem o resto de nós."

Naturalmente, estávamos muito nervosos ao embarcarmos no trem em Qingdao. Viajamos o dia inteiro, fingindo estar dormindo para que ninguém falasse conosco. Em Beijing, passamos para um ônibus, numa rota que serpenteava pelas montanhas em que os antigos imperadores chineses construíram uma sinuosa cadeia de grandes muralhas de pedra como defesa ante os exércitos das tribos da estepe setentrional. O terreno foi ficando mais plano e mais vazio à medida que avançávamos por uma estrada de duas pistas através do alto deserto da Mongólia Interior. Viajávamos sem levar nada conosco, exceto pequenas mochilas com garrafas d'água, merendas e uns poucos objetos pessoais, que mantínhamos nervosamente no colo enquanto perscrutávamos a estrada em busca de sinais de barreiras e postos de controle. Felizmente, não havia nenhum.

O longo percurso terminou em Erlian, uma pequena e poeirenta cidade de fronteira no meio do vasto deserto de Gobi. Chegamos de manhã bem cedo, e nosso guia começou a procurar um lugar para nos escondermos até a noite. Mas aonde quer que fôssemos, éramos rejeitados, porque não tínhamos documentos de identificação. Finalmente, encontramos uma hospedaria que aceitou o dinheiro e não fez perguntas.

Passamos um dia inquieto em nosso quarto enquanto esperávamos a noite cair. Minha mãe e eu suspeitamos muito do casal que dirigia a hospedaria, e apesar do frio enregelante, deixamos a janela aberta em nosso quarto para podermos pular rapidamente se ouvíssemos a polícia chegar. Quando o sol começou a se pôr, nosso guia nos disse que ia nos deixar junto à fronteira, e então teríamos de continuar sozinhos. Como o pai do garotinho era o único homem em nosso grupo, ele foi encarregado de nos liderar na travessia do deserto. A mulher de etnia coreana na missão tinha nos dado duas lanternas e duas bússolas, e o guia mostrou ao pai como fazer. Deveríamos caminhar em direção ao nordeste a partir do lugar em que seríamos deixados, atravessar cinco cercas de arame farpado e então chegaríamos a uma cerca muita alta, o que significaria que tínhamos alcançado a fronteira. Deveríamos nos identificar como refugiados norte-coreanos à primeira pessoa que víssemos na Mongólia e nos entregar para sermos resgatados. Se não aparecesse ninguém, deveríamos achar a linha ferroviária e segui-la até a cidade mais próxima.

Ao menos era assim que, supostamente, deveria funcionar.

Um táxi nos recolheu à noite e nos levou a um canteiro de obras a alguns quilômetros da cidade. Os pais do menininho tinham falado com ele para que não chorasse, a fim de que não nos descobrissem enquanto ele era carregado através do deserto. Felizmente, era um bom menino e não emitiu um som, embora tivéssemos sedativos caso fosse preciso.

Nosso guia chinês nos deu algumas instruções de última hora, que eu traduzia para o coreano. "Se vocês olharem para longe no deserto, as luzes mais brilhantes estarão vindo de uma cidade no lado da Mongólia", ele disse. "Dirijam-se para lá. As luzes da cidade no lado chinês são muito mais fracas. Fiquem longe delas."

Acima de nós, uma lua em um de seus quartos fulgurava junto com as estrelas. Nosso guia apontou para a estrela mais brilhante.

"Se alguém se separar do grupo, ou se não conseguirem usar a bússola, só olhem para cima e achem essa estrela. Ela indica o norte."

Então nos despachou para nossa jornada. Depois de andar alguns passos, minha mãe e eu olhamos para trás e vimos que ele havia caído de joelhos no chão gelado. Tinha juntado as mãos e as erguido para o céu. Eu me perguntei: "Por que essa pessoa, que nem fala nossa língua, se importa tanto conosco a ponto de querer arriscar sua vida por nós?". Isso levou nós duas às lágrimas. Fiz uma prece silenciosa de agradecimento, enquanto nos tornávamos parte da noite.

Não havia cobertura em lugar algum, nem árvores nem arbustos — somente quilômetros e mais quilômetros de areia e pedra salpicadas de tufos de capim seco. O frio era como algo vivo a nos seguir enquanto caminhávamos. Ele se cravava fundo em minha pele e agarrava minhas pernas, tornando-as mais lentas. Eu imediatamente me arrependi de estar usando o casaco de tweed que tinha comprado em Shenyang, em vez de uma parca. Os missionários nos disseram que fôssemos leves para essa jornada, mas eu interpretei isso literalmente demais. Nem sequer tinha levado luvas ou cachecol. Apertei meu corpo contra o de minha mãe em busca de calor, e ela me deu seu pesado casaco quando não consegui parar de tremer. Os sapatos de minha mãe eram muito finos para a aspereza do terreno, e ela tropeçava. O pai do menininho deu à minha mãe um par sobressalente de tênis, que ela calçou. Eram muito grandes, mas ela apertou bem os cadarços para mantê-los nos pés. Duvido que tivesse conseguido sem a ajuda dele.

Foi a noite mais longa de minha vida. Toda vez que ouvíamos um barulho ou víamos uma luz à distância, entrávamos em pânico. Depois de nos contorcermos para passar por baixo da quarta cerca de arame farpado, ouvimos o som de motores ao longe e vimos a luz de um imenso holofote rastreando o deserto. Nos atiramos ao chão e tentamos não nos mexer. O pai do menino tinha recebido um celular novinho em folha para a jornada, e ele o usou para ligar para a missão em Qingdao. O pastor poderia nos dizer se o holofote era dos chineses ou dos mongóis? E o que deveríamos fazer?

A resposta do pastor foi: "Não sejam presos".

Continuamos grudados ao solo e rezando até que os sons e a luz desvaneceram à distância. Agora tínhamos medo de acender a lanterna para olhar a bússola, e assim usamos as estrelas para nos guiar enquanto caminhávamos e nos arrastávamos pelo deserto. Após atravessarmos a quinta cerca de arame farpado, pensei que nosso martírio estivesse próximo do fim. Mas algumas nuvens cobriram as estrelas, e então perdemos nossas referências. Por algum tempo, podemos ter andado em círculos, até que concebemos um plano: todos nós nos apertamos em torno do pai do menino para bloquear a luz da lanterna enquanto ele consultava a bússola para achar a direção certa.

À medida que passavam as horas, ia ficando cada vez mais frio, e comecei a duvidar que qualquer um de nós fosse conseguir. Pensei no que seria morrer ali no deserto. Alguém acharia meus ossos ou marcaria minha sepultura? Ou eu estaria perdida e esquecida, como se nunca tivesse existido? Dar-me conta de que estava completamente só neste mundo foi a coisa mais assustadora que senti na vida, e a mais triste.

Também comecei a odiar o ditador Kim Jong-il naquela noite. Antes disso, não tinha pensado muito nele, mas agora eu o culpava por nosso sofrimento. Finalmente me permitia pensar coisas ruins sobre ele, porque mesmo se pudesse ler minha mente, provavelmente eu ia morrer ali, de qualquer maneira. O que ele poderia fazer, me matar mais uma vez? Mas até mesmo diante da morte, trair o Querido Líder era provavelmente a coisa mais difícil que eu já tinha feito. Eu estava fora do alcance de sua vingança, embora a sensação era de que a mão dele me seguia aonde eu fosse, tentando me puxar de volta. Minha mãe me contou depois que estava pensando a mesma coisa enquanto cambaleávamos através da noite.

Exatamente quando eu pensava que pior não podia ficar, um bando de animais selvagens nos cercou na escuridão. Eu os ouvia esgravatar o solo e resfolegar enquanto passávamos, e pude ver o brilho baço de seus olhos refletindo a luz difusa do luar. Não sei se eram bodes ou lobos, mas perdi completamente a cabeça.

"Ajudem-nos! Tem alguém aí? Qualquer um!", eu gritei. Àquela altura, não me importava se fossem chineses ou mongóis.

Mas não havia ninguém.

Eu estava pronta para desistir, para me estender no solo e morrer. Não conseguia dar mais um passo. Já estava alucinando havia horas, vendo cercas de arame farpado no horizonte. "*Umma*, olhe!", eu dizia, e repetia várias vezes. Mas quando chegávamos lá, não havia nada.

Pouco antes do amanhecer, ficou tão frio que todos pensamos que íamos congelar até morrer. Por desespero, fizemos uma pequena fogueira, utilizando todo ramo e capim seco que conseguimos recolher do deserto. Mas o fogo não era grande o bastante. Estávamos considerando queimar algumas de nossas roupas de reserva quando subitamente ouvimos um trem se aproximando. Parecia estar perto, embora pensássemos estar a quilômetros de distância no deserto. Mas no frio e no ar pesado o som parecia vir de dois lugares diferentes. A maior parte do grupo correu numa direção, mas minha mãe e eu pensamos que ele vinha de outro lugar, e assim corremos em outra.

Minutos depois, a grande cerca da fronteira ganhou forma na meia-luz, bem diante de nós. Pensei que era outra miragem, mas então vimos buracos na cerca e pedaços de pano rasgado onde outros tinham atravessado antes de nós. Tínhamos chegado! Enquanto nos esgueirávamos por um dos buracos, as farpas se agarravam a minhas calças e meu casaco como se estivessem tentando me varrer de volta para a China. Minha mãe ajudou a me soltar, e de repente eu estava livre.

O sol se levantou atrás de nós, projetando nossas longas e desmaiadas sombras no solo do deserto enquanto entrávamos na Mongólia. Minha mãe agarrou minha mão e me lembrou que era 4 de março — dia do aniversário de meu pai.

PARTE III
COREIA DO SUL

19. Os pássaros da liberdade

Fazia apenas alguns minutos que estávamos respirando o ar livre da Mongólia quando um soldado com uniforme e equipamento de camuflagem correu até nós.

Ele ergueu o rifle e gritou alguma coisa numa língua que nunca tínhamos ouvido antes. Isso queria dizer que ele era mongol. Tínhamos sido resgatadas!

"*Xiexie! Xiexie!*", gritei em chinês. "Obrigada! Obrigada!"

O soldado continuou gritando conosco, mas eu estava tão feliz de ser capturada que fiquei dando pulinhos com as mãos no ar. Ele tentou manter uma fisionomia séria, mas não conseguiu conter uma risada.

O humor mudou rapidamente quando o resto de nosso grupo apareceu à distância com as mãos acima da cabeça, seguido por vários outros soldados com suas armas erguidas. Quando estávamos todos juntos, os soldados mongóis começaram a falar em seus walkie-talkies todos ao mesmo tempo, e a cena ficou muito confusa. Em poucos minutos, três ou quatro jipes militares apareceram roncando, atravessando o terreno aberto do deserto, e nos cercaram.

Um oficial de alta patente estava em um dos veículos, e nós oito recebemos ordem de nos apertarmos em duas fileiras de assentos atrás dele. Assim que entramos, ele se virou para nós e disse num chinês rudimentar: "*Hui zhongguo*". "De volta para a China."

Fiquei atordoada. Não era isso que deveria acontecer! Sem pensar, pulamos para fora do veículo. Apenas minha mãe e o pai, segurando seu filho, permaneceram em seus lugares. Os soldados tentaram nos empurrar de volta, mas nós agarramos seu uniforme, chorando e implorando por compaixão. "Salvem-nos! Por favor, não nos mandem de volta! Eles vão nos executar!"

Pus a mão na lâmina que tinha escondido em meu cinto, pronta para puxá-la e cortar minha garganta. Eu tinha seriamente essa intenção. Era o fim para mim.

"Vamos nos matar antes que nos mandem de volta", eu gritei.

"Sim, primeiro morreremos!", gritou outra mulher.

Os soldados pareciam assustados, até mesmo envergonhados. Finalmente, um deles disse: "Está bem, vamos para Seul".

Isso nos acalmou o bastante para que voltássemos para o veículo. Mas entramos novamente em pânico quando o motorista partiu na direção do posto na fronteira com a China.

"Não! Não podemos voltar!", eu gritei. E começamos de novo a lamentar e a implorar.

Uma das mulheres norte-coreanas cutucou o pai do menino e disse: "Reze!". Ele sussurrou de volta: "Estou rezando!".

Eu estava perturbada demais para lembrar minhas orações, mas os missionários tinham nos dito que, quando não conseguíssemos rezar, apenas pronunciássemos algumas palavras. Mentalmente, fiquei repetindo: "O sangue de Jesus é meu sangue". Não sabia o que isso significava, mas parecia ser apropriado, e era tudo em que eu podia pensar para nos ajudar a sobreviver. Obviamente, eu não poderia contar com a ajuda de seres humanos naquele momento, então eu rezaria para as rochas, as árvores e o céu, se isso nos tirasse dali.

Durante todo esse tempo, minha mãe estava tentando imaginar uma maneira de me salvar. Pensou em me atirar pela porta, de modo que eu pudesse fugir antes de chegarmos à China. Na Coreia do Norte, muita gente se atira de trens em movimento para evitar ser presa. Depois ela se lembrou que carros não são como trens — eles podem parar na hora, e assim eu seria facilmente recapturada. A única opção real era tentar o suicídio. Mas felizmente as coisas não chegaram a esse ponto.

O veículo deu uma volta e se dirigiu para uma cidade, passou pela estrada que levava ao posto de fronteira chinês e continuou até chegar a uma base militar mongol.

Assim que o jipe passou pelos portões, nós oito fomos escoltados para um prédio de um andar que parecia um quartel ou uma prisão. As mulheres foram levadas, uma de cada vez, para uma sala, e uma soldada ordenou que nos despíssemos completamente. Ela examinou até nosso cabelo para ver se levávamos dinheiro ou drogas. Levou todos os yuans chineses que minha mãe ainda tinha com ela. Trataram-nos como criminosos e não como refugiados. Havia ainda um grande aposento com beliches onde poderíamos dormir, e nos deram alguma comida. Ficamos nessa base militar por mais de uma semana, e os soldados com frequência nos diziam que seríamos levados de volta para a China. Não sabíamos se estavam falando sério ou simplesmente sendo cruéis.

De vez em quando, alguns oficiais mongóis vinham tirar fotos de nós e nos fazer perguntas, e eu era chamada para servir de intérprete para todos. Com exceção do menininho, eu era a mais jovem do grupo, mas como podia me comunicar com nossos captores, assumi a responsabilidade por todos nós.

Ficamos aliviados quando alguns oficiais de alta patente nos levaram de trem para a capital, Ulan Bator, onde fomos transferidos para outra base militar e, finalmente, para um complexo de segurança na zona rural. Havia mais de vinte outros desertores esperando lá quando chegamos, e surgiam mais, enquanto outros partiam.

Homens e mulheres foram separados em dois quartos. Não havia camas, somente algumas tábuas com cobertores empilhados nelas. Uma vez por semana, a guarnição providenciava água quente para nos banharmos — os homens sempre iam primeiro, como na Coreia do Norte. Sentíamos muito frio a maior parte do tempo, porque ainda era inverno, mas não reclamávamos. Para norte-coreanos, esse tipo de lugar parecia normal, até mesmo luxuoso, embora os sul-coreanos provavelmente chamariam isso de campo de prisioneiros.

Não podíamos sair, e tínhamos de seguir um horário rigoroso para dormir, comer e trabalhar. Os adultos limpavam a construção, e eu na maior parte das vezes limpava o terreno do lado de fora. Mais ou menos uma vez por semana, algum representante da embaixada da Coreia do Sul vinha para nos fazer perguntas e nos fazer escrever nossas histórias. Mas os funcionários da embaixada não puderam nos dizer quanto tempo teríamos de esperar nem exatamente que tipo de lugar era aquele.

Estava claro que havia algum tipo de acordo silencioso entre a Mongólia e o governo sul-coreano para abrigar os desertores nesse campo até que pudessem ser levados de avião a Seul. A política declarada da Mongólia era permitir que refugiados norte-coreanos passassem em segurança da China para um terceiro país, mas os fatos, da forma como efetivamente ocorriam, eram muito mais obscuros. Na verdade, os desertores ficavam presos em meio a um cabo de guerra político e econômico de longa data. Tendo sido uma vez um Estado satélite da União Soviética, a Mongólia era agora uma democracia multipartidária com uma economia de mercado em ascensão. Tinha laços diplomáticos e econômicos tanto com a Coreia do Norte como com a Coreia do Sul, assim como com a China e os Estados Unidos, e o modo como tratava os refugiados norte-coreanos parecia refletir a importância relativa de cada relação num dado momento. Em 2005, cerca de quinhentos norte-coreanos chegavam por mês cruzando a fronteira. Em 2009, quando a cruzamos, esse número se reduziu a um fio d'água, conforme a China reforçava suas patrulhas de fronteira e a Mongólia amenizava suas relações com Pyongyang. A situação ficou tão ruim que os atravessadores e as missões de resgate estavam agora desviando os desertores da Mongólia para uma rota de fuga alternativa atravessando o sudeste da Ásia.

De fato, nosso grupo de oito norte-coreanos esteve entre os últimos grupos enviados para a Mongólia pela missão em Qingdao. Sun Hi chegou à Mongólia com sua filha um mês depois de nossa fuga. Depois que minha mãe e eu passamos para a fila da frente, Sun Hi, Hyong Sim e a encrenqueira Hae Soon foram todas designadas para o terceiro grupo, que saiu ainda depois do que tinha sido agendado de início para a partida em direção à Mongólia. Isso acabou sendo uma grande sorte para elas — todos os membros do nosso grupo original foram capturados pelos chineses antes de chegarem à fronteira; foram todos enviados de volta à Coreia do Norte.

O grupo de Sun Hi partiu duas semanas após o grupo original ter sido capturado. Como nós, conseguiram atravessar a cerca, mas foram localizados pelos guardas de fronteira mongóis, que tentaram enviá-los de volta para a China. Sun Hi efetivamente preferiu tomar veneno a deixá-los fazer isso, e precisaram mandá-la com urgência a um hospital para revivê-la. Ouvimos mais tarde que a missão de Qingdao foi fechada pouco depois. A mulher de etnia coreana e nosso guia, o missionário chinês han, foram presos e enviados para uma prisão na China, pelo crime de ajudar norte-coreanos a fugir para a liberdade.

Minha mãe e eu não sabíamos por quanto tempo seríamos mantidas na Mongólia, ou se ainda poderíamos ser enviadas de volta para a China. Nossos corações murchavam a cada dia de espera. Mas trabalhar do lado de fora ajudava, porque de lá o lugar não se parecia com uma prisão, e havia belas paisagens em torno de Ulan Bator. Às vezes minha mãe se juntava a mim, e nós duas gostávamos de olhar para as montanhas e pensar sobre o que era ser livre. Várias vezes por dia, esguios aviões a jato prateados voavam baixo no céu, depois de decolar de um aeroporto em algum lugar no vale. Quando ganhavam altura, pareciam pássaros que voavam com determinação para a liberdade. Minha mãe me via olhando para eles e dizia: "Vamos embarcar num avião assim para a Coreia do Sul. Logo estaremos livres". Eu tentava me imaginar em cada um deles, desaparecendo no céu, mas isso parecia impossível.

Em 20 de abril de 2009, um representante da Coreia do Sul foi nos buscar e nos levou de carro para o aeroporto internacional de Ulan Bator. Como não tínhamos documentos de identidade, ele nos deu passaportes sul-coreanos com nomes falsos para que pudéssemos passar pela alfândega e imigração mongóis.

Fomos advertidos para não pronunciar qualquer palavra em coreano no aeroporto, e assim esperamos na sala de embarque em silêncio, com medo até de respirar. Cada vez que via alguém de uniforme militar, eu ficava apavorada. (Às vezes ainda tenho essa reação.) Finalmente, fomos escoltados até um avião a jato, e fiquei aliviada quando ninguém nos deteve. Claro, foi a primeira vez em nossas vidas que estávamos num avião. Quando tomamos nossos lugares, minha mãe e eu trocamos olhares de assombro e nos saudamos com um *high five*. Era um gesto que eu tinha aprendido nos filmes sul-coreanos, e eu estava pronta para ser uma sul-coreana. Ou assim pensava eu.

Enquanto esperávamos o avião taxiar, minha mãe e eu apertamos fortemente as mãos. Eu me sentia num desses filmes em que todo tipo de pensamento passa pela mente no momento em que a vida dá uma virada. Revivi cada passo que demos no deserto de Gobi; me lembrei do rio congelado que tínhamos cruzado para entrar na China e de minhas fugas de atravessadores e gângsteres antes de finalmente conseguirmos chegar à Mongólia. Vi meu pai, que de algum modo sempre estivera comigo em todo esse percurso, me ajudando a continuar viva, me guiando em meio ao perigo. Senti-me muito culpada por ele ter morrido antes de experimentar a liberdade, e agora eu estava indo fazer isso sem ele. Senti a vergonha do sobrevivente, que fica vivo enquanto tantos amigos e familiares morreram ou estão presos numa vida de inferno. Mas minha tristeza e minha culpa foram amenizadas quando pensei na felicidade de minha mãe e na esperança de que minha irmã fosse logo encontrada — se é que não estava esperando por nós na Coreia do Sul.

Eu estava no assento junto à janela, impaciente pela decolagem, para que pudesse ver o horizonte e o oceano, que só conhecia de fotos e de vídeos. Mas assim que começamos a percorrer a pista, tive um sério acesso de enjoo por causa do movimento. Mantive os olhos longe da janela durante as três horas e meia de voo, mesmo quando começamos nossa descida para o Aeroporto Internacional de Incheon, na Coreia do Sul. Não quis arruinar minha primeira visão de liberdade ficando enjoada.

Depois do pouso, nos disseram que ficássemos em nossos lugares e esperássemos que todos os outros saíssem do avião. Então subiu um homem do Serviço Nacional de Inteligência (NIS, na sigla em inglês), a versão sul-coreana da CIA, para escoltar nossa saída do avião. Logo a ele se juntaram mais agentes, a fim de nos conduzir pelo aeroporto. Esses homens eram tão bonitos e falavam com uma pronúncia tão bela, como os sul-coreanos que eu via em vídeos piratas, que minha mãe teve de me cutucar nas costelas para que parasse de olhar para eles.

Ao sair do avião, eu estava pisando em outro planeta. A primeira coisa que vi foi um corredor cavernoso branco e banhado de luz brilhante. A esteira móvel rolava como um tapete mágico, levando para o terminal principal. Todas as elegantes moças sul-coreanas que deslizavam na direção oposta vestiam belas jaquetas de couro e minissaias e tinham fones de ouvido coloridos em suas orelhas. Quando as vi, senti como se estivesse me enfurnando em um buraco de camundongo para esconder meu surrado casaco de tweed e meu jeans remendado. Era embaraçoso estar vestida como uma pobre garota do campo nesse lugar deslumbrante.

Quando a esteira rolante chegou ao fim, tive medo de pisar no chão de mármore brilhante. Parecia ser escorregadio como um rio congelado, e pensei que fosse escorregar. Todos esperaram por mim quando fui até o banheiro público. Eu pensava ter visto toaletes modernos na China, mas este não dava para entender. As latrinas eram tão limpas e brilhantes que pensei que era onde se lavavam as mãos. E as torneiras na fileira de pias se abriam misteriosamente quando você se aproximava delas, mas depois se fechavam de repente. Fiquei com vergonha de pedir ajuda, e me senti muito estúpida e desajustada. Assim, ainda antes de entrar oficialmente na Coreia do Sul, eu já me sentia um fracasso.

Os encantadores agentes do NIS nos levaram, todos os oito, pelos corredores dos fundos do aeroporto até um ônibus que estava à espera.

Nossa primeira parada foi num hospital, onde passei pelo primeiro check-up de minha vida. Foi muito estranho ser examinada por médicos com tantos equipamentos modernos. Mas a coisa mais estranha foi ser solicitada a urinar num recipiente. *O quê?* Eu não tinha ideia de como fazer isso. E eles me deram um recipiente tão horrível que eu não queria usá-lo para isso!

Os médicos tiveram os resultados rapidamente, e eu estava bem. Nem tuberculose, nem doenças contagiosas. Logo fomos liberados para a próxima etapa em nossa jornada.

O Centro Nacional de Inteligência é uma instalação rigorosamente protegida e de acesso restrito, distante uma hora de carro de Seul. Assim que chegamos, levaram nossos pertences e nos deram grandes sacolas cheias de roupas e xampu e outros itens pessoais para nossa estada lá. Nesse momento, a recepção amigável acabou e ficou claro que esse lugar era mais uma prisão do que um abrigo de refugiados. As pessoas que cuidavam de nós eram ásperas e usavam uma linguagem muito grosseira, até mesmo com as crianças. Como na Mongólia, fomos levados um de cada vez a uma sala para sermos despidos e meticulosamente revistados, o que de novo fez com que eu me sentisse humilhada e violentada. Era um modo deprimente de começar nossa vida de liberdade.

O objetivo do Centro era identificar e remover impostores: coreanos étnicos da China tentando migrar para a Coreia do Sul e agentes norte-coreanos disfarçados de desertores. Era uma preocupação justificada, porque algumas dezenas de desertores tinham sido presos por espionagem ao longo dos anos. Mas isso é uma fração mínima dos mais de 26 mil norte-coreanos que tinham passado pelo Centro e agora vivem na Coreia do Sul.

Os agentes do NIS nos explicaram que tínhamos de ser interrogados e investigados antes de podermos entrar no país. Minha mãe e eu precisávamos decidir quanto de nossa história poderíamos contar. Ficamos muito preocupadas depois da reação terrível do pastor em Qingdao quando soube que tínhamos trabalhado numa sala de bate-papo. Pensamos que quanto menos esses sul-coreanos soubessem de nosso passado, melhor estaríamos. Tentamos então inventar uma história que omitia o fato de que eu fora traficada para a China quando tinha treze anos de idade, ou que fora amante de Hongwei. Mas a história era tão complicada e difícil de memorizar que minha mãe decidiu que seria mais fácil e melhor contar simplesmente a verdade. A única coisa que omitiu foi seu divórcio de meu pai. De qualquer maneira, sempre pensara nisso como um engodo, pois só o fizeram para que ela pudesse mudar de residência quando ele estava na prisão. Ela quis homenagear meu pai sendo sua esposa, mesmo na morte.

Depois de termos sido revistados, nosso pequeno grupo de Qingdao foi levado para um recinto onde estavam vinte ou mais desertores recém-chegados, deitados sobre cobertores espalhados pelo chão. Cada um de nós recebeu caneta e papel para que escrevêssemos tudo sobre nós mesmos. Depois de entregar nossos textos, podíamos conversar, dormir ou assistir a um circuito fechado de televisão que só exibia o Discovery Channel, dublado em coreano ou com legendas. Aprendi sobre a vida no fundo do oceano, ilhas desertas, crocodilos na África. Até vi, pela primeira vez, como um bebê cresce na barriga da mãe. Foi uma longa espera, mas muito educativa. A comida também era boa. Ganhávamos salgadinhos e biscoitos e fazíamos fila para refeições em que serviam novas e deliciosas comidas, como curry, que eu nunca tinha comido. Algumas das pessoas que trabalhavam nos alojamentos nos tratavam mal, mas a maioria era extremamente amável e amigável. Tínhamos algumas horas por dia para nos esticar e exercitar; fora isso, nos mantinham em isolamento, enquanto alguns passavam para a próxima etapa do interrogatório e outros chegavam para ocupar seus lugares.

Ouvíamos uma porção de histórias assustadoras e tristes das pessoas que encontrávamos. Soubemos que outra amiga de Myung Ok, que trabalhara na sala de bate-papo para pagar sua passagem através do sudeste da Ásia, tinha morrido numa cheia do rio Mekong antes de conseguir chegar à Tailândia. Minha mãe e eu também queríamos percorrer essa rota, mas era cara demais para nós. Não existia uma forma segura para fugir da Coreia do Norte, e tivemos sorte de ter saído vivas disso.

Depois de uns vinte dias naquela grande sala de espera, minha mãe e eu fomos levadas para um recinto menor, com uma mulher e seus três filhos. Ela nos contou que seu marido tinha sido preso na China bem na frente dela, mas ela fingiu que não o conhecia para salvar seus filhos. Sentia-se muito culpada por tê-lo deixado para trás. Minha mãe tentou convencê-la de que tinha feito a coisa certa, mas à noite a mulher chamava por ele, gritando enquanto dormia.

Após mais duas semanas, finalmente chegou a hora de sermos interrogadas individualmente. Minha mãe e eu fomos levadas cada uma para um quarto que servia de solitária, com uma cama pequena, mesa, cadeira e um minúsculo banheiro. Na hora das refeições, alguém trazia a comida para o quarto e levava a bandeja depois de eu ter comido.

O agente encarregado de meu interrogatório era alto, de meia-idade, e falava com um sotaque aveludado que, a princípio, achei encantador. Mas muitas das perguntas fizeram com que me sentisse muito desconfortável, assim como me sentira em Qingdao.

Começou me perguntando o que tinha aprendido na escola e outras coisas que somente as crianças norte-coreanas saberiam, como o juramento do Jovem Pioneiro. Ele me fez desenhar um mapa de minha vizinhança e perguntou o que minha família fazia na Coreia do Norte. Às vezes eu era levada a seu gabinete para responder a perguntas, e às vezes ele me chamava pelo telefone, para confirmar algo que minha mãe tinha dito. Eu sabia que isso era necessário, mas ficava ansiosa assim mesmo. Especialmente quando ele quis que eu falasse sobre a China.

Já perto do fim do interrogatório, ele me perguntou: "Você tem alguma tatuagem?".

Eu sabia que ele estava na verdade perguntando: "Você era prostituta?". Na China, as prostitutas frequentemente podem ser identificadas por tatuagens nos braços ou nas costas. Meu rosto ardeu de vergonha de que esse homem se sentisse autorizado a fazer tal pergunta. Mas, fosse com fosse, que importava isso? Ele conhecia meu passado; sabia que eu tinha trabalhado numa sala de bate-papo. Olhava-me agora como se eu fosse algo que ele tinha raspado de seu sapato. A seus olhos, eu era menos do que um inseto.

"Não, não tenho tatuagem", eu disse.

"Tem *certeza*?", ele insistiu.

"Não tenho. Por que não acredita em mim?"

"Você sabe, eu posso mandar vir uma mulher para despi-la."

"Vá em frente! Verifique agora mesmo!"

"Está bem, está bem, relaxe", ele disse. "Acredito em você."

O agente tentou mudar de assunto. "E o que você planeja fazer na Coreia do Sul?"

Eu disse, sem hesitar: "Quero estudar e ir para a universidade".

Ele soltou uma risadinha, surpreso, e disse: "Oh, não creio que você possa fazer isso". Depois acrescentou: "Mas suponho que todos deveriam ter uma segunda chance".

240

"Uma segunda chance?", pensei. "Uma segunda chance é o que ganham criminosos." Eu sabia que não era criminosa; tinha feito o que era necessário fazer para sobreviver e salvar minha família. Mas agora tinha ficado deprimida. Dei-me conta de que nesse lugar eu não teria esperança. Senti-me suja e perdida, como tinha me sentido quando o pastor palestrava sobre o pecado. Se era assim que as pessoas iam me tratar quando descobrissem o que eu tinha sido, então eu teria de me tornar outra pessoa. Alguém que pudesse ser aceito e bem-sucedido na Coreia do Sul. Minha vida até então tinha sido toda vivida em função da sobrevivência. Eu tinha encontrado um modo de sobreviver na Coreia do Norte e outro modo de sobreviver na China. Mas eu me perguntava se teria energia para sobreviver aqui. Estava me sentindo muito cansada.

Voltei para meu quarto com jeito de cela e olhei pela janela para o país no qual tinha pensado que seria livre. Tudo que eu via era outro inferno. Como seria fácil esfregar meu pulso no peitoril de metal afilado até cortar tão fundo que minha vida explodiria, abrindo-se em súbita tormenta e terminando com a mesma rapidez.

Mas então me lembrei que tinha uma promessa a cumprir. Como meu pai, eu havia jurado que meus olhos não se fechariam enquanto não encontrasse minha irmã. Eu queria viver para vê-la novamente.

Durante nossa fuga da China, minha mãe e eu perguntávamos a todos que encontrávamos se tinham visto Eunmi. Ninguém tinha visto. Demos seu nome aos agentes da NIS quando chegamos ao Centro pela primeira vez, mas não tinham registro dela. Fiquei arrasada, mas ainda não quis desistir. Se ela estava viva na China, tudo que eu devia fazer era deixar que ela soubesse onde nos encontrar, e ela acharia um meio para vir.

No início de junho, nosso grupo de cerca de 130 desertores recém-chegados estava pronto para deixar o Centro. Todos tínhamos sido liberados pela segurança nacional. Na noite anterior à nossa partida, a equipe do lugar nos ofereceu uma grande festa de boas-vindas à nossa nova vida. Desejaram-nos boa sorte, e sabiam que íamos precisar dela. Nossa próxima parada seria um centro de realocação onde se ensinava os norte-coreanos a serem sul-coreanos.

20. Sonhos e pesadelos

A primeira coisa que eles nos ensinaram no Centro de Realocação de Hanawon foi como cantar o hino nacional. Todos éramos muito bons nisso. Afinal, era o tipo de aptidão que nós, norte-coreanos, estivemos aperfeiçoando durante toda a nossa vida. O resto do trabalho foi muito mais árduo.

Hanawon, situado cerca de 65 quilômetros ao sul de Seul, significa "Casa da Unidade".

O campus, com seus prédios de tijolo vermelho e gramados verdes rodeados por cercas de segurança, foi construído em 1999 pelo Ministério da Unificação da Coreia do Sul, uma agência criada para preparar o país para o dia em que o Norte e o Sul forem de alguma forma reunificados. Seus programas são destinados a ajudar os desertores em sua transição para uma sociedade moderna — algo que terá de acontecer em escala massiva se aos 25 milhões de habitantes da Coreia do Norte for permitido um dia entrar no século XXI.

A República da Coreia tinha se desenvolvido separadamente

do Reino Eremita por mais de seis décadas, e até a língua agora era diferente. De certo modo, Hanawon é como que um acampamento para viajantes no tempo de uma Coreia das décadas de 1950 e 1960 que cresceram num mundo sem caixas eletrônicos, shopping centers, cartões de crédito ou internet. Os sul-coreanos usam muita gíria com a qual os norte-coreanos não estão familiarizados, e o inglês penetrou no vocabulário, chamado de "konglish". Por exemplo, uma bolsa, que em inglês é *handbag*, chama-se agora na Coreia do Sul *han-du-bag-u*. E shopping é *syoping*. Fiquei atônita quando soube que as pessoas faziam compras como divertimento. E havia muito mais: impressora, escâner, salada, hambúrguer, pizza, clínicas. Para mim não se tratava apenas de um novo vocabulário; eram palavras de código para minha entrada num mundo completamente novo.

Era ao mesmo tempo confuso e estimulante. A equipe de Hanawon tentava nos ensinar o máximo possível em três meses, antes que fôssemos liberados para nossa nova supercompetitiva, digitalizada e democratizada pátria.

Assim que chegamos, nosso pequeno grupo de Qingdao foi designado para integrar uma equipe — Grupo 129 — e recebeu uniformes casuais que consistiam em calças de moletom, camisetas, blusões e tênis, para usarmos durante nossa estada. A instalação fora projetada para abrigar duzentos desertores ao mesmo tempo, mas durante nossa permanência estava abarrotada com seiscentos residentes — todos mulheres e crianças com menos de dezoito anos. Os homens adultos eram enviados para outra instalação. Dormíamos quatro ou cinco num mesmo quarto e comíamos numa cantina comunal.

Enquanto minha mãe e as outras mulheres adultas aprendiam como abrir uma conta no banco, usar um cartão de crédito, pagar aluguel e se registrar como eleitoras, eu me juntei a outros adolescentes e crianças em aulas que nos preparavam para o rigoroso sistema educacional sul-coreano. Primeiro, testaram nossos níveis de conhecimento. Eu tinha quinze anos, mas depois de ter perdido tanto tempo de escola, fui classificada no segundo ano em matemática, e me saí ainda pior em leitura e escrita.

Tinha de recomeçar toda a minha educação, desde o início.

Muitos de nós encontramos dificuldades para nos adaptar à sala de aula. Ficar sentados quietos numa cadeira nos parecia desconfortável e nada natural. E as aulas eram às vezes desnorteantes. Nossos livros de estudo não empregavam mais os "bastardos americanos" como unidades para adição e subtração — agora tínhamos coisas belas e coloridas, como maçãs e laranjas. Mas eu ainda não sabia a tabuada de multiplicação. E precisei de ajuda em coisas básicas como o alfabeto latino. Além dos caracteres coreanos, o único alfabeto que eu conhecia era o que usávamos na Coreia do Norte para pronunciar palavras russas. Aprender um alfabeto novo parecia ser totalmente avassalador.

Os instrutores passavam muito tempo nos ensinando sobre o mundo fora das fronteiras seladas da Coreia do Norte. Soubemos pela primeira vez que havia prósperas democracias pelo mundo inteiro, e que a Coreia do Norte era um dos países mais pobres do planeta e o mais repressor. Todos os dias, os instrutores desafiavam crenças fundamentais que tinham sido incutidas em nossas cabeças desde que nascemos. Algumas correções eram mais fáceis de aceitar do que outras. Eu conseguia acreditar que Kim Jong-il vivia em luxuosas mansões enquanto seu povo passava fome. Mas não podia aceitar que fora seu pai, o Grande Líder Kim Il-sung, e não os ianques malvados ou os invasores sul-coreanos, quem começou a Guerra da Coreia, em 1950. Por muito tempo, simplesmente me recusei a acreditar nisso. Assumir que a Coreia do

Norte sempre fora a vítima da agressão imperialista era parte de minha identidade. Não é fácil abrir mão de uma visão de mundo edificada em seus ossos e tão impressa em seu cérebro quanto a voz de seu próprio pai. Além disso, se tudo que tinha sido ensinado a mim antes era mentira, como eu poderia saber se essas pessoas não estavam mentindo também? Era impossível confiar em qualquer autoridade.

Em Hanawon, aprendemos também algumas regras da sociedade na qual estávamos prestes a entrar. Por exemplo, os instrutores nos disseram que aqui não se podia bater em ninguém. Isso nos custaria muito dinheiro e poderíamos acabar na cadeia. Para os garotos isso foi chocante, mas em mim repercutiu muito bem. Na Coreia do Norte e na China não havia leis como essa, e quando alguém me batia, eu nunca esperava que fosse punido. Pensava que eu não tinha escolha, porque era fraca. Assim, esse sistema legal me pareceu muito atraente, por defender as pessoas fracas daquelas que tinham mais poder. Eu nunca imaginei que pudesse haver tal conceito.

Não sei se os outros desertores tinham o mesmo problema, mas para mim a parte mais difícil do programa foi aprender a me apresentar em sala de aula. Quase ninguém sabia como fazer isso, e assim os professores nos ensinaram que a primeira coisa que se diz é o nome, a idade e a cidade onde nasceu. Depois cada um conta quais são seus hobbies, seu cantor ou ator de cinema preferido e, finalmente, pode dizer "o que quer ser no futuro". Quando fui chamada, congelei. Não tinha ideia do que era um "hobby". Quando me explicaram que era alguma coisa que eu ficava feliz ao fazer, não pude imaginar tal coisa. Supunha-se que meu único objetivo era fazer o regime feliz. E por que alguém iria se importar com o que *eu* queria ser quando crescesse? Na Coreia do Norte não havia *eu* — somente *nós*. Essa atividade toda me fez ficar desconfortável e aborrecida.

246

Quando a professora percebeu isso, ela disse: "Se é tão difícil, então nos diga qual a sua cor favorita". E novamente meu deu um branco.

Na Coreia do Norte, geralmente somos ensinados a memorizar tudo, e na maior parte do tempo só existe uma resposta correta para cada pergunta. Assim, quando a professora perguntou qual era minha cor favorita, pensei muito em qual seria a resposta "correta". Eu nunca tinha sido ensinada a usar a área do "pensamento crítico" de meu cérebro, a área que faz um juízo fundamentado da razão pela qual uma coisa parece ser melhor do que outra.

A professora me disse: "Isso não é muito difícil. Vou dizer primeiro: minha cor favorita é cor-de-rosa. Qual é a sua?".

"Cor-de-rosa!", eu disse, aliviada por ter finalmente dado a resposta certa.

Na Coreia do Sul, eu detestava a pergunta "O que você acha?". Quem se importaria com o que eu achava? Levou muito tempo até eu começar a pensar por mim mesma e compreender que minha opinião importava. Mas após cinco anos praticando ser livre, sei agora que minha cor favorita é o verde-primavera e meu hobby é ler livros e assistir a documentários. Não estou mais copiando as respostas das outras pessoas.

Acredito que meus professores em Hanawon tinham as melhores intenções quando nos advertiram do quão difícil seria competir com estudantes que tinham nascido na Coreia do Sul. As conquistas acadêmicas deste país foram classificadas em primeiro lugar pelo Índice Global Pearson, uma escala que classifica o Reino Unido em sexto lugar e os Estados Unidos em 15º. Disseram-nos que os jovens da Coreia do Sul são tão obcecados por educação que estudam sete dias por semana, e queimam as pestanas em seu tempo livre fazendo cursos para ficarem à frente de seus colegas de turma. Ao nos contar isso, a equipe de Hanawon estava tentando assegurar que nossas expectativas de nos integrarmos nas escolas públicas fossem realistas. Mas no meu caso, estavam me roubando a esperança. Eu quase me senti como que desistindo antes mesmo de começar.

Eu nunca soube que a liberdade poderia ser uma coisa tão cruel e difícil. Até então, eu tinha pensado que ser livre significava poder usar jeans e assistir aos filmes que quisesse sem ficar preocupada com a possibilidade de ser presa. Agora me dava conta de que tinha de pensar o tempo todo — e isso era exaustivo. Houve momentos em que me perguntava se, se não fosse a fome constante, eu não estaria melhor na Coreia do Norte, onde todos os meus pensamentos e todas as minhas escolhas já tinham sido cuidados não por mim, mas para mim.

Estava cansada de ser tão responsável. Na China, eu era o ganha-pão que mantinha minha mãe viva. Agora eu supostamente deveria voltar a ser uma criança e eu não sabia como. Quando chegamos a Hanawon, minha mãe e eu dividimos um quarto com outra mulher e sua filha, que tinha mais ou menos a minha idade. A mãe reclamava que eu era independente e madura demais, e disse que eu devia me comportar mais como criança. Mas eu não sabia o que isso significava. Por dentro eu me sentia como se tivesse mil anos de idade.

Eu detestava que as pessoas não gostassem de mim, e assim tentei agir de forma mais infantil com as mães e tentei me ajustar com os outros adolescentes. Não sei o quanto isso funcionou. Nós nos víamos todos os dias e fazíamos viagens de campo em grupo, mas eu me sentia muito sozinha. A equipe nos levou para um passeio em Seul, nos mostrou o museu da guerra e o rio Han, e nos ensinou como comprar um bilhete e usar o metrô. Isso me deixou nervosa, com todo aquele barulho e aquelas máquinas, os avisos piscando, multidões em toda parte. Eu sorria e fingia estar prestando atenção. Por fora eu era uma criança perfeita, mas por dentro eu ficava agitada.

Um dia eu estava do lado de fora da cantina conversando com alguns norte-coreanos da minha idade, e um dos garotos fofocava sobre uma adolescente com uma criança. "Não se pode confiar nas garotas norte-coreanas", disse um outro. "Todas foram traficadas. Essa aí nem pode esconder isso."

"Não faço ideia do que você está dizendo!", eu lhe disse. "Que tráfico é esse?"

Sempre que surgia o assunto China, eu tratava de afastá-lo daquela maneira. Minha mãe e eu nunca falávamos sobre o passado, nem mesmo entre nós duas. Olhávamos uma para a outra, compreendendo o que não estava sendo dito: "Os pássaros e os ratos podem nos ouvir sussurrar". Minha mãe tinha seus próprios desafios nesse estranho mundo novo no qual estávamos prestes a entrar. Mas sua postura em relação a isso era melhor do que a minha. Para ela, cada dia em que não precisava lutar para sobreviver era um dia bom.

Ambas tentávamos arduamente esquecer as lembranças ruins e seguir adiante. Eu queria apagar minha vida antiga, mas seu horror voltava a me visitar assim que eu adormecia. Meus sonhos eram todos pesadelos, e em geral sobre o mesmo tema: a água fluía em volta de mim e eu precisava fugir atravessando o rio. Sempre havia alguém me perseguindo, mas não importa o que houvesse, eu não conseguia fugir. Às vezes os pesadelos eram tão ruins que eu acordava gritando. Levava alguns segundos para reconhecer o grosso cobertor de minha cama, para lembrar que estava em segurança, tinha sobrevivido, tinha saído de lá.

Mas algumas vezes, mesmo no meio do dia, eu me perguntava se não estava ainda na Coreia do Norte, se tudo aquilo não era um sonho.

Devo ter me beliscado umas mil vezes por dia. Pensava que poderia acordar a qualquer momento e ver que estava em minha velha casa em Hyesan, sozinha com minha irmã, deitada no chão e olhando para a lua através da janela, nos perguntando quando nossa mãe voltaria com comida.

Às vezes me beliscava com tanta força que me machucava e sangrava, porque eu precisava sentir dor para saber que minha vida era real. Às vezes o fazia só para ter certeza de que podia sentir alguma coisa. Dentro de mim perdurava um entorpecimento, como um frio companheiro a me observar à distância, incapaz de se integrar no mundo.

Na Coreia do Norte não existe uma palavra para "depressão" ou "estresse pós-traumático", e assim eu não tinha ideia do que era isso, ou se essa era a causa do meu sofrimento. O conceito de "aconselhamento" era tão estranho para mim que, quando me ofereceram um em Hanawon, não soube do que estavam falando. Vi estudos recentes que indicam que quase 75% de desertores norte-coreanos recém-chegados à Coreia do Sul têm alguma forma de distúrbio emocional ou mental. Para mim, esse número parece subestimado. Todos nós em Hanawon estávamos tentando agir como pessoas normais, enquanto por dentro a angústia de nosso passado e a incerteza quanto a nosso futuro nos estavam comendo vivos.

Nos primeiros tempos da República da Coreia, desertores da Coreia do Norte recém-chegados eram tratados como heróis e normalmente recebiam grandes recompensas, subsídios e bolsas de estudo. Mas depois da fome da década de 1990, uma onda de refugiados começou a jorrar na Coreia do Sul, prejudicando o sistema de realocação. Na verdade, o número de desertores em 2009 foi o maior já registrado, com 2914 novas chegadas.

E agora, contrastando com os desertores quase todos homens altamente qualificados do passado, cerca de 75% dos refugiados eram mulheres pobres das províncias do norte — como minha mãe e eu. Ao longo do tempo, os pacotes de restabelecimento tinham se tornado menores e mais restritivos. Mas ainda eram nossa tábua de salvação, enquanto nos adaptávamos a nosso novo lar.

Em 26 de agosto de 2009, Hanawon ofereceu uma festa de formatura para os membros do Grupo 129. Minha mãe e eu ganhamos documentos de cidadania da República da Coreia. Varreu-me um sentimento de grande alívio. Pensei que tínhamos passado pela prova final em nosso caminho para a liberdade. Mas assim que passamos pelos portões de Hanawon, comecei a sentir falta dela. Eu estava agora no país das escolhas, onde os supermercados tinham quinze marcas de arroz para escolher uma delas, e eu já estava querendo voltar para um lugar no qual me dissessem o que fazer.

Assim que nos instalamos em nossa nova vida, descobri quão penosa a liberdade podia ser.

Minha mãe e eu ganhamos um pacote de restabelecimento para moradia e outras despesas no valor aproximado de 25 234 dólares para os próximos cinco anos. Pode parecer muito dinheiro até se considerar que isso é o que a maioria das famílias sul-coreanas recebe em um ano. Os desertores têm de trabalhar muito para alcançar o nível da média dos cidadãos, e muitos deles nunca conseguem. Disseram-nos que poderíamos conseguir um pouco mais de dinheiro se concordássemos em morar fora da abarrotada capital, e então minha mãe e eu aceitamos o arranjo e fomos enviadas a uma pequena cidade industrial, Asan, a cerca de duas horas de trem ao sul de Seul.

Nosso apartamento fora designado para nós e pago pelo governo. Foi aberta uma conta de banco para minha mãe, e ganhamos um estipêndio único para começarmos nossas vidas. Mas não o recebemos todo de uma só vez. Sabia-se que alguns atravessadores chineses iam atrás de desertores na Coreia do Sul para cobrar o dinheiro que estes lhes deviam. E havia charlatães sul-coreanos que enganavam os desertores e levavam o dinheiro de seu restabelecimento. Isso acontecia muitas vezes porque os norte-coreanos recém-chegados eram ingênuos demais em relação aos fatos da vida.

Na Coreia do Norte não existem contratos escritos. Assim, em Hanawon, eles viviam nos dizendo que tudo neste mundo acontece no papel, e uma vez que se assina algo, você se torna responsável por aquilo. Não pode mudar de ideia. Mas os velhos hábitos são difíceis de quebrar, e os novos são difíceis de aprender. Por isso o governo imaginou que se os pagamentos que recebíamos fossem um pouco esticados, pelo menos não poderíamos perder tudo de uma vez. Mas se eles vissem como nos instalamos em Asan, teriam se dado conta de que, de qualquer maneira, minha mãe e eu não tínhamos muito a perder.

Nosso conjunto habitacional estava pendurado num morro nos limites da cidade, a uma pequena distância a pé de algumas lojinhas e de um ponto de uma linha de ônibus que levava a lugares mais populosos. Os aluguéis eram muito baixos, e nosso prédio estava cheio de inquilinos que recebiam ajuda do governo, inclusive pessoas muito idosas e deficientes que não tinham família que cuidasse delas e várias com distúrbios mentais que deveriam estar num asilo — e nós.

Morávamos em uma quitinete, com uma esteira que servia de cama e uma sacada para depósito. O prédio era cheio de baratas, pessoas urinavam no elevador e no saguão e havia um maluco no apartamento ao lado do nosso que gritava todas as horas do dia e da noite. Felizmente, nossa vizinha do outro lado era uma velha senhora muito gentil que nos deu uma tigela de arroz e alguns pratos bem bonitos que ela não queria mais. Compramos uma geladeira pequena numa loja de segunda mão. O resto de nossa mobília veio de uma ilha de grama e concreto no meio do estacionamento, que os inquilinos tinham transformado em depósito de roupas e objetos caseiros descartados. Minha mãe e eu não acreditamos quando tivemos a sorte de achar lâmpadas, utensílios de cozinha, um colchão usado e até uma pequena TV. Tinha sempre gente chegando e gente indo embora, e assim havia muitos tesouros novos a cada semana. Chegamos à conclusão de que esses sul-coreanos jogavam mais coisas úteis fora do que os chineses.

Outra coisa muito boa na Coreia do Sul eram as frutas que podíamos comprar nas lojas. Na Coreia do Norte, laranjas e maçãs eram luxos inimagináveis, e assim minha mãe adorava comprá-las e descascá-las para dividirmos entre nós. Ela tivera uma vida muito difícil, mas sempre conseguia encontrar algo pelo qual sentir-se grata. Podia até mesmo encontrar humor na maioria das coisas, inclusive nela mesma. Por exemplo, estávamos sempre cometendo erros com produtos que não conhecíamos, e uma vez minha mãe aspergiu meu perfume na boca, pensando que era um spray bucal. Quando parou de se engasgar e de me xingar, ela caiu na gargalhada. Não conseguimos parar de rir até as lágrimas escorrerem em nossos rostos.

Uma noite, pouco depois de chegarmos a Asan, acordei ao som da risada de minha mãe.

"O que foi, *Umma*?", eu disse. "O que é tão engraçado?"

"A geladeira, Yeonmi-ya!", disse ela. "Acabei de ouvir ela ligar sozinha."

21. Uma mente ávida

Meu primeiro objetivo era conhecer alguns sul-coreanos verdadeiros. Todas as pessoas que tínhamos conhecido até então eram outros desertores, agentes sul-coreanos e equipes com treinamento especial. Eu também estava ansiosa para aprender mais sobre computadores, e assim resolvi ir a uma sala de internet que tinha visto entre as lojas próximas ao apartamento. Diferentemente dos cafés com internet, que estão abertos a qualquer um, aquelas funcionam mais como clubes privados, onde se paga uma pequena taxa por hora para jogar jogos e bater papo com amigos on-line. Prendi meus cabelos em um rabo de cavalo, vesti algumas roupas limpas e desci o morro.

Essa sala de internet ficava no segundo andar, aonde se chegava por uma escada de concreto imunda. Achei que era incrivelmente sofisticada, com suas luzes coloridas e reluzentes fileiras de terminais de computadores sendo usados por jovens que pareciam hipnotizados.

Reuni toda a minha coragem e empurrei a porta de vidro

para abri-la. O homem mais velho na mesa de recepção olhou para mim quando entrei.

"Eu queria usar esse computador...", eu disse.

Assim que ouviu meu sotaque, ele soube que eu não era da Coreia do Sul.

"Não permitimos estrangeiros neste lugar", disse ele.

"Está bem, sou da Coreia do Norte, mas agora sou cidadã da Coreia do Sul", eu disse, totalmente chocada. Eu podia sentir as lágrimas arderem em meus olhos.

"Não, você é estrangeira", ele disse. "Não se permitem estrangeiros aqui!"

Virei-me e desci as escadas correndo, e não parei de correr até voltar para nosso apartamento. Eu me sentia como se tivesse sido estripada.

No dia seguinte, tudo que queria fazer era ficar na cama com um cobertor cobrindo a cabeça, mas minha mãe disse que eu precisava me vestir. Era início de setembro, e o ano escolar havia começado. Era tempo de eu me matricular.

Apesar de minhas notas nos testes terem me deixado no mesmo nível de crianças sul-coreanas de oito anos, eu tinha o dobro dessa idade e era grande demais para a escola primária. Assim, se queria uma educação pública, teria de ser na escola secundária local. Como alternativa, eu poderia escolher uma escola particular só para desertores, mas queria aprender a me adaptar à Coreia do Sul o mais cedo possível.

A escola secundária era um prédio moderno feito de tijolos, onde estandartes coloridos pendurados saudavam os estudantes por suas vitórias em competições acadêmicas e esportivas. Minha mãe e eu fomos encontrar o diretor em seu gabinete, e a primeira coisa que ele me disse foi como seria difícil ter sucesso. "Sabe, tivemos aqui um garoto norte-coreano há alguns anos, mas ele nunca conseguiu alcançar os outros e foi reprovado." Lançou-me um olhar significativo, como me enviando a mensagem de que eu também era um caso perdido.

"E os uniformes são muito caros aqui", acrescentou. "Vamos ter de arranjar um usado, e sua mãe conserta para você."

Depois me levaram para conhecer alguns colegas de classe. Todas as garotas usavam seus elegantes uniformes, e eu vestia as roupas de segunda mão que uma assistente social havia me dado. Tentei falar com alguns garotos, mas eles só olharam para mim e foram embora. Mais tarde, ouvi algumas garotas falando sobre mim, sem se importar que eu pudesse ouvir.

"O que essa coisa animalesca está fazendo aqui?", disse uma.

"Qual é o problema com o sotaque dela?", disse outra. "É uma espiã ou algo assim?"

No fim do dia eu fui para casa com minha mãe e nunca mais voltei.

Depois disso, eu sentia tanto medo das outras pessoas que me recusava a deixar o apartamento. Se tentava sair, ficava suando frio e meu coração batia tão forte que eu pensava que ia morrer. O único momento em que me sentia bem fora de casa era tarde da noite, quando não havia ninguém por perto. Minha mãe me levava a um pequeno parque de diversões para as poucas crianças que moravam no conjunto habitacional. Lá eu sentava num balanço e me balançava enquanto minha mãe me contava como tinha sido seu dia, ou cantava para mim algumas das velhas canções.

"Você precisa confiar mais em si mesma, Yeonmi", ela disse. "Por que você fica tão aterrorizada quando as pessoas olham para você?"

Mas não havia como explicar para ela.

Depois de me esconder durante um mês, me dei conta de que eu precisava me forçar a entrar de novo no mundo. Mesmo que muitos sul-coreanos acreditassem que eu não tinha futuro, mesmo que pensassem que eu era estúpida e atrasada e indigna de confiança, eu ia mostrar a eles. Eu faria isso de um jeito ou de outro. E o primeiro passo era ter uma educação.

Antes de morrer, meu pai tinha me contado quais eram seus arrependimentos. Ele sempre quis que eu estudasse e que trouxesse boas notas para casa. Sabia que eu queria ir um dia para a universidade e talvez me formar em medicina, como muitos dos nossos parentes. Mas depois que ele foi preso, esse sonho se tornou irrealizável. Agora eu tinha como honrar os desejos de meu pai.

Muitas coisas que eu aprendi em Hanawon não faziam nenhum sentido. Mas havia uma frase simples que eu ouvia muitas vezes e que realmente me impressionara: "Numa democracia, se você trabalhar duro, será recompensado". No início, eu não acreditei nisso. Não era assim que as coisas aconteciam na Coreia do Norte, onde o trabalho duro só era recompensado se você tivesse um bom *songbun* e os contatos certos. Mas eu sabia que podia trabalhar duro, e era excitante pensar que poderia ser recompensada por meu esforço. Eu ainda não tinha uma palavra para "justiça", nem mesmo entendia o conceito, mas aquela ideia me caiu bem. Tinha de começar a trabalhar em direção a meus objetivos imediatamente; não havia um instante a perder.

Em novembro de 2009, eu me matriculei na Escola do Sonho Celestial, um internato cristão exclusivo para jovens norte-coreanos numa cidade próxima, Cheonan. Quase todas as escolas especiais para desertores eram dirigidas por cristãos, e não havia muitas opções disponíveis. Essa era a escola que ficava mais perto de minha mãe.

Eu tinha uma grande distância a percorrer para alcançar o nível necessário. Meu objetivo era obter diplomas de equivalência geral — na sigla em inglês, GEDs — do ensino fundamental e do ensino médio, ao mesmo tempo que outros jovens de minha idade se graduavam nas escolas regulares, para daí seguirem para a faculdade. Havia cerca de quinze adolescentes na Sonho Celestial — embora esse número oscilasse —, inclusive algumas garotas que eu tinha conhecido em Hanawon. Mas eu não era uma estudante popular. Estava determinada a perder a única coisa que denunciava minha identidade de desertora, e assim, quando falava com as pessoas, praticava o sotaque sul-coreano. As garotas achavam que eu era estranha e arredia. Os professores me diziam que eu não estava me "abrindo" o bastante. Não estava interessada em gastar muito tempo lendo a Bíblia e indo à igreja, o que era muito importante para todos os outros. Tudo que eu queria fazer na Escola do Sonho Celestial era estudar. Estava tão ávida por estudar que não conseguia tolerar qualquer distração. Meu apelido era "Máquina de Estudo".

Na maior parte do tempo eu ficava em meu quarto lendo, por minha conta. Relembrava o antigo prazer de ler livros na Coreia do Norte, só que agora eu tinha muito mais para ler além das aventuras de Kim Il-sung e de Kim Jong-il.

Enquanto isso, minha mãe se sentia aliviada por eu estar numa escola interna, onde estaria segura e alguém me daria de comer. Ela estava planejando uma viagem à China.

Assim que fomos liberados de Hanawon, minha mãe entrou em contato com alguns atravessadores na China, e eles enviaram uma mulher que cruzou a fronteira e foi até Hyesan perguntar sobre Eunmi. Queríamos saber se ela tinha sido presa na China e enviada de volta para a Coreia do Norte, como tantas outras mulheres que conhecíamos. Mas ninguém tinha ouvido falar de minha irmã nos dois anos e meio em que estava desaparecida.

Então espalhamos nas redes de tráfico humano da China que estávamos oferecendo 10 mil dólares de recompensa por qualquer informação sobre Eunmi. Ao mesmo tempo, minha mãe solicitou um passaporte sul-coreano. Estávamos vivendo na pobreza em nossos primeiros meses em Asan porque economizávamos tudo que podíamos para a busca por minha irmã. Assim que minha mãe recebeu seu passaporte, ela reservou um voo para a China.

É difícil imaginar a coragem que minha mãe precisou reunir para fazer essa viagem sozinha. Ela ainda quase não falava chinês e nunca tinha viajado pelo país sem ter alguém que a guiasse. Mesmo tendo agora cidadania sul-coreana, não podia saber se não seria sequestrada e vendida de novo, ou mesmo se não cairia nas mãos de agentes norte-coreanos que a mandariam de volta para a morte. Mas ela superou seus temores e embarcou num voo para o balneário Dalian — porque era mais barato —, e de lá embarcou sozinha numa viagem de ônibus muito longa até Shenyang.

Ela ficou com nossa amiga Myung Ok, nossa patroa na sala de bate-papo, enquanto procurava por Eunmi. Quando estávamos nos escondendo, tínhamos muito medo de fazer contato com os parentes de meu pai, que viviam no nordeste da China, na cidade de Yanbian. Tínhamos medo de que o simples ato de telefonar para tentar localizá-los traria a polícia à nossa porta. Dessa vez minha mãe os localizou por meio do banco onde a tia de meu pai tinha trabalhado uma vez. Foi maravilhoso refazer contato com essa parte da família, mas ficamos desapontadas ao saber que ninguém tinha ouvido falar de Eunmi.

Depois de passar vinte dias na China, minha mãe voltou para casa desencorajada. Não tínhamos conseguido encontrar minha irmã, mas não íamos perder a esperança de que um dia a encontraríamos. Entretanto, minha mãe não voltou para casa com as mãos totalmente vazias. Antes de ir para a missão em Qingdao, tínhamos armazenado nossos pertences num lugar seguro em Shenyang. Não quisemos carregar conosco nada que pudesse nos identificar como norte-coreanas enquanto empreendíamos a nossa fuga. Isso incluiu um pequeno pacote com fotografias da família. Esses retratos eram tudo que restava de meu pai, de Eunmi e da família que amávamos e que tínhamos deixado para trás. E agora eles estavam conosco na Coreia do Sul.

Outra coisa boa resultou dessa viagem. No passado, Myung Ok havia se recusado a desertar porque tinha um medo terrível de ser presa, enviada de volta, torturada e executada. Mas minha mãe lhe contou como era bom na Coreia do Sul e como o governo nos ajudou quando chegamos. "Olhe para isso!", ela disse a Myung Ok, acenando com seu passaporte diante do rosto da amiga. "Você poderá ter um desses quando for para lá, e então poderá viajar para qualquer lugar sem medo! Você será livre."

Ver aquele passaporte deu a Myung Ok a coragem de correr o risco. Minha mãe e eu demos alguns telefonemas e arranjamos uma rota de fuga para ela, passando pela Tailândia. Ela partiu alguns meses depois e finalmente conseguiu chegar à Coreia do Sul.

Não fiquei na Escola do Sonho Celestial por muito tempo. Na verdade, assim que minha mãe retornou da China, no final de novembro, eu saí e me mudei de volta para o apartamento. Não senti que estava obtendo o bastante do que precisava do currículo da escola, e não gostava de todas as atividades religiosas suplementares. Não gostava de precisar fingir que acreditava mais profundamente do que de fato acreditava. E as prédicas às vezes me faziam lembrar como o pastor de Qingdao tinha feito com que me sentisse tão suja e cheia de pecados.

Uma vez em casa, tudo que eu fazia era ler. Eu respirava livros como outras pessoas inalam oxigênio. Eu não lia somente para ter conhecimento ou por prazer. Eu lia para viver. Eu só tinha trinta dólares por mês para gastar, e depois das despesas, usava tudo que sobrava para comprar livros. Alguns eram novos; outros vinham de um sebo. Mesmo quando tinha fome, livros eram mais importantes que comida. Eu não sabia — só soube muito mais tarde — que havia bibliotecas públicas. Agora parece difícil de acreditar, mas tínhamos muito pouca informação sobre a vida na Coreia do Sul logo que chegamos.

Comecei com livros infantis com tradução para o coreano, depois passei para livros ilustrados sobre os países do mundo. Comprei livros sobre a mitologia romana e história universal. Li biografias de Abraham Lincoln, Franklin Roosevelt e Hillary Clinton. Estava interessada nos Estados Unidos, e gostava especialmente de biografias porque eram sobre pessoas que tinham superado obstáculos e preconceitos para avançar. Fizeram-me pensar que eu poderia ter sucesso mesmo que ninguém mais acreditasse em mim, mesmo que até eu não acreditasse em mim mesma.

Eu comprimi doze anos de educação nos dezoito meses seguintes de minha vida. Frequentei algumas escolas especiais que me ajudassem a obter meus diplomas de equivalência geral aos ensinos fundamental e médio. Mas mesmo então, estudava melhor sozinha. Prometi a mim mesma ler cem livros por ano, e o fiz.

Eu lia para encher minha mente e bloquear as lembranças ruins. Mas descobri que quanto mais eu lia, mais profundos ficavam meus pensamentos; minha visão se ampliava e minhas emoções ficavam menos rasas. O vocabulário na Coreia do Sul era muito mais rico do que aquele que eu conhecia, e quando você dispõe de mais palavras para descrever o mundo, você aumenta sua aptidão para desenvolver pensamentos complexos. Na Coreia do Norte, o regime não quer que você pense, e eles odeiam sutilezas. Tudo é preto ou branco, sem meio-termo. Por exemplo, na Coreia do Norte, o único tipo de "amor" que você pode descrever é o amor pelo Líder. Tínhamos ouvido a palavra "amor" sendo usada em sentidos diferentes nos programas de TV e filmes contrabandeados, mas não havia como aplicá-la na vida cotidiana na Coreia do Norte — nem com sua família, seus amigos, seu marido ou sua mulher. Mas na Coreia do Sul havia muitas maneiras diferentes de expressar amor — por seus pais, por seus amigos, pela natureza, por Deus, por animais e, é claro, por seu amante.

Às vezes, quando eu estava no Centro Nacional de Inteligência esperando para ir a Hanawon, chegavam pessoas de fora que nos pediam para preencher questionários e conversavam conosco. Uma das mulheres nos falou sobre o amor. Ela contou que se disséssemos às plantas "Eu amo vocês", elas cresceriam mais saudáveis. Assim, era muito importante deixar que alguém de quem gostássemos ouvisse isso. Ela nos encorajou a dizer essa palavra a quem estivesse sentado a nosso lado naquele momento. Foi um exercício muito estranho, mas foi então que eu soube que havia maneiras de expressar amor por amigos, ou até por plantas e animais. Tudo, mesmo as emoções mais básicas, precisava ser ensinado.

Comecei a me dar conta de que uma pessoa não pode crescer e aprender de verdade se não tiver uma linguagem dentro da qual crescer. Eu podia sentir, literalmente, meu cérebro começar a viver, como se novas trilhas estivessem aparecendo em lugares que tinham estado escuros e áridos. Ler estava me ensinando o que significava estar viva, ser humana.

Li clássicos da literatura, como *O apanhador no campo de centeio*, *O senhor das moscas* e contos de Tolstói. Apaixonei-me por Shakespeare. Mas foi a descoberta de *A revolução dos bichos*, de George Orwell, que marcou em mim um ponto de inflexão. Foi como achar um diamante num monte de areia. Senti como se Orwell soubesse de onde eu era e pelo que tinha passado. A fazenda de animais era na realidade a Coreia do Norte, e no livro ele estava descrevendo a minha vida. Nos animais eu vi minha família — minha avó, minha mãe, meu pai e também eu: eu era como um dos "novos porcos", sem nenhuma ideia. Reduzir o horror da Coreia do Norte a uma simples alegoria extinguiu seu poder sobre mim. Ajudou a me libertar. '

Quando eu estava em Hanawon, desertores que já tinham se integrado à sociedade sul-coreana nos visitavam às vezes para compartilhar suas experiências. Um deles deu uma dica simples de como fazer amizade com sul-coreanos: procurar saber sobre os programas de TV da moda e os astros mais populares para falar sobre eles. Até mesmo assistir a filmes e à TV passou a ser educativo para mim. Eu decorava os nomes dos atores e os enredos de filmes e programas. Fiz uma lista de todas as bandas e ouvia tantas músicas quanto pudesse, de modo que conseguia reconhecer os maiores sucessos das décadas de 1970, 1980 e 1990.

Lia artigos sobre celebridades, aprendia sobre seus escândalos e suas histórias, e assim poderia falar sobre eles como se tivesse vivido minha vida toda na Coreia do Sul. Eu ficava assombrada com os casamentos e os vestidos desenhados por estilistas de todas essas celebridades. Não tinha ideia do que fosse um estilista, mas agora havia uma sala na escola onde eu poderia acessar a internet e fazer uma busca. Toda a ideia de "celebridade" era muito estranha para mim. Na Coreia do Sul, pessoas bonitas eram adoradas tal como nosso Líder era no Norte. Mas a grande diferença era que na Coreia do Sul as pessoas podiam escolher quem iriam venerar.

Gradualmente, meu sotaque do norte desapareceu, e comecei a soar como alguém de Seul. Aprendi como me vestir, comer e conversar como uma sul-coreana. Se uma pessoa que não me conhecia me perguntava de onde eu era, eu dizia apenas "Asan", e deixava por conta dela acreditar no que quisesse. Fazia tudo que podia para me distanciar de meu passado. Nunca contatei ninguém que tinha me conhecido na China. Minha mãe ficou próxima de Sun Hi e Myung Ok depois que elas se estabeleceram no Sul, mas eu não. Não queria nada que tivesse a ver com aquela parte de minha vida, que já começava a me parecer irreal, como o pedaço de um sonho já meio esquecido.

Minha mãe me disse que não era saudável ficar em casa lendo o tempo todo. Ela me instou a voltar para o internato, e assim, na primavera de 2010, me inscrevi em outra academia cristã para desertores, a fim de obter meu GED do ensino fundamental, e depois mudei para o campus de Seul da Escola do Sonho Celestial para terminar o ensino médio. Eu ainda evitava ir à aula e fazia a maior parte de meus deveres em casa, sozinha. Mas tirava boas notas nas provas.

Em abril de 2011, exatamente dois anos após minha mãe e eu aterrissarmos na Coreia do Sul, fiz meu exame para o GED do ensino médio e passei. Foi uma doce vitória. Pensei em todas as pessoas que haviam me descartado: o pastor em Qingdao, o agente que me interrogou, o diretor que tinha me dispensado e os muitos professores que me disseram que esse dia nunca chegaria. O fato de terem me dito que o que eu queria era impossível tinha me motivado, e obter o GED demonstrou, pela primeira vez, que poderia haver justiça em minha vida. O trabalho duro seria recompensado.

Minha mãe não podia acreditar que aquela criança muito lenta que ela criara em Hyesan tinha conseguido seu GED do ensino médio. Mas ela me lembrou do que dizíamos na Coreia do Norte: "Não se pode dizer se uma criança é inteligente até que ela cresça". Ela não era do tipo que diria abertamente estar orgulhosa de mim, mas eu sabia que estava.

Minha mãe passava por seus próprios testes, tentando se adaptar à vida na Coreia do Sul. Ela trabalhava duro em várias tarefas subalternas que tipicamente são exercidas por desertores norte-coreanos recém-chegados. Fazia limpeza e lavava pratos numa cafeteria que também servia comida, onde conheceu um homem que trabalhava numa sauna local. Começaram a namorar, e ele conseguiu um emprego para ela vendendo petiscos no spa onde trabalhava. Infelizmente ele acabou se revelando um homem muito violento. Eu não me dei conta do quanto ele era mau até que uma noite, quando eu estava na Escola do Sonho Celestial em Seul, recebi uma ligação de um hospital em Asan.

"É sua mãe", disse a enfermeira. "Você precisa vir buscá-la."

Vesti-me rapidamente e corri para o metrô, alcançando o primeiro trem matinal para Asan, por volta de cinco horas da manhã. Parei primeiro em nosso prédio. Quando cheguei lá, o corredor estava salpicado de sangue, e havia uma grande poça de sangue em nosso apartamento. Nosso vizinho me disse que tinha havido uma briga terrível. O namorado de minha mãe tinha batido em sua cabeça com uma pesada panela de metal, fazendo com que ela perdesse os sentidos, e depois ele fugiu, deixando-a ali para morrer. Os vizinhos chamaram a polícia, que veio e a levou para o hospital.

Minha pobre mãe estava num estado lastimável, toda enfaixada e sofrendo com uma grave concussão. Quando fui para casa para limpar o sangue, ela fechou a conta no hospital porque não poderíamos arcar com a despesa. Não tinha dinheiro para um táxi, e um ônibus a deixaria enjoada demais; então foi para casa a pé, sozinha. Foi de partir o coração vê-la atravessar a porta, tão exausta e tonta. Mesmo no Sul, a vida não estava sendo fácil para nós.

Ela nunca apresentou queixa contra o namorado. A polícia o interrogou e queria processá-lo, mas minha bondosa mãe o perdoou e pediu que o deixassem ir. Acho que, após sua experiência com a polícia norte-coreana, ela não queria pôr ninguém diante daquele tipo de tortura, mesmo alguém que tentara matá-la. Não sabia que havia uma diferença nos procedimentos da polícia na Coreia do Sul.

Depois que ele a agrediu, minha mãe tentou romper com aquele homem, mas ele a assediava e vinha ao apartamento a qualquer hora para ameaçá-la. Depois de alguns meses, ela desistiu de resistir e voltou a ficar com ele. Mas era um homem violento, e continuou a abusar dela. Às vezes eu recebia textos em que ela dizia: "Se eu morrer esta noite, saiba que foi ele quem fez isso".

Eu ficava louca ao pensar que minha mãe tinha passado por tanto sofrimento para ser livre, e agora que sua família estava finalmente na Coreia do Sul, ela precisava viver com medo. Como ela tinha se recusado a apresentar queixa, parece que a polícia não podia fazer nada para protegê-la.

Deveria haver um modo melhor. Se eles não podiam protegê-la, pensei, talvez eu pudesse. Poderia estudar a lei e me tornar uma oficial de polícia, ou até mesmo uma promotora. Na Coreia do Norte, policiais eram aqueles que tomavam o seu dinheiro e o jogavam na prisão. Na China, eu congelava de medo toda vez que via um uniforme, porque a polícia de lá me prenderia ali mesmo. Policiais nunca tinham me protegido de nada em minha vida. Mas na Coreia do Sul, proteção era a palavra que definia seu trabalho. Assim, decidi ir ao encontro da coisa que mais temia e me juntar a suas fileiras.

Fiz algumas pesquisas e descobri que o melhor lugar do país para me graduar em administração policial era a Universidade Dongguk, em Seul. Então decidi que seria lá que eu solicitaria ingresso na faculdade.

22. Agora a caminho de conhecer você

A Universidade Dongguk fica no alto de uma colina íngreme no centro de Seul, por todos os lados com vista para a cidade e as florestas nas encostas do parque Namsan. A faculdade foi fundada por budistas em 1906, e embora aceite estudantes de todas as crenças, seus quatro princípios refletem suas origens:

Mantenha firme a mente pura de alguém.
Comporte-se com honestidade e confiabilidade.
Ame as pessoas com benevolência.
Salve a humanidade do sofrimento.

Esses princípios me soavam como dogmas que eu poderia seguir, particularmente o último. Eu tinha usado meus primeiros dois anos de liberdade para trabalhar em mim mesma, despertando minha mente e abrindo-a para as possibilidades do mundo. Eu agora estava em segurança, mas não conseguia parar de pensar em minha família, em meus amigos e em todos os outros que ainda estavam sofrendo, e em minha irmã, que continuava desaparecida. Deveria haver uma razão para eu ter fugido, sobrevivido e encontrado minha liberdade, e eles não. Mas isso ainda era somente uma noção que eu não conseguia expressar por completo.

Minha missão mais imediata era ser aceita nessa prestigiosa universidade. Como eu era desertora da Coreia do Norte, metade de minha anuidade era paga pelo governo, enquanto a faculdade pagava a outra metade — desde que eu tirasse boas notas —, e assim o custo não era um obstáculo. Mas eu sabia que minha formação educacional incomum estaria em questão, para dizer o mínimo. Como todos os desertores, eu era dispensada da notória Prova Universitária de Aptidão Escolar, com oito horas de duração. Mas ainda teria de passar em rigorosas provas para entrar na universidade, inclusive um exame oral. Tudo dependia da entrevista que eu tinha agendado com o escritório encarregado das admissões, no início do verão de 2011.

Eu estava tão nervosa que cheguei ao campus às cinco horas da manhã. Sentei-me num banco, ao ar frio da manhã, esperando pela hora da entrevista. Havia uma estátua de Buda em uma extremidade da grande quadra central, e pouco antes da hora marcada me postei diante dela para orar.

Embora tivesse abraçado completamente o cristianismo quando estava com os missionários na China, minha crença não se confinava em uma fé única. Eu tinha sido criada sem qualquer religião, exceto o culto a ditadores, e meu espírito ainda buscava um lugar onde pudesse descansar. Apesar de toda a evidência em contrário, eu acreditava que um poder benevolente guiava o universo, uma força amorosa que de algum modo nos empurrava na direção do bem, e não do mal. Acreditava que Jesus era parte dessa força, juntamente com Buda e todos os seres espirituais que invocávamos em nossos momentos de desespero e necessidade. Meu pai também estava entre eles. E assim fiquei ali ante o Buda, juntei minhas mãos diante do coração e falei a meu pai, pedindo orientação. Eu ainda sentia uma forte conexão com ele, e tudo que precisava era lhe pedir, e ele viria a mim para me dar força. Eu o senti fortemente naquela manhã.

Era óbvio que eu não estava preparada para a faculdade, e o pequeno comitê de professores na sala da entrevista sabia disso. Eu teria de convencê-los do meu valor.

"Olá, meu nome é Yeonmi Park. Nasci em Hyesan, Coreia do Norte. Cheguei aqui há pouco tempo, quase sem instrução, e consegui me adiantar em muita coisa em dois anos. Posso garantir-lhes que, se confiarem em mim, não vou decepcioná-los."

Eu mesma fiquei chocada com essa autoconfiança. Os professores pareceram estar surpresos também.

"Você se saiu muito bem até agora", disse um deles. "Mas você teve pouquíssima educação formal, e não estudou inglês, do qual vai precisar para se graduar."

Outro disse: "Sabemos que muitos norte-coreanos não chegam a se graduar quando entram na faculdade. Como você pode me prometer que não vai fracassar também?".

Eu levantei o olhar para eles e disse: "Sim, é verdade, não tenho as mesmas aptidões de outros candidatos, mas tenho o que ensinar a eles. Mais importante, enquanto esses estudantes estavam na escola, eu estava aprendendo com a vida. E assim tenho algo a oferecer que eles não têm. Se me derem a chance, posso fazer isso e posso fazer vocês terem orgulho de mim".

Em agosto, verifiquei na lista de admissões on-line que tinha sido aceita na Universidade Dongguk, no departamento de justiça criminal.

Cobri o rosto com as mãos e chorei. Finalmente alguém acreditara em mim.

O ano letivo na Coreia do Sul começa no início de março, e assim eu tinha sete meses antes de começar a estudar em Dongguk. Como ainda não estava oficialmente formada na Escola do Sonho Celestial, fiquei morando nos alojamentos da escola e assistia a algumas aulas enquanto me preparava para a faculdade. Também trabalhava durante meio período numa loja de produtos a dois dólares, assim como arrumando lugares e retirando pratos num salão para festas de casamento em um hotel de luxo. Não creio que tivessem me empregado se eu falasse como ou tivesse aparência de desertora norte-coreana. Assim, deixei que pensassem que eu era de Seul.

Eu estava pronta para esquecer meu passado e começar do zero com uma identidade totalmente nova, como uma estudante universitária sul-coreana. Mas então, no final de 2011, recebi uma ligação do produtor de um programa de TV a cabo de âmbito nacional na EBS, Educational Broadcasting System. Ele queria entrevistar um desertor norte-coreano e tinha ouvido meu nome de alguém ligado a Hanawon. Concordei em me encontrar com ele e contei a história de minha fuga através do deserto e a busca por minha irmã que desaparecera na China. Ao final de nossa conversa, ele me disse que estava procurando um desertor articulado e ambicioso para se apresentar num segmento de seu programa. Eu estaria interessada?

Senti o pânico crescer em mim e imediatamente respondi: "Não!".

"Mas é um programa importante e será visto em toda parte", disse o produtor. Fez uma pausa. "E talvez isso a ajude a encontrar sua irmã."

Eu não tinha pensado nessa possibilidade antes. Em toda a China se assistia à televisão coreana on-line. Se eu contasse a história de Eunmi na TV, talvez ela assistisse e encontrasse um meio de nos contatar, e assim poderíamos ajudá-la a fugir.

Por outro lado, eu estaria correndo um risco ao me apresentar em público. Além de nossas amigas, havia várias outras mulheres vivendo agora na Coreia do Sul que me conheciam e sabiam o que eu tinha feito para sobreviver na China. Minha esperança de uma carreira na lei ou na justiça criminal poderia estar destruída se elas se apresentassem para me expor.

Discuti essa proposta com minha mãe, e decidimos que valia a pena aproveitar a oportunidade se isso pudesse ajudar a encontrar Eunmi.

Passei alguns dias gravando o segmento. Na maior parte das cenas, eles me filmaram caminhando em praias e parques de diversão com outro desertor, mais velho, conversando sobre a diferença de gerações que havia entre norte-coreanos de minha idade, que tinham acesso a DVDs estrangeiros, e sua geração, que tinha outra mentalidade. A certa altura, eles nos levaram a uma academia de acordeão de um casal de desertores norte-coreanos, e lá me gravaram ouvindo-os tocar acordeão e cantando canções do antigo país. Uma enorme onda de tristeza me envolveu; não consegui me conter e chorei diante da câmera. Contei como Eunmi costumava tocar acordeão quando éramos crianças em Hyesan. E que fazia cinco anos que não a via, e sentia muita falta dela.

Depois da transmissão do programa, em janeiro de 2012, eu dava um pulo toda vez que meu telefone tocava e o visor mostrava um número desconhecido, na esperança de que fosse uma mensagem de Eunmi, na China. Mas os dias iam passando e não havia sinal de minha irmã.

Minhas aulas em Dongguk começaram em março de 2012. A universidade era como um enorme banquete de conhecimentos servido bem à minha frente, no qual eu não conseguia comer com rapidez o bastante. Em meu primeiro ano, fiz cursos de gramática inglesa e conversação, criminologia, história do mundo, cultura chinesa, história da Coreia e dos Estados Unidos, sociologia, globalização, Guerra Fria e muito mais. Li por minha conta os grandes filósofos do Ocidente, como Sócrates e Nietzsche. Tudo era novidade para mim.

Enfim eu podia pensar em alguma coisa além de alimento e segurança, e isso me fez me sentir mais inteiramente humana. Nunca imaginara que a felicidade podia vir do conhecimento. Quando era mais jovem, meu sonho era ter carradas de pão. Agora eu começava a ter sonhos maiores.

Infelizmente, as exigências mais práticas da vida na faculdade me limitavam. Logo em minha primeira aula, o professor nos dividiu em grupos para criar uma apresentação. Assim que me reuni com meu grupo, tive de admitir que não tinha ideia do que fosse uma apresentação ou de como eu poderia contribuir. Os outros assumiram o trabalho no computador e o design, e eu fui encarregada da "pesquisa". Eu não tinha certeza do que isso significava. Até então eu tinha sido principalmente uma autodidata, e percebi que toda a minha carreira acadêmica seria um desastre se não desenvolvesse imediatamente alguma aptidão para lidar com o computador e com pesquisas. Assim, além dos trabalhos de meu curso, eu ficava on-line para aprender os princípios básicos.

Eu tinha alugado um minúsculo apartamento num porão, em um bairro próximo à universidade, mas nunca passava muito tempo nele. Durante o ano escolar, eu praticamente vivia na moderna biblioteca com paredes de vidro de Dongguk, com suas estantes cheias de livros tentadores e seu acesso à internet de alta velocidade. Ela se tornou meu playground, minha sala de jantar, e às vezes meu dormitório. Eu gostava mais da biblioteca à noite, quando havia menos estudantes em volta para desviar minha atenção. Quando precisava fazer uma pausa, saía para dar um passeio num pequeno jardim, onde havia um banco com vista para a cidade. Com frequência eu levava comigo um café, comprado numa máquina por alguns centavos, e lá sentava por alguns minutos contemplado o mar de luzes que era a Seul metropolitana. Às vezes eu me perguntava como poderia haver tantas luzes nesse lugar quando, apenas 56 quilômetros ao norte, um país inteiro estava mergulhado na escuridão. Mesmo às primeiras horas da manhã, a cidade reluzia com anúncios luminosos a brilhar, torres de transmissão a piscar e ruas e estradas movimentadas com faróis percorrendo-as como células brilhantes ao longo de vasos sanguíneos. Tudo era tão conectado e, ao mesmo tempo, tão remoto. E eu pensava: "Onde será meu lugar lá dentro disso tudo? Eu era norte-coreana ou sul-coreana? Ou nem isso nem aquilo?".

Ironicamente, um de meus cursos mais difíceis chamava-se "Entendendo a Coreia do Norte". Pela primeira vez aprendi os detalhes do sistema político e econômico no qual havia nascido. Usei muito de minha energia para evitar que meu queixo caísse durante as aulas. Não podia acreditar que o sistema público de distribuição costumava dar à maioria das pessoas setecentos gramas de ração de grãos *diariamente*, antes do período de fome. Quando eu era criança, tínhamos sorte quando conseguíamos comprar essa quantidade de comida para uma semana e para toda a família! Aprendi na aula que o Grande Líder Kim Il-sung tinha matado ou expurgado 1,6 milhão de pessoas. Fiquei em estado de choque. Eu ainda tinha dificuldade para confiar no que estava aprendendo, embora agora parte disso fizesse mais sentido do que acreditar que Kim Jong-il podia controlar o clima com sua mente.

Mesmo que em geral (contrariando meu comportamento usual) eu me sentasse na fileira da frente, tomasse muitas notas e pedisse ajuda extra aos professores, nunca me dirigi ao professor que dava esse curso. E nunca lhe disse que era da Coreia do Norte.

Eu estava certa em meu palpite de que quase ninguém em Dongguk tinha me visto no segmento da EBS falando sobre minha vida como desertora, e nunca passei voluntariamente qualquer informação sobre mim mesma. Os estudantes em meu próprio departamento conheciam minhas origens, mas os de fora não. E eu tinha muitos amigos que não sabiam que eu era norte-coreana. Eu teria sido capaz de manter essa vida de fingimento se abandonasse minha busca para encontrar Eunmi. Mas isso não era possível.

Pouco depois da transmissão do programa da EBS, recebi uma ligação da produtora de um novo programa de TV a cabo chamado *Agora a caminho de conhecer você*. Ela queria que eu me apresentasse nele.

Na época, *Agora a caminho* era um programa de entrevistas e de apresentação de talentos no qual atuava um elenco rotativo de jovens mulheres que conversavam com celebridades, cantavam, dançavam e apresentavam esquetes humorísticos. O que fazia esse programa ser diferente era que todas as mulheres do elenco eram desertoras norte-coreanas. (Ele evoluiu para a inclusão de homens e de mulheres idosas.) O programa fora criado para despertar atenção sobre a questão dos desertores e para desafiar a imagem estereotipada dos norte-coreanos como gente sombria, robótica, tediosa. Os esquetes tratavam de forma divertida alguns aspectos da vida no Reino Eremita e também os preconceitos que desertores tinham de superar no Sul. Mas o programa era apresentado pelo departamento de entretenimento da emissora — e não o de educação —, e o seu tom era leve e brincalhão, assim como era moderno e exuberante seu estúdio de gravação. Muitos dos gracejos eram bobos, e as entrevistas passavam por rigorosa edição, mas isso era parte do charme.

Agora a caminho estava rapidamente adquirindo uma grande audiência entre os sul-coreanos, que quase nada sabiam sobre a Coreia do Norte, e pesquisas mostravam que os telespectadores tinham uma atitude mais positiva em relação aos desertores depois de assistir ao programa. Ao final de muitas apresentações, um dos convidados norte-coreanos dispunha de um tempo para enviar uma mensagem a um ente querido que ficara para trás. Era sempre um segmento emotivo, lacrimoso, que trazia à tona o sofrimento cru que havia por trás dos sorrisos das encantadoras mulheres em cena.

No começo eu resisti à proposta de participar do programa. Ainda tinha esperança de que o programa na EBS traria uma resposta de Eunmi. Mas quando se passaram semanas e meses, me dei conta de que precisava atingir uma audiência maior para chegar até minha irmã. *Agora a caminho* parecia ser a opção perfeita. Eu ainda estava preocupada com a possibilidade de que alguém de meu passado me reconhecesse, mas tirei isso da cabeça e fui em frente — algo em que sempre fui boa.

Quando cheguei ao estúdio, pedi que não revelassem meu verdadeiro nome, pensando que isso protegeria meus familiares na Coreia do Norte, além de ajudar a preservar minha privacidade.

Os produtores me entrevistaram a respeito de minha vida, e eu contei como nossa sorte tinha oscilado, mas que fomos privilegiadas em certos momentos. Contei como tinha assistido a vídeos e jogado Nintendo, como meu pai tinha sido membro do partido e eu viajara para Pyongyang. A maioria das outras mulheres que os produtores e roteiristas tinham entrevistado — era só o terceiro programa — vinha de famílias extremamente pobres das províncias do norte, e eles tinham ouvido histórias terríveis de fome e de sofrimento. Para eles, minha vida soou como vindo da elite, e eles precisavam de algo assim no programa para oferecer um contraste.

Como eu nunca mais tinha pensado nisso, não tinha motivo para entrar em detalhes sobre o que aconteceu conosco após a prisão de meu pai, sobre os meses em que minha irmã e eu ficamos sozinhas em nossa gélida casa em Hyesan com pouquíssimo alimento e sem uma luz que banisse a aterrorizante escuridão. Não precisei mencionar os tempos em que minha irmã e eu percorríamos as colinas, comendo folhas e assando libélulas para encher nossas barrigas. Ou os corpos para os quais tentávamos não olhar quando caminhávamos para a escola. E, certamente, tampouco o que acontecera na China.

Quando me preparavam para a gravação, fui transformada em Ye Ju, a norte-coreana privilegiada. Soltei meu rabo de cavalo de colegial, pus um vestido e sapatos de salto alto e deixei os maquiadores fazerem de mim uma Cinderela norte-coreana. Aprendi com facilidade os números de canto e de dança, e estava feliz em conversar com celebridades sobre tudo que elas quisessem ouvir. Eu só esperava que o som de minha voz, de algum modo, chegasse até a China.

Depois daquele primeiro programa, os produtores voltaram a me chamar, e por algum tempo fui uma convidada constante.

Antes de cada gravação, os produtores e roteiristas enviavam e-mails a cada membro do elenco com uma lista de perguntas sobre os tópicos do programa. Depois, no estúdio, líamos um roteiro que se baseava em nossas respostas. Num deles eu era chamada de "Paris Hilton da Coreia do Norte". Tive de ir buscar na internet o que isso queria dizer. Mais tarde, quando minha mãe apareceu no programa, eles transmitiram alguns retratos de nossa família nos quais ela aparecia vestindo roupas da moda. "Minha mãe é que é realmente a Paris Hilton", eu disse. "Minha mãe tinha até bolsas Chanel quando vivia na Coreia do Norte!" Claro que não mencionei que essas bolsas eram imitações de segunda mão vindas da China. Ou que esse estilo de vida abastado não tinha durado muito tempo. Mas minha mãe e eu estávamos tentando dar as respostas que, achávamos, a audiência queria ouvir. Era como dizer que o rosa era minha cor favorita, só para agradar minha professora.

Ainda assim, em comparação com algumas das mulheres no programa, tínhamos levado uma vida privilegiada. Mesmo nos dias de maior pobreza, nossa situação era melhor do que a das crianças de rua que imploravam por migalhas na estação de trem, que nunca tinham usado sabão ou experimentado carne. Alguns dos outros, no estúdio, tinham vivido esses pesadelos, e até mais do que isso. Não sei se era porque eu ainda tinha uma postura defensiva em relação à vileza dos Kim ou em relação a minha própria identidade norte-coreana, mas às vezes eu achava que minhas "irmãs" no elenco do programa exageravam suas agruras.

"Ela pensava que as outras estavam mentindo", disse minha mãe a uma das apresentadoras num segmento que me assombra até hoje. "Às vezes Yeonmi liga para mim após uma gravação e me pergunta: 'Sou realmente uma norte-coreana? Às vezes não consigo entender o que as outras irmãs estão dizendo.'"

Estávamos as duas envolvidas em nossos papéis. Mas minha mãe estava sendo verdadeira quando dizia que eu não tinha me dado conta do quanto as outras pessoas estavam sofrendo. E tinha razão quando disse que participar no programa tinha me feito mudar, porque eu "aprendera muito sobre a realidade da Coreia do Norte".

Depois eu comecei a ouvir de verdade o que as outras mulheres diziam. Suas histórias reforçavam o que eu estava estudando na faculdade. Como testemunhas que se sucedem uma após a outra em seus depoimentos, minhas irmãs construíam um caso contra o regime desalmado que tratou todos nós como se fôssemos lixo a ser descartado sem consideração. Cada história despertava mais de minhas próprias lembranças e aos poucos começaram a encher meu coração de um propósito. Kim Jong-il, que supostamente era imortal, tinha morrido em 2011, e seu rechonchudo e jovem filho, Kim Jong-un, herdara a ditadura familiar. Os Kim que eu uma vez cultuara como deuses agora se revelavam criminosos. E criminosos merecem ser punidos.

Infelizmente, estar num programa de grande audiência na Coreia do Sul em nada me ajudou a encontrar minha irmã. Com lágrimas a escorrer pelo meu rosto enviei uma mensagem a Eunmi no final de uma apresentação do programa, pedindo que nos contatasse se chegasse a ouvir minha voz, onde quer que estivesse. Mas tudo que voltou para mim foi silêncio.

23. Uma graça extraordinária

Olhando em retrospecto, pode ter sido uma loucura pensar que eu poderia manter minha vida de estudante universitária sul-coreana separada de minha identidade como desertora norte--coreana num programa de televisão. Como usei um pseudônimo e muita maquiagem quando gravei *Agora a caminho de conhecer você*, de algum modo pensei que ninguém me reconheceria. Mas depois a maioria de meus professores e amigos em Dongguk imaginou que fosse eu no programa, e alguns deles ficaram chocados e desapontados por eu não ter contado quem eu realmente era. Claro que eu ainda não tinha certeza de quem eu era ou quem queria ser. Às vezes eu era reconhecida na rua — o que em geral me aterrorizava, até perceber que o estranho era um fã e não um agente norte-coreano ou alguém que fuçava meu passado.

Pouco tempo depois, o estresse de ser uma estudante em período integral, trabalhar no programa de TV e aprender por conta própria na internet começou a me desgastar. Eu estava tão ocupada que raramente dormia e com frequência esquecia de comer. O departamento de justiça criminal em Dongguk exigia treinamento físico e militar, assim como trabalhos acadêmicos no curso. Quando o semestre começou, eu precisava correr quase todo dia de semana e me exercitar o tempo todo. Meu peso caiu para menos de quarenta quilos, e com frequência eu tinha tonturas. Não consegui aguentar fisicamente e precisei parar com esse treinamento. Mas continuei perdendo peso, e durante os exames finais eu desmaiei e fui parar na emergência. Os médicos me disseram que eu estava sofrendo de estresse e subnutrição. Eu estava literalmente encaminhando a mim mesma para a morte.

Por precisar desistir de meu treinamento físico, minhas opções de ser uma executora da lei provavelmente ficaram limitadas. Mas pensei que poderia continuar a estudar a lei. Quanto mais estudava sobre a justiça, mais isso me atraía. Contudo, estava claro que qualquer que fosse a área de estudo que eu escolhesse, teria de aprender inglês, e não estava melhorando nisso com rapidez suficiente. Assim, durante as férias de julho e agosto, eu me inscrevi num programa de verão numa academia de língua inglesa na ilha tropical de Cebu, nas Filipinas.

Tinha economizado o dinheiro de minhas apresentações no programa, e essa viagem foi a primeira coisa na vida que fiz apenas por mim. No começo eu estava relutante, mas alguns de meus amigos me convenceram a ir. Fiquei muito excitada de conhecer mais o mundo e, ao mesmo tempo, aprender. Mas como a academia estava cheia de sul-coreanos, acabei não praticando muito o inglês. Fiz muitos novos amigos que pensavam que eu também era sul-coreana. Comi muitas mangas, e me sentava nas águas rasas, olhando para os peixinhos coloridos que passavam entre meus dedos do pé. Eu ainda não sabia nadar, mas às vezes meus amigos me levavam nas costas para águas mais profundas, como minha irmã costumava fazer no rio Yaku.

Eu começava a me perguntar se algum dia voltaria a vê-la.

* * *

Minhas notas do primeiro semestre na faculdade foram postadas on-line. Entre os cerca de noventa estudantes em minha especialização, eu estava em 33º lugar. Isso surpreendeu a todos — inclusive a mim — porque a justiça criminal era o departamento mais exigente em toda a universidade. Meu desempenho continuou a melhorar no ano seguinte, e no final do primeiro semestre de 2013 eu era a 14ª da turma. Isso não provava somente aos administradores da escola que uma desertora da Coreia do Norte podia competir com sul-coreanos — eu estava provando isso a mim mesma. Finalmente, estava vivendo uma vida que não tinha limites.

No verão de 2013, resolvi me dar um tempo de folga na faculdade e nos programas da TV. Minha mãe e eu tínhamos nos resignado com o fato de que Eunmi poderia ficar desaparecida por muito tempo, embora ainda tivéssemos a esperança de que estivesse viva, em algum lugar. Minha mãe tinha começado a sair com um homem muito gentil, empreiteiro por conta própria, e seu ex-namorado violento finalmente saíra de nossas vidas. Agora que sua vida era mais feliz e mais estável, senti que estava livre para sair de casa por alguns meses.

Eu tinha lido as biografias de heróis dos direitos civis dos Estados Unidos, como Martin Luther King Jr. e Rosa Parks, e outros que tinham sacrificado sua segurança e até suas vidas para que outros pudessem ser livres. Fiquei atraída por suas histórias e pela noção de que viver uma vida cheia de significado exigia que se abraçasse algo mais do que você mesma. Minha mãe já sabia disso. Ela sempre me disse que, para ser feliz, é preciso dar aos outros, não importa o quão pobre você seja. E ela pensava que, se tivesse algo para dar, isso significaria que toda a sua vida tinha algum valor. Além dos sacrifícios que eu fiz por minha família, minha vida até então tinha sido muito egoísta. Agora, em vez de focar apenas em minhas próprias necessidades, trabalhando cada hora do dia para melhorar a mim mesma, talvez eu pudesse me tornar alguém útil para os outros.

Enquanto eu frequentava a Escola do Sonho Celestial em Seul, uma equipe do Jovens Com Uma Missão — grupo de jovens cristãos de Tyler, cidade no estado norte-americano do Texas — veio pregar para nós. Eles me contaram de uma missão voluntária com cinco meses de duração de ajuda aos pobres, incluindo doze semanas de estudo da Bíblia no Texas. Fazer esse trabalho parecia ser um modo de retribuir um pouco da grande dívida que eu tinha com os missionários que haviam sacrificado tanta coisa para me ajudar a fugir para a Mongólia. E era um modo de visitar os Estados Unidos e conhecer um pouco o mundo sem ter muito dinheiro ou saber bem o inglês. Eu ainda não era uma cristã devota, mas fiquei entusiasmada com o desafio de trabalhar com esse grupo jovem e dedicado.

Eu estava um pouco enjoada quando as rodas tocaram a pista do Aeroporto Internacional George Bush em Houston, mas dessa vez não era por "enjoo de movimento". De repente eu estava em território inimigo. Quando saímos do avião, minha cabeça estava cheia de imagens de soldados ianques de nariz grande enfiando baionetas em mães norte-coreanas indefesas. A propaganda da minha juventude ainda impregnava meu cérebro, e os sentimentos que eu fora treinada a alimentar ainda conseguiam espocar sem aviso prévio. O que eu estava fazendo ao visitar esse povo malvado? Mas assim que olhei em volta para o aeroporto, todo o meu temor se dissolveu. Havia pais segurando as mãos dos filhos, pessoas comendo batata frita, grupos de adolescentes vestindo camisetas de times. A única diferença entre nós era que falávamos línguas diferentes. Fiquei pasma de ver quão rápido uma mentira pode perder sua força diante da verdade. Em minutos, algo em que eu acreditara durante muitos anos simplesmente desapareceu.

Troquei de avião e voei para Tyler, uma cidadezinha a 160 quilômetros a sudeste de Dallas. O aeroporto inteiro parecia ter o tamanho de uma sala de espera em Incheon, e pensei comigo mesma: "Isto são os Estados Unidos? Eu pensava que era muito maior". Um missionário sul-coreano me pegou e me levou de carro ao longo de muitos quilômetros de terras agrícolas. Depois passamos pelos portões do campus do Jovens Com Uma Missão, que tinha sido uma fazenda de criação de gado, e continuamos a avançar. Eu estava começando a me dar conta de como os Estados Unidos eram grandes, afinal. Pareceram ainda maiores uma hora mais tarde, ou algo assim, quando me juntei a um grupo de estudantes para ir a um Walmart próximo dali para comprar alguma coisa para comer. Achei que era a loja mais elegante que já tinha visto, e não conseguia acreditar que fosse tão grande. E todos os produtos eram gigantescos, também. Agarrei um imenso tubo azul de aveia com um vovô simpático e idoso na caixa. Precisava experimentar um macarrão laranja-claro com queijo, que nunca tinha visto antes e que podia ser feito num micro-ondas, e isso era muito excitante. Comprei um saco de *chips* de *tortilla* quase do meu tamanho. E comprei algumas roupas de trabalho e um par de Adidas, que nunca imaginara possuir recursos para ter um dia.

Até agora, os Estados Unidos eram muito impressionantes.

De volta ao rancho, dezenas de estudantes da Bíblia de diversos estados e lugares do mundo, como a Tailândia e países da América do Sul, tinham se reunido ali para diferentes programas, inclusive meu Programa de Treinamento de Discipulado, onde deveríamos "aprender sobre Deus, aprender sobre o mundo, aprender sobre nós mesmos". Passei muito tempo com outro desertor norte-coreano e vários missionários sul-coreanos. Então, eu tinha muitas pessoas com quem falar — infelizmente, não muito em inglês. Mas assim mesmo eu o praticava quando tinha oportunidade de falar com um norte-americano. No entanto, descobri que na verdade o que eu precisava estudar era espanhol. Depois do treinamento inicial, uns vinte de nós iríamos para uma missão de cerca de dois meses na Costa Rica.

Pousamos na capital, San José, e depois fomos de ônibus para o litoral, para a cidade pesqueira de Golfito. Era uma missão misericordiosa, de difundir o evangelho e prestar ajuda física aos necessitados. Nós ajudávamos prostitutas e viciados em drogas, fazíamos coleta de lixo e limpávamos abrigos; enfim, praticávamos boas ações em geral. Foi na época chuvosa do fim do verão, e as noites eram quase tão quentes quanto os dias. Alguns de nós dormíamos na varanda da casa do pastor, que também servia de igreja aos domingos. Deitávamos em cima de sacos de dormir, que normalmente ficavam ensopados, e embora tivéssemos mosquiteiros, nunca levei tantas picadas de inseto em minha vida. Minhas pernas ficaram inchadas e infeccionadas, e eu me sentia tão miserável que pensei em desistir e ir para casa.

Mas então aconteceu algo notável: apesar de minha angústia, parei de rezar para mim mesma. Pela primeira vez na vida, me vi rezando pelos outros. E então me dei conta do porquê de estar ali.

Esse sentimento já estava crescendo em mim havia algum tempo. Eu tinha lido um poderoso livro chamado *Don't Beat Someone, Even with Flowers* [Não bata em ninguém, mesmo com flores], escrito por uma famosa atriz e humanitária sul-coreana chamada Kim Hye-ja, que se tornou a embaixadora da instituição beneficente World Vision International depois de ter sido levada em uma excursão a campos de fome na Etiópia na década de 1990. Seu comovente relato da miséria na África, na Índia e em outros lugares tinha aberto meus olhos. Ensinou-me o significado da compaixão.

Até ler seu livro, eu pensava que os norte-coreanos eram os únicos que sofriam no mundo. E mesmo que muitos desertores falassem abertamente sobre a fome e a brutalidade, só um punhado de mulheres admitiam em público terem sido violentadas ou traficadas. E, certamente, não contavam que isso tinha acontecido quando eram crianças. Era algo muito vergonhoso para ser debatido. Assim, eu pensava que era a única a ter passado por essas coisas horríveis. Mas agora eu lia que isso tinha acontecido a outras garotas e mulheres por todo o mundo. Eu não estava só. Isso me fez perceber que eu estivera muito absorvida em minha própria dor. Mas ainda não sabia como clamar contra o sofrimento de um estranho. Até onde sabia, isso era impossível, porque nenhum estranho jamais tinha clamado por mim.

Tinha escolhido o Jovens Com Uma Missão porque sabia que eles atendiam a algumas das comunidades mais pobres e esquecidas, mas acabei compreendendo que eu não estava lá por outras pessoas — estava lá por mim. Esses homens e mulheres sem lar na Costa Rica podem ter pensado que eu estava servindo arroz e catando lixo por eles — mas na verdade estava fazendo isso por mim.

Ajudando os outros aprendi que sempre tivera compaixão dentro de mim, embora não soubesse e não conseguisse expressá-la. Aprendi que se eu podia sentir pelos outros, poderia também começar a ter compaixão por mim mesma. Estava começando a sarar.

Quando terminou nosso tempo na Costa Rica, voamos de volta para os Estados Unidos para continuar nossa missão entre os sem-teto em Atlanta, Georgia.

O abrigo para os sem-teto onde servíamos parecia um palácio para mim. As pessoas sem lar dispunham de camas e laptops, além de uma geladeira para manter água mineral gelada. Eram livres para entrar e sair. Mas não eram felizes, e não tinham esperança. Pensavam que não tinham nada a oferecer. Achei isso espantoso.

Nosso grupo servia cachorros-quentes e limpava os quartos. Quando terminávamos, pediam que eu conversasse com um sem-teto que fora designado como meu parceiro. Meu inglês ainda era muito rudimentar, e assim contei minha história por meio de gestos e de palavras simples. Ele entendeu que eu era de um lugar chamado Coreia do Norte e que tinha feito uma espécie de fuga muito doida. Representei uma pessoa com fome e assustada sendo caçada pela polícia. Quando eu tiritei e me arrastei dizendo "Areia, areia, areia!", ele entendeu que eu tinha feito isso no deserto. Fiquei surpresa de vê-lo chorar quando terminei minha história. Disse a ele que tudo que eu queria era uma chance de liberdade, como a que ele tinha na América.

A reação emocional do homem abriu meus olhos para o poder da minha história. Deu esperança à minha própria vida. Ao simplesmente contar minha história, eu tinha algo a oferecer também.

Aprendi outra coisa naquele dia: todos temos nossos próprios desertos. Podem não ser iguais ao meu deserto, mas sempre teremos de atravessá-los para encontrar um propósito na vida e para sermos livres.

Quando nosso programa terminou, em novembro, uma amiga da missão convidou a mim e a um garoto da Coreia do

Norte para passar o Dia de Ação de Graças com sua família, na Virginia. Esther Choi tinha ascendência coreana, seus pais tinham emigrado da Coreia do Sul havia mais ou menos trinta anos. Senti-me muito honrada de estar com sua família e senti uma conexão instantânea com eles. Por viverem tão longe, os descendentes de coreanos se agarravam com amor à sua antiga cultura; pareciam mais com norte-coreanos do que com os sul-coreanos que eu conhecia. Notei que eles até usavam um vocabulário antigo que me era muito familiar.

Era meu primeiro Dia de Ação de Graças nos Estados Unidos, e adorei a ideia de um feriado para expressar gratidão. A mãe de Esther estava planejando preparar e servir um grande peru, juntamente com muitos pratos coreanos, inclusive *kimchi*. Fiquei animada, pois já fazia muito tempo que eu não comia *kimchi*, meu prato favorito. Poucos dias antes do feriado, quando eu estava indo de carro com Esther e sua mãe para colher um repolho especial numa horta pertencente a um de seus parentes, meu celular tocou.

Era minha mãe na Coreia do Sul. Estava quase histérica.

"Yeonmi! Sua irmã! Eu encontrei sua irmã!"

Meu coração deu um salto em meu peito. Depois respirei fundo. Tínhamos sido enganadas antes por pessoas na China que alegavam tê-la encontrado apenas para receber a recompensa em dinheiro, e de novo perdíamos nossas esperanças quando se revelava um embuste.

"*Umma*, o que você quer dizer com isso de tê-la encontrado?"

"Ela está aqui, na Coreia do Sul. No Centro Nacional de Inteligência. Eles ligaram para mim."

Gritei tão alto que Esther e sua mãe pensaram que tinha algum tipo de emergência. Minha mãe e eu chorávamos e falávamos ao mesmo tempo, nenhuma de nós acreditando que fosse real, mas esperando que fosse. Minha mãe disse que ia receber permissão especial para visitar Eunmi no dia seguinte no Centro, o mesmo lugar em que tínhamos sido mantidas logo que chegamos. Ela levaria seu telefone para que Eunmi falasse comigo.

Eu não via ou falava com minha irmã havia quase sete anos. Subitamente, eu tinha de voltar para a Coreia do Sul o mais rápido possível. Voltamos para casa, para que eu pudesse trocar minha passagem. Tinha planejado ficar mais alguns meses, visitando diferentes lugares nos Estados Unidos. Agora nada era mais importante do que ir para casa.

Naquela noite, não consegui dormir. Os pensamentos passavam por minha cabeça como o turbilhão de um rio que rompe uma represa. Todos os muros que eu tinha construído para me proteger da dor da perda de minha irmã tinham se estilhaçado, e agora eu teria de sentir tudo, absolutamente tudo, bom ou mau. Tudo que eu podia fazer era me agarrar com todas as forças à vida.

No dia seguinte, não consegui comer nada, e fiquei caminhando pela casa por horas até que o telefone tocou e ouvi a voz de minha irmã. Senti um grande alívio, mas também tive de me esforçar para achar o que dizer.

"Vou ver você logo, logo", eu disse, depois de se passar um embaraçoso minuto.

"Sim, até logo", ela disse numa voz pequenina, sussurrada.

Reconheci algo naquela voz que me partiu o coração. Era a voz de meu pai depois que foi libertado do campo de prisioneiros, em licença médica. Era o som de alguém cativo, uma voz hesitante, pertencente a alguém que tinha medo de dizer a coisa errada, com medo de ser punido. Era o som de minha própria voz, ecoando ao longo dos anos, me lembrando o quão longe ainda teríamos de ir.

Passei quase três dias em aviões e em salas de espera em aeroportos para chegar em casa. Normalmente os desertores são mantidos em isolamento até que seu interrogatório termine, mas o gentil agente do Serviço Nacional de Inteligência tinha aberto uma exceção para eu visitar Eunmi e "identificá-la". Levaram-me até a sala de visitação e lá estava ela — minha irmã, que eu pensava que nunca mais veria, o mesmo rosto em forma de coração e as mãos pequeninas, viva. Mais uma vez, pouco conseguimos dizer. Apenas nos seguramos as mãos e choramos. Fiz uma prece silenciosa por meu pai, que devia estar sorrindo para nós lá de cima, em algum lugar. Tínhamos conseguido.

A história de Eunmi pertence somente a ela, e ela merece sua privacidade. O que posso contar é que ela nunca viu nenhuma de minhas aparições na televisão enquanto estava na China. Não fazia ideia de que tínhamos fugido da Coreia do Norte ou de que tínhamos estado à sua procura durante todo esse tempo. Foi de enlouquecer constatarmos o quão fisicamente próximas uma da outra tínhamos estado às vezes. Como suspeitamos, Eunmi e sua amiga tinham se escondido em uma das casas dos traficantes nos arredores de Hyesan, enquanto minha mãe e eu procurávamos por ela e empreendíamos nossa própria fuga. Nenhuma de nós sabia que havia apenas uma parede fina entre nós naquele dia terrível. Comparamos nossas anotações e descobrimos também que Eunmi tinha vivido na mesma província em que moramos quando minha mãe e eu trabalhávamos em Shenyang. Estávamos próximas, e ainda assim um mundo inteiro poderia estar nos separando. Havia pouquíssima chance de nos cruzarmos quando estávamos todas nos escondendo da lei.

Depois, Eunmi descobriu a rota de fuga cruzando o sudeste da Ásia, e foi assim que chegou à Coreia do Sul, com suas próprias forças. No final das contas, ela não precisou em absoluto de nosso resgate.

Quando minha irmã se graduou em Hanawon, ela veio morar comigo em meu apartamento perto de Dongguk. Arranjou um emprego de meio período e começou a estudar para seu diploma de equivalência geral, assim como eu fizera. Como Eunmi sempre foi uma estudante melhor do que eu, previ que ela aprenderia tudo mais rápido, como aconteceu. Ela obteve seu GED para o ensino fundamental em cerca de três meses, e para o ensino médio em mais sete meses. Mas durante muito tempo, depois de ter voltado para nós, minha irmã parecia alguém que tinha caído numa armadilha, distante, como se não houvesse em seu coração lugar para mim ou para minha mãe. Era algo que compreendíamos muito bem, e nós duas lhe demos espaço. A seu tempo, Eunmi abriu espaço para nós, e mais do que isso.

24. Chegando em casa

Os coreanos gostam tanto do Ano-Novo que comemoramos duas vezes, primeiro no estilo ocidental de festas e fogos de artifício à meia-noite para marcar o início do ano no calendário gregoriano, e depois, com ainda mais fogos de artifício e festividades, nos três dias do Ano-Novo lunar, em fins de janeiro ou fevereiro. É a época em que nos reunimos com nossas famílias, pensamos sobre o passado e tomamos decisões quanto ao futuro. Depois que minha mãe e eu fugimos da Coreia do Norte em 2007, paramos de comemorar essas datas porque elas nos deixavam tristes. Mas o Ano-Novo de 2014 não foi triste em absoluto. Eunmi estava em segurança. E eu estava cheia de planos.

Primeiro, eu queria voltar a estudar e terminar minha graduação. Eu tinha escolhido minha especialidade principalmente para ingressar na agência de polícia nacional a fim de proteger minha mãe de seu violento namorado. Mas à medida que minha cabeça se abria na faculdade, assim também se abria minha percepção da justiça, e agora eu queria estudar direito. Mas não esperava que em

291

um ano eu me tornasse uma advogada dos norte-coreanos que não tinham voz nem esperança — o tipo de pessoa que uma vez eu tinha sido. Ou que estaria entrando na arena internacional para falar abertamente em prol de uma justiça global. Ou que o regime norte-coreano me denunciaria como um "títere dos direitos humanos". E nunca pensei que revelaria o que tinha acontecido comigo na China. Mas logo iria descobrir que, para ser completamente livre, eu teria de me confrontar com a verdade sobre meu passado.

Meu ano de reavaliação começou tranquilo, com o plano de estudar melhor inglês como resolução de Ano-Novo. Mesmo após passar meses com os missionários, ainda não conseguia manter minha parte numa conversação. Assim, me inscrevi num programa de estudo intensivo em Seul que fazia desertores da Coreia do Norte se encontrarem com voluntários expatriados. Em vez de apenas um professor, eu me pareei com dez ao mesmo tempo. Meus tutores me faziam ler de Shakespeare aos abolicionistas americanos e o escravo fugido Frederick Douglass. Sua carta desafiadora a seu ex-amo me fez perguntar a mim mesma que tipo de carta eu escreveria a Kim Jong-un se tivesse coragem. Talvez, como Douglass, eu lhe diria que era um ser humano e não era mais propriedade dele. Agora era eu quem possuía a mim mesma.

Quando não estava lendo ou estudando com meus tutores, eu ouvia audiolivros em inglês e palestras no TED — até mesmo quando dormia. Baixei todas as dez temporadas da série de TV americana *Friends*. Perguntem-me qualquer coisa sobre Ross e Rachel, e saberei dizer. A única restrição, no que concernia a meus tutores, era que eu estava desenvolvendo um sotaque norte-americano e usando gíria da década de 1980.

Meu inglês tinha melhorado muito quando comecei um novo semestre em Dongguk, em março de 2014, a caminho de obter minha graduação em administração policial. Ainda gravava ocasionalmente episódios de *Agora a caminho de conhecer você*, mas depois que Eunmi fugiu da China, eu tinha menos estímulo para me apresentar no programa. Em vez disso, encontrei um modo mais direto de advogar justiça para norte-coreanos.

Em meados de fevereiro de 2014, fui convidada a dar uma palestra sobre a Coreia do Norte — em inglês — para alunos e professores da Canadian Maple International School, em Seul. O chefe de meu programa de estudo disse que isso me ajudaria a adquirir confiança em minha aptidão na língua. Eu não estava tão certa disso, mas pensei: "Por que não?".

Puxei meu cabelo para trás e usei um vestido sóbrio azul-marinho para minha primeira palestra de verdade. Contei aos estudantes um pouco de minha vida, a lavagem cerebral, a falta de liberdade, o medo e a fome. Contei-lhes como eu era parte de uma nova geração de norte-coreanos, a do mercado negro ou Geração *Jangmadang*, que crescera depois que o antigo sistema econômico perecera sob Kim Il-sung. Jovens de minha idade estavam lentamente trazendo mudança, bem de dentro do país, eu disse. Talvez não muita mudança, mas o bastante para me dar esperança quanto a meus amigos e parentes e os milhões de outros que deixei para trás quando fugi.

Depois, respondi a perguntas durante uma hora. Um dos estudantes me disse que minha história o tinha "inspirado". Tive de consultar rápido o significado da palavra "inspired" em meu celular. Até então, eu não sabia que uma história podia "inspirar" alguém, mas aparentemente ela tinha feito isso.

Até o início de 2014, a maioria das pessoas — inclusive sul-coreanos — só conhecia a Coreia do Norte através das loucas ameaças de destruição nuclear e de seus líderes esquisitos e assustadores com feios cortes de cabelo. Mas em fevereiro as Nações Unidas publicaram um relatório que documentava abusos dos direitos humanos na Coreia do Norte, inclusive extermínio, estupro e privação deliberada de alimentos. Pela primeira vez, os líderes norte-coreanos foram ameaçados de processo no Tribunal Penal Internacional por crimes contra a humanidade. Mas a maioria das trezentas e tantas testemunhas que tinham contribuído para o relatório manteve anonimato, enquanto outras tiveram dificuldades para comunicar suas histórias. Subitamente, desertores com aptidão na língua inglesa eram necessários para dar voz aos milhões de norte-coreanos presos atrás de uma muralha de silêncio e opressão.

Minha palestra na escola canadense levou a outros convites, e estes levaram a mais palestras e entrevistas com a mídia, da Austrália aos Estados Unidos. Em maio eu fui coautora de uma coluna de opinião no *Washington Post*, junto com Casey Lartigue Jr. Até aquela primavera, eu não sabia ao certo o que era uma ativista de direitos humanos. Agora, de repente, me diziam que eu estava me tornando a personificação disso. Eu sabia que ainda não estava qualificada para ser porta-voz de ninguém, muito menos do povo norte-coreano. Mas daquele momento em diante, minha vida disparou como um trem a toda velocidade. Não poderia pular fora, se tentasse. Talvez eu pensasse que, me movendo rápido o bastante, meu passado não poderia me alcançar.

Em junho, voei para Los Angeles para uma conferência e tive de dar meia-volta e retornar para Seul no dia seguinte, para meus exames finais. Nem mesmo pude visitar Hollywood nessa viagem, embora quisesse correr para Leonardo DiCaprio e lhe dizer o quanto *Titanic* tinha significado para mim, quando crescia na Coreia do Norte.

Foi por volta dessa época que recebi uma ligação de um detetive da polícia sul-coreana que tinha sido designado para monitorar minha mãe e eu. Todos os desertores são pareados com um policial durante cinco anos após sua chegada na Coreia do Sul, para ajudá-los a se restabelecer com segurança. Geralmente, meu detetive só queria saber qual era minha agenda e como eu estava me saindo. Mas dessa vez foi diferente. Ele disse ter recebido instruções para verificar o quanto eu estava em segurança, porque tinham sido informados de que eu estava sendo vigiada de perto pelo governo norte-coreano. Não me disse como obtivera essa informação, só que eu devia ser cuidadosa com o que dizia. Podia ser perigoso.

Se a intenção era me assustar, funcionou. Nunca me ocorrera que o regime me consideraria importante o suficiente para constituir uma ameaça. Ou para me ameaçar. O detetive tinha falado com minha mãe e ela estava assustada também. Ela queria que eu parasse com esse ativismo louco imediatamente. Por que eu não podia viver uma vida normal e completar minha educação antes de tentar salvar o mundo? Mas quanto mais eu pensava nisso, com mais raiva ficava. Tinha arriscado minha vida para fugir da Coreia do Norte, mas eles ainda estavam tentando me controlar. Eu nunca seria livre se permitisse que fizessem isso.

Minhas notas no primeiro semestre em Dongguk continuaram acima da média, e eu tinha toda a intenção de terminar o ano escolar. Voltei à faculdade durante algumas semanas em setembro de 2014, mas de novo a vida se apoderou de meus mais bem traçados planos.

Aceitei alguns convites para ir à Europa naquele mês de outubro, inclusive para representar a Coreia do Norte na One Young World Summit, em Dublin, na Irlanda. Eu seria apresentada por James Chau, um jornalista e humanitário britânico famoso em toda a Ásia como o âncora da Televisão Central da China. Nos preparativos, passamos uma manhã emocionante falando sobre nossas vidas, e contei alguns detalhes de minha história. Pela primeira vez planejei fazer um discurso sobre os horrores do tráfico humano na China — embora não tivesse a intenção de revelar que eu também tinha sido vítima do tráfico.

Disseram-nos que nos vestíssemos segundo os costumes tradicionais de nossos países, e assim usei um *hanbok* de flores brancas e rosa quando subi ao palco para fazer meu breve discurso a uma plateia de 1300 delegados, convidados e representantes da mídia na conferência.

Antes de James começar a apresentação, eu estava nervosa quanto ao que ia dizer. Estava sentada no palco junto com jovens ativistas de lugares como a Ucrânia e a África do Sul, e tinha medo de não ser uma porta-voz forte o suficiente para representar meu povo naquele fórum. Tentei me distrair daquilo tentando me concentrar em como pronunciar corretamente as palavras "international" e "execution" no discurso que tinha preparado. Mas quando James começou a contar minha história, as lágrimas começaram a escorrer em seu rosto. Fui até ele para confortá-lo, mas isso o fez chorar mais ainda. Quando ele descreveu como minha mãe tinha se sacrificado para ser violentada em meu lugar, e como eu tinha enterrado as cinzas de meu pai em uma montanha solitária na China, eu estava chorando junto com ele.

Um de meus grandes temores sempre foi perder o controle de minhas emoções. Às vezes eu sentia que a raiva era uma bola muito densa dentro de mim, e sabia que se alguma vez a deixasse sair, ela poderia explodir e eu não conseguiria contê-la. Tenho medo de começar a chorar e nunca mais conseguir parar. Assim, eu sempre preciso manter esses sentimentos bem fundo dentro de mim. Quem me conhece pensa que sou a pessoa mais para cima e positiva que já conheceu. Minhas feridas estão bem ocultas. Mas naquele dia em Dublin, elas estavam no palco para que todos vissem. Quando caminhava para o pódio com meu discurso preparado e enrolado nas mãos, eu precisei lutar para fazê-lo através de minhas lágrimas.

A plateia já estava de pé, e pude notar que todos na sala estavam chorando comigo enquanto eu tentava me estabilizar.

Deixei de lado a minha declaração de abertura e tentei dizer que estava lá para falar por meu povo, não por mim mesma. Mas perdi instantaneamente meu domínio do inglês; precisei tomar um alento profundo e começar de novo.

"A Coreia do Norte é um país inimaginável...", comecei. Contei às pessoas naquela sala que na Coreia do Norte era possível ser executado por fazer uma ligação telefônica internacional ilegal. Contei-lhes como, quando era criança, minha mãe me disse para não sussurrar, pois até os pássaros e os ratos poderiam me ouvir.

"No dia em que fugi da Coreia do Norte, vi minha mãe ser estuprada por um atravessador chinês, que na verdade queria fazer isso comigo", eu disse, deixando as lágrimas fluírem pelo meu rosto. Contei-lhes como os refugiados da Coreia do Norte eram vulneráveis na China. "Setenta por cento das mulheres e adolescentes norte-coreanas foram vitimadas. Vendidas às vezes por não mais que duzentos dólares..."

Eu tinha aberto uma porta e saído para a luz do dia. Não sabia aonde me levaria esse caminho, mas podia ver que não estava sozinha.

"Quando estava atravessando o deserto de Gobi, não tinha tanto medo de morrer quanto tinha de ser esquecida. Aterrorizava-me a ideia de morrer no deserto e ninguém ficar sabendo, ninguém saberia meu nome ou se eu tinha vivido e morrido. Mas vocês ouviram. Vocês se preocuparam."

Todos na plateia estavam novamente de pé, chorando comigo. Olhei em volta e soube que a justiça estava viva naquele auditório. Senti, ao menos naquele momento, que havia esperança para todos nós.

Mas eu ainda teria um deserto a atravessar.

Depois de meu discurso, consegui assistir ao resto do programa antes de me retirar para meu quarto de hotel e desabar. Quando por fim cheguei meu telefone, minha caixa de mensagens estava repleta de pedidos de entrevista do mundo inteiro. O que seguiu foi um turbilhão — mas, estranhamente, eu estava desligada de tudo isso, como se um mecanismo de sobrevivência tivesse intervindo e me levado a uma distância emocional segura. Parte de mim estava observando a outra metade realizar o resto de minhas apresentações.

Concedi dezenas de entrevistas em minhas três semanas na Europa. Em certo momento, perdi a noção. Até concordei em ser filmada pela BBC no lado de fora da embaixada da Coreia do Norte em Londres, o que me encheu de um terror tão frio e escuro que quase não consegui falar. Nunca usei um intérprete; nunca pensei que os jornalistas poderiam não entender o que eu estava dizendo ou que eu poderia não entender muito bem suas perguntas. Acreditava também que, mudando alguns detalhes sobre a fuga de minha família para a China, eu poderia continuar a ocultar o fato de que também tinha sido traficada. Pensava que, ao ser verdadeira em todas as outras coisas, tudo estava bem; se aquilo por que passara era mesmo real, detalhes não teriam importância. Eu estava principalmente reagindo, improvisando como um músico de jazz que toca a mesma melodia cada vez de jeito um pouco diferente, sem saber que havia gente contando.

Menos de um mês após meu discurso em Dublin, comecei a trabalhar nestas memórias. É estranho que alguém que acaba de completar 21 anos escreva a história de sua vida, especialmente alguém com um segredo que tem tentado ocultar durante anos. Mas assim que comecei minhas memórias, sabia que não poderia continuar a esconder o que quer que fosse. Como poderia pedir que as pessoas encarassem a verdade sobre a Coreia do Norte, que encarassem a verdade sobre o que acontece com as mulheres que fogem para a China e caem nas mãos de atravessadores e estupradores, se eu não conseguisse encarar a mim mesma?

Depois de voltar para Seul em novembro, minha mãe, minha irmã e eu ficamos uma noite inteira conversando sobre o que fazer. Nunca havíamos contado a Eunmi algumas das coisas que tinham acontecido na China. Nós mesmas nunca as tínhamos discutido. Agora o mundo inteiro ia conhecer a história. Valeria a pena expô-la? Eu tinha certeza de que ninguém jamais me olharia do mesmo modo se soubesse o que tinha me acontecido e o que eu havia feito para sobreviver. Com todos os seus trens-balas e arquitetura moderna e estilos k-pop, a Coreia do Sul ainda é um país muito conservador, com conceitos antiquados quanto à virtude feminina. Eu não conseguia imaginar um lugar para mim aqui quando minha história fosse revelada. E que diferença isso faria? Alguém estaria disposto a ouvir? Alguém se importaria a ponto de tentar mudar as coisas?

Minha mãe, minha irmã e eu conversamos e choramos a noite inteira. Minha mãe, que uma vez teve a esperança de que eu ia ter o bom senso de abandonar meu ativismo, tinha passado por sua própria transformação. Agora ela reconhecia o impacto potencial de nossa história.

"Você precisa contar ao mundo que a Coreia do Norte é como um grande campo de prisioneiros", ela disse. Queria que as pessoas soubessem por que precisamos fugir e o que acontecia com as mulheres norte-coreanas quando eram vendidas na

China. "Se você não falar por elas, Yeonmi-ya, quem vai?", disse. Minha irmã concordou.

Pela manhã, tomei minha decisão. Eu escreveria minha história toda, e completa, não escondendo nada a respeito de ter sido eu mesma traficada. Se era para minha vida ter um significado, essa era a única escolha que eu tinha.

Assim que decidi contar meu segredo, me senti livre pela primeira vez em toda a minha vida. Era como se antes o peso do céu tivesse me empurrado para baixo, me prendendo ao solo, e agora ele se tivesse levantado e eu pudesse respirar de novo.

Poucos meses depois de começar a trabalhar no livro, abri meu laptop e assisti a um vídeo criado por uma das unidades de propaganda da Coreia do Norte no YouTube. Uma grande foto do meu rosto apareceu na tela enquanto dois apresentadores de notícias da rede estatal de televisão falavam para a câmera. Ouvia-se uma música sinistra ao fundo, como a da trilha sonora de um filme de terror, enquanto entravam em foco as palavras: "O cogumelo venenoso que cresceu de um monte de lixo". A mídia norte-coreana é ridicularizada no Ocidente devido a suas ultrajantes mentiras e ameaças, e esse insulto poderia até parecer divertido — exceto pelo fato de ser mortalmente grave e dirigido a mim e minha família.

Meu detetive tinha razão em ao menos um ponto: o governo norte-coreano estava me vigiando. No início de 2015, fez upload de dois vídeos, me chamando de mentirosa e de "títere de propaganda dos direitos humanos".

Eles tinham peneirado minhas entrevistas e me atacavam por supostas inconsistências em minhas citações. Quando o regime não podia contestar o que eu dizia, inventava mentiras sobre mim e minha família. Acusaram minha mãe de ser imoral e meu pai de ser um traficante de seres humanos porque ajudaram nossas vizinhas a fugir para a China. Por algum motivo bizarro, tentaram provar que eu tinha mentido quanto à morte de meu pai, e arranjaram um médico para dizer que ele tinha morrido de câncer num hospital na Coreia do Norte, não na China.

Mas o pior foi que eles fizeram meus parentes e antigos amigos desfilarem para denunciar a mim e a minha família. Eu não tinha visto meu tio Park Jin, minhas tias e meus primos durante oito longos anos, e foi horrível vê-los sendo entrevistados diante da câmera. Os propagandistas do regime chegaram até Jong Ae, nossa gentil vizinha em Hyesan que ajudara a mim e à minha irmã quando estávamos sozinhas e desesperadas. Foi doloroso ouvi-los todos dizerem coisas ruins sobre nós, mas ao menos soubemos que estavam vivos.

Passei os primeiros meses de 2015 visitando a cidade de Nova York, onde tinha sido convidada a frequentar como ouvinte um curso em Barnard College — ainda planejo colar grau algum dia — para aprender tudo que pudesse sobre direitos humanos. Uma tarde eu estava percorrendo rapidamente as centenas de chamadas de amigos que tinham se acumulado em minha página do Facebook quando apareceu de relance um sorriso familiar. Voltei atrás como um personagem de desenho animado que se afasta da beira de um abismo… e lá estava ela, Yong Ja! Minha melhor amiga de infância em Hyesan. Não sabia dela desde o dia que fui para a China.

"É a Yeonmi Park que eu conheço?", começava a mensagem no Facebook. Minhas mãos tremiam tanto que quase não conseguia enxergar a tela. "Sim! Sou eu!", postei imediatamente, e ela me enviou um número de telefone para eu ligar. Tinha fugido para a China e, como Eunmi, chegara à Coreia do Sul passando pelo sudeste da Ásia. Descobriu que eu estava viva e na Coreia do Sul quando foi interrogada no Centro Nacional de Inteligência, e mais tarde conseguiu me rastrear nas redes sociais. Foi maravilhoso ouvir de novo a sua voz. Retomamos imediatamente nossa amizade, e agora conversamos on-line o tempo todo.

Continuei esperançosa de que mais amigos da Coreia do Norte conseguissem achar o caminho da liberdade. Minha mãe sempre gostara de Chun Guen, o garoto que queria casar comigo em Hyesan, e até tentou encontrá-lo para ajudar se quisesse fugir. Mas, em vez disso, soubemos de uma história muito triste. Menos de um ano após deixarmos a Coreia do Norte, toda a família de Chun Guen desapareceu. A história corrente em Hyesan era que seu pai, um especialista em agricultura, tinha sido considerado pelo regime o culpado por uma colheita decepcionante e tinha sido enviado para um dos brutais campos de prisioneiros políticos. Chun Guen e sua mãe foram enviados a um exílio interno em uma cidadezinha bem no interior das províncias do norte.

Chun Guen tinha me prometido que esperaria oito anos, e depois ia me encontrar. Ao escrever essas palavras, oito anos se passaram. Eu me pergunto onde ele está, se ainda está vivo, se ao menos se lembra de mim. Embora eu tenha seguido adiante em minha vida, espero que ele consiga chegar algum dia à Coreia do Sul. Como os outros 25 milhões que deixei para trás, Chun Guen merece ser livre.

Na primavera de 2015, minha mãe voltou para a China com seu companheiro para resgatar os restos mortais de meu pai.

Depois de procurar durante horas nas colinas sobranceiras a Yangshanzhen, encontraram o lugar para o qual eu tinha levado as cinzas de meu pai no meio da noite, oito anos antes. Alguém estivera cuidando da sepultura de meu pai e tinha até mesmo plantado uma árvore que, durante anos, esteve a seu lado como um sentinela. Hongwei tinha cumprido sua promessa.

Minha mãe trouxe para a Coreia do Sul as cinzas de meu pai. Estávamos finalmente juntos de novo como uma família. Espero um dia poder honrar o último pedido de meu pai e levá-lo de volta a Hyesan, onde poderá ser enterrado ao lado de seu pai e de seu avô na colina que dá para o rio Yalu. Se esse dia chegar, visitarei o túmulo de minha avó e lhe direi que, mais uma vez, Chosun está inteira.

Agradecimentos

Maryanne Vollers, sem você este livro não seria possível. Você me fez ver não somente sua inteligência e seu encanto, mas um profundo e autêntico amor pelo povo norte-coreano e por toda a humanidade. Foi uma grande honra e um privilégio trabalhar com você e chamá-la de amiga.

Sou profundamente grata à incrível equipe da Penguin Books: no Reino Unido, na Fig Tree, Juliet Annan e Anna Ridley; nos Estados Unidos, na Penguin Press, Ann Godoff e Sarah Hutson.

Agradecimentos especiais a Karolina Sutton, Amanda Urban, Matthew J. Hiltzik e Carlton Sedgeley.

Thor Halvorssen Mendoza, você é o grande irmão que achei neste mundo novo. Você é o melhor exemplo de como se colocar a favor da justiça e lutar contra a tirania em toda parte. Muito obrigada por ser meu mentor e por me ensinar todas essas interessantes palavras novas. Minha admiração por você não tem limite.

Obrigada aos membros da equipe da Human Rights Foundation, Alex Gladstein, Sarah Wasserman, Ben Paluba e John Lechner.

A meus amigos e mentores na Liberty in North Korea, Hannah Song, Sokeel J. Park, Justin Wheeler, Blaine Vess, Kira Wheeler e Tony Sasso: quando mais precisei, vocês me ajudaram a compreender o novo mundo e me ensinaram o que significa ser uma porta-voz para o povo da Coreia do Norte. Todos os conselhos que vocês me deram me ajudaram a ser uma pessoa melhor e me tornar uma defensora da liberdade melhor.

Obrigada a Casey Lartigue Jr. por todo o seu incentivo e apoio desde o início, e a todos os meus professores de inglês, que sacudiram meu mundo.

Obrigada a Jang Jin-sung, meu amigo e mentor, que me ajudou a compreender e a sobreviver à vida no outro lado da escuridão. Obrigada a vocês, Henry Song, Shirley Lee e a minha família de desertores da Coreia do Norte e combatentes pela liberdade que me deram inspiração e amizade: Joseph Kim, Seong Ho Ji, Park Sang Hak, Jihyun Park e tantos outros.

James Chau, muito obrigada por chorar junto comigo por meu povo. Seu incentivo significou tudo para mim numa época difícil. Sem seu apoio e sua crença, nunca seria o que sou hoje.

Joshua Bedell: sua generosidade e gentileza são incomensuráveis. Muito obrigada por me ensinar e me orientar com grande paciência.

Minha família inglesa: Charlotte, Adam, Clemency, Madison e Lucien Calkin, e meu bom amigo Jai J. Smith. Obrigada a Bill Campbell e o restante de minha família em Montana.

Meus bons amigos Alexander Lloyd, Cameron Colby Thomson, Daniel Pincus, Jonathan Cain, Daniel Barcay, Gayle Karen Young, Sam Potolicchio, Dylan Kaplan, Sam Corcos, Parker Liautaud, Axel Halvorssen, Uri Lopatin, Peter Prosol, Masih Alinejad, Tommy Sungmin Choi, Matthew Jun Suk Ha, Wolf von Laer, Ola Ahlvarsson, Ken Schoolland, Jennifer Victoria Fong Chearvanont, Malibongwe Xaba e Li Schoolland.

One Young World: Kate Robertson, David Johns, Ella Robertson, Melanie York, Mathew Belshaw e todos os delegados da oyw. Sinto-me muito honrada por vocês terem feito de mim parte de sua maravilhosa comunidade. Seu apoio e seu grande carinho pelo povo da Coreia do Norte me dão enorme esperança e coragem para combater a tirania em toda parte. Seu trabalho duro faz este mundo ser um lugar melhor a cada dia que passa.

Women in the World: Tina Brown, Karen Compton e todas as mulheres que na conferência me inspiraram a ser valente e lutar por justiça, liberdade e igualdade.

Renaissance Weekend: Philip Lader, Linda LeSourd Lader, Dustin Farivar, Eric O'Neill, Christine Mikolajuk, Kerry Halferty Hardy, Frank Kilpatrick, Linda Hendricks Kilpatrick, Yan Wang, Justin Dski, Ben Nelson, Mark A. Herschberg, Katherine Khor, Stephanie A. Yoshida e Janice S. Lintz.

Obrigada aos produtores e à equipe de *Agora a caminho de conhecer você*. E também a meus professores na Universidade Dongguk, meus amigos na administração da polícia que me ajudaram e incentivaram quando estava passando por um período difícil, e a todos os professores e voluntários que cuidam dos refugiados.

Agradecimentos especiais a Judd Weiss, Suleiman Bakhit, Todd Hauffman, Katy Pelton, à presidente do Barnard College, Debora Spar, à reitora Jennifer G. Fondiller, a Sue Mi Terry, David Hawk, Greg Scarlatiou, Curtis Castrapel, Beowulf Sheehan, Esther Choi e sua amorosa família, Christian Thurston, Daniel Moroz, Cat Cleveland, Eunkoo Lee, Ryung Suh, Justice Suh, Madison Suh, Diane Rhim, Joshua Stanton, Sunhee Kim, Jieun Baek, Felicity Sachiko, Paul Lindley de Ella's Kitchen, C. J. Adams de Google Idea, Austin Wright, John Fund, Mary Kissel e Michael Lai de Minerva Schools KGI.

Há algumas pessoas cujos nomes eu troquei por respeito à sua privacidade e preocupação quanto à sua segurança, inclusive minha querida amiga "Yong Ja", a quem ofereço meu amor e minha gratidão. Obrigada também aos missionários na China, ao pastor sul-coreano e a todos cujos nomes não são citados neste livro, mas estão escritos em meu coração.

Keum Sook Byeon, minha mãe: ser sua filha tem sido a maior bênção e honra em minha vida. Sem seu amor e seu sacrifício, eu não existiria hoje. Atravessamos juntas o rio congelado e o gélido deserto, e você é a única pessoa que me conhece tão bem que não preciso de palavras para expressar meus sentimentos. Você foi a razão para eu viver quando era uma prisioneira, e você é a razão para eu viver em liberdade. Você me inspira e me dá forças para lutar por mudanças em nosso país natal.

Eunmi Park, minha irmã: você é tudo para mim, o maior milagre e a maior alegria que já conheci. Sou imensamente grata por seu coração gigantesco, por todos os sacrifícios que fez por mim quando éramos crianças e pelo modo com que me protegeu e confortou durante aqueles longos meses em que tínhamos somente uma à outra. Você foi para mim uma mãe e a melhor amiga. Irmã mais velha, muito obrigada por voltar para nós depois de sete longos anos e por nos trazer novamente a felicidade. Estou muito orgulhosa de você. Você é minha luz, e eu a amo mais do que amo a própria vida.

Park Jin Sik, meu pai: você é meu herói, e gostaria que pudesse estar aqui comigo para usufruir dessa liberdade. Mas você está comigo o tempo todo, e assim não preciso dizer nada, exceto que o amo e tenho muita saudade de você.

Woo Yang Mang, companheiro de minha mãe, e Lee Hong-ki, maravilhoso namorado de minha irmã. Obrigada aos dois por trazerem tantas bênçãos à minha família.

A todos os meus familiares que ainda estão na Coreia do Norte e sofrem com a opressão: sinto-me extremamente culpada por ter deixado todos vocês em perigo, mas espero que um dia vocês compreendam por que tive de contar tudo isso. Prometo que vou trabalhar sem descanso para acabar com a injustiça que vocês experimentam a cada dia. Espero que chegue o dia em que eu possa visitar livremente minha pátria e ver todos vocês de novo.

Por todos que me apoiam em todo o mundo e enviam mensagens encorajadoras e comoventes pela mídia social: nunca poderei agradecer vocês todos neste pequeno espaço, mas vocês sabem quem são. Cada sorriso, cada pequeno gesto, cada lágrima que vocês derramaram comigo me deram a coragem para compartilhar uma história que nunca imaginei compartilhar com quem quer que seja. Obrigada por acreditarem em mim. Houve tempos em que perdi minha fé na humanidade, mas vocês me ouviram. Vocês se importaram. E é assim que, juntos, começamos a mudar o mundo.

1ª EDIÇÃO [2016] 5 reimpressões

ESTA OBRA FOI COMPOSTA POR ACOMTE EM MINION E IMPRESSA
PELA GRÁFICA BARTIRA EM OFSETE SOBRE PAPEL PÓLEN SOFT DA
SUZANO S.A. PARA A EDITORA SCHWARCZ EM OUTUBRO DE 2023

A marca FSC® é a garantia de que a madeira utilizada na fabricação do papel deste livro provém de florestas que foram gerenciadas de maneira ambientalmente correta, socialmente justa e economicamente viável, além de outras fontes de origem controlada.